# 公共管理教育与教学研究

2024

主　编　耿　旭　吴海燕

图书在版编目（CIP）数据

公共管理教育与教学研究. 2024 / 耿旭，吴海燕主编. -- 厦门：厦门大学出版社，2024.9. -- ISBN 978-7-5615-9478-0

Ⅰ．D035-0

中国国家版本馆 CIP 数据核字第 2024ZR3915 号

责任编辑　高　健
美术编辑　李嘉彬
技术编辑　朱　楷

出版发行　厦门大学出版社
社　　址　厦门市软件园二期望海路 39 号
邮政编码　361008
总　　机　0592-2181111　0592-2181406(传真)
营销中心　0592-2184458　0592-2181365
网　　址　http://www.xmupress.com
邮　　箱　xmup@xmupress.com
印　　刷　厦门市金凯龙包装科技有限公司

开本　720 mm×1 020 mm　1/16
印张　13.75
插页　2
字数　250 千字
版次　2024 年 9 月第 1 版
印次　2024 年 9 月第 1 次印刷
定价　68.00 元

本书如有印装质量问题请直接寄承印厂调换

厦门大学出版社
微信二维码

厦门大学出版社
微博二维码

# 序　言

当前,我们正经历着百年未有之大变局。国际局势复杂多变、信息和智能技术快速迭代、社会高度分化深度变革,公共管理事务日趋增多且充满复杂性。在这一背景下,对公共管理人才的要求也越来越高。对于公共管理学科的教育工作者而言,我们有何责任?如何担当?

作为高校教师,我们常常说"教学是良心活",深知教学是教师的本职工作,是"该做的事"且是"该做好的事"。然而,目前高校往往更重视科研产出,认为教研是点缀,普遍存在"重科研、轻教学"的现象,教学的付出难以得到"立竿见影"的回报。此外,大多数教师接受的往往是某一学科的学术训练,而缺乏教学能力训练。在这种境况下,教师纠结于是否做好以及能否做好"良心活",进一步地,"良心"何以能够长久维系并提高公共管理学科的教育教学质量?那么,能否在组织层面引导教师超越"良心"肯定教师的教学投入?

通过有组织地教研尝试回答与解决上述问题,是本书写作的初心。系统地组织一群教师用热爱教育、热爱教学的拳拳之心进行教学研究的努力与探索,思考如何使公共管理教育与教学具有高阶性、创新性和挑战性,形成文字进行交流,以探索学术共同体在公共管理学科教育与教学中的共识和尺度。

通过教研论文的写作,擅长学术研究的教师在教学研究中也能获得乐趣与成就感;通过教研论文的交流,避免教研探索"单打独斗",做到优势互补和相互支撑,不同教师学习多元的教学技巧以更能胜任教学工作。同时本书作为教研成果"回报"激励教师教学投入,增强对公共管理教育教学的关注与认可,以期在组织层面引导教师超越"良心"激发教育教学的活力,提高教学效果。

从公共管理教育教学的对象——学生角度来看,现实中不少学生对所学专业缺乏认同感,认为公共管理学科知识体系涉及知识面广、偏宏观但专业化深度不够,在就业市场上竞争优势欠缺。又由于公务员录用对公共管理类专业职位需求并不大,加之非公共部门容易忽视对公共管理人才的需求,使公共管理类本科专业学生就业处境较为尴尬,亦容易造成学生学习积极性不高的问题。公共管理教育尤其是教学过程直面学生,若在教育教学过程中能够打破公共管理的泛专业化瓶颈,影响学生对人生与专业的认识,使学生获得关心公共事务、参与公共服务的情怀和能力,获得学生的认可,教师自豪感将油然而生,这种与学生相关、直接带来的成就感与科研论文发表的获得感是不同的体验。概括总结此类经验并行之以文,从而减少教师教学的随意性,宣扬教师职业荣誉感,亦属在组织层面引导教师超越"良心"激发教育教学活力的尝试,因为没有专业化的教师,就谈不上培养专业化的人才。

本书着重关注课程思政、教学模式创新、教学理论与方法、人才培养、教学案例写作与开发五个方面。课程思政方面强调公共精神塑造的影响因素与建议路径,并以具体课程为例探讨如何使思政进课堂,从而提升公共管理人才的政治能力;教学模式创新方面主要结合"公共管理学"教学探讨了问题导向、移动混合式教学创新;教学理论与方法方面探讨了实验法、系统性教学方法、嵌入田野调查方法以及项目驱动的教学方法;人才培养方面,思考的是教育与教学的大问题,包括通过比较贝茨学院"PWP"项目与北辰青年"YES GO"行动探讨文科类本科生个人成长与就业力培养、探讨"三维驱动"社会创业人才培养模式、探讨"研—教—育—用"四位一体模式的复合型人才培养改革;至于教学案例写作与开发方面探讨了探究式案例教学、案例型论文的模式化写作策略、因果关系型实证论文结构等。

这五个方面试图从教育教学理念、教育教学方法与操作路径以及人才培养目标层面把握公共管理学科人才核心素养的培养,以回应复杂环境下公共管理学科人才培养的要求及教育教学可持续发展质量要求。

大学教师通过不同的创造力为社会发展和知识增长作贡献,同时,教育教学作为大学教师的核心责任与使命担当,同样需要教师们呈现创造力,教育教学研究的创造力,我们希望推动这种有组织的教研,不断地激发教育教学研究的创造力。我们更希望,未来这种有组织教研能够跨越高校组织界限,依据公共管理学科特点与育人目标要求,以更加灵活的方式整合校内外教师资源,协同开展目标明确的教研活动,从而对公共管理学科人才培养产生积极且深远的影响。

我以为,身为高校教师,教育教学不应仅是"良心活",更应是一种使命感,是我们在面对有血有肉洋溢着青春活力作为国家未来栋梁的学生时,真正感受到的培养学生教学相长师生心灵交互的生命体验。

吴海燕<br>2024 年 7 月 14 日于守正楼 307

# 目 录
Contents

## 第一篇 课程思政篇

**第一章 "中国政府与政治"思政进课堂与"情景式"教学改革研究** ……… 3
  一、课程思政的背景与意义 …………………………………………… 3
  二、"中国政府与政治"课程特点与课程思政面临的困难 ………… 4
  三、思政进课堂与"情景式"教学的举措 …………………………… 5
  四、思政进课堂教学改革的难点和效果分析 ………………………… 10
  五、总结 ………………………………………………………………… 12

**第二章 基于粤港澳大湾区发展与治理课程改革的高校思政育人路径探索** … 13
  一、课程思政改革背景 ………………………………………………… 13
  二、教学过程与思政融合 ……………………………………………… 14
  三、思政改革策略 ……………………………………………………… 17
  四、教学手段与方法创新 ……………………………………………… 19
  五、思政融入课堂教学的案例展示 …………………………………… 20
  六、结语 ………………………………………………………………… 24

**第三章 高校公共管理专业类课程思政教学质量影响因素及建设路径研究** … 25
  一、课程改革背景与意义 ……………………………………………… 25
  二、研究现状 …………………………………………………………… 27
  三、课程改革实验设计、实施与效果 ………………………………… 28
  四、课程思政建设路径和策略 ………………………………………… 32

## 第二篇　教学模式创新篇

### 第四章　基于问题导向的"公共管理学"教学创新探索 …… 41
一、基于问题导向教学的要求 …… 41
二、精心设计基于问题导向的教学过程 …… 43
三、以问题导向延伸课堂教学 …… 48

### 第五章　移动混合式教学模式的应用研究
　　——以"社会统计软件分析"课程为例 …… 50
一、大学传统课程的现状与特点 …… 50
二、移动混合式教学模式的价值 …… 52
三、移动混合式教学模式的过往研究 …… 54
四、移动混合式教学模式的开展过程 …… 57
五、移动混合式教学模式的效果评估 …… 59
六、移动混合式教学模式的总结与反思 …… 65

### 第六章　"公共管理学"混合教学改革研究
　　——"一核双轨多元"教学模式构建 …… 67
一、课程改革的动因 …… 68
二、课程改革的基础 …… 68
三、课程改革的可行性分析 …… 71
四、课程改革目标、思路及方案 …… 71
五、结语 …… 76

## 第三篇　教学理论与方法篇

### 第七章　实验法在公共政策教学中的实践探索
　　——以排污治理政策比较为例 …… 79
一、在公共管理和公共政策教学中引入实验法的意义 …… 80
二、公共政策教学中应用实验法的步骤 …… 81

三、实验教学的案例：不同排污治理政策工具的比较 ……………… 85
四、在公共管理和公共政策教学中应用实验法的展望 ……………… 92

**第八章 系统性教学方法在社会组织管理专题教学模式中的应用**
——基于"非营利组织专题研究"课程的分析 ………………… 93
一、引言 ………………………………………………………………… 93
二、系统性教学：社会组织管理专题教学模式中的一种方法 ……… 94
三、案例分析：系统性教学方法在社会组织管理专题教学中的应用 …… 96
四、总结与讨论 ………………………………………………………… 99

**第九章 田野调查的嵌入**
——社科本科教学的实践与反思 …………………………… 101
一、理论与实践的背离 ………………………………………………… 101
二、田野调查与教学设计 ……………………………………………… 103
三、教学过程中的偏差与矫正 ………………………………………… 108
四、于看不见的城市中看见 …………………………………………… 110

**第十章 项目驱动的"社会科学研究方法"课程教学模式探索与实践** …… 112
一、研究背景 …………………………………………………………… 112
二、文献综述 …………………………………………………………… 113
三、"社会科学研究方法"的教学要求和现状 ……………………… 115
四、项目式教学探索 …………………………………………………… 117

# 第四篇　人才培养篇

**第十一章 文科类本科生个人成长与就业力培养**
——贝茨学院"PWP"项目与北辰青年"YES GO"行动的
实践与启发 ……………………………………………… 121
一、引言 ………………………………………………………………… 121
二、未来就业市场的变化 ……………………………………………… 122
三、文科学生就业力培养的框架与组成 ……………………………… 124
四、国内外的有关经验与做法 ………………………………………… 126

3

五、评价与启发 …………………………………………………… 132

**第十二章　"三维驱动"社会创业人才培养模式探讨**
　　　　　　——以深圳大学公益创新专才班为例 ………… 134
　　一、引言 …………………………………………………………… 134
　　二、社会创业教育的主要模式 …………………………………… 136
　　三、深大益才班运作现状简介 …………………………………… 138
　　四、三维驱动的社会创业人才培养策略 ………………………… 140
　　五、简要结论与不足 ……………………………………………… 141

**第十三章　"研—教—育—用"四位一体模式助推复合型人才培养的改革探索**
　　　　　　——基于"公共政策学"课程教学实践 ………… 142
　　一、问题提出：青年教师教育教学面临的时代之困 …………… 143
　　二、研究现状与教学模式概况 …………………………………… 144
　　三、教学案例："研—教—育—用"四位一体教学模式运用 …… 148
　　四、教学成效：实现"互构—互动—互联—互促"四个效应 … 152
　　五、教学价值：形成具有推广意义的教学典范 ………………… 153
　　六、结论与局限 …………………………………………………… 155

# 第五篇　教学案例写作与开发篇

**第十四章　教育管理硕士专业课程的案例开发与反思** ………… 159
　　一、案例的生成过程及落脚点 …………………………………… 159
　　二、案例在教育管理专业课程教学中的理论贡献 ……………… 164
　　三、教育管理硕士专业课程案例开发的伦理反思 ……………… 166
　　四、小结 …………………………………………………………… 168

**第十五章　探究式案例教学与社会工作案例库建设** …………… 169
　　一、反思传统的授课式教学方法 ………………………………… 169
　　二、如何在社会工作专业中开展探究式案例教学 ……………… 170
　　三、探究式案例教学工具在社会工作课堂教学中的运用 ……… 172

四、结论 ………………………………………………………… 175

## 第十六章　因果关系型实证论文结构逻辑及写作通则 …………… 176
　一、因果关系型实证论文写作的内涵 ………………………… 177
　二、因果关系型实证论文写作的要素构成 …………………… 178
　三、因果关系型实证论文写作的结构逻辑 …………………… 182
　四、因果关系型实证论文的写作通则 ………………………… 186

## 第十七章　案例型论文的模式化写作策略 …………………………… 189
　一、案例型论文的内涵定位及类型 …………………………… 190
　二、案例型论文写作的结构逻辑 ……………………………… 191
　三、案例型论文结构类型及写作模板 ………………………… 194
　四、案例型论文的写作策略 …………………………………… 199
　五、结语 ………………………………………………………… 200

**参考文献** ………………………………………………………………… 202

**后　记** …………………………………………………………………… 209

第一篇

# 课程思政篇

# 第一章 "中国政府与政治"思政进课堂与"情景式"教学改革研究

梁雨晴[*]

在课程教学中融入思政元素,对于培养学生正确的世界观、人生观和价值观,引导他们树立正确的道德观念,培养他们的社会责任感,提高他们的思维品质和综合素养具有重要意义。"中国政府与政治"课程立足于我国国情和政治体制。在政治思潮多元化的当今世界,引导学生正确认识我国的发展现状,培养学生高度的社会责任感至关重要。本章探讨"中国政府与政治"这门课程的特点和思政基础,并结合课程实践经验,介绍思政进课堂以及"情景式"教学的些许举措,最后对思政进课堂教学改革的难点和效果进行分析,以期为相关课程建设提供一些建议和启示。

## 一、课程思政的背景与意义

课程思政是在教育教学过程中,将思政元素贯穿到课程设计中,以提高学生的思想政治教育实效性。[①] 这是新时代中国特色社会主义建设发展的需要,更是全面建设社会主义现代化国家和实现中华民族伟大复兴的历史使命。当今世界局势波诡云谲,各方意识形态之争愈演愈烈,青年一代作为我国社会主义建设接班人,大都成长于祖国快速市场化的年代。时代的发展导致他们的信息知识碎片化,加之青年的世界观尚未成熟,多元化价值体系的冲击令他们易迷失正确的方向,因而对大学生加强思政方面的教育刻不容缓。

具体来说,课程思政的意义有以下几个方面:一是落实立德树人根本任

---

[*] 梁雨晴,女,深圳大学政府管理学院副教授,主要研究方向为地方政府改革与创新、制度变迁、粤港澳可持续发展研究。

[①] 高德毅,宗爱东.从思政课程到课程思政:从战略高度构建高校思想政治教育课程体系[J].中国高等教育,2017(1):43-46.

务。课程思政可以促进学生在课程学习过程中树立正确的世界观、人生观和价值观,培养良好的思想道德品质和行为习惯,提高学生的政治素质和文化素质,从而实现立德树人的根本任务。二是推进高等教育内涵式发展。课程思政可以促进高校教育改革,推动高等教育内涵式发展,提高高等教育的质量和水平,使学生更好地适应社会发展的需求。三是增强学生的文化自信。课程思政可以引导学生正确认识中国文化,深入了解中国国情,增强学生的文化自信和民族自豪感,培养学生的爱国主义情感。四是提高学生的思政素质。课程思政可以让学生在课程学习中接触到丰富的思政教育资源,提高学生的思政素质,使他们能够更好地适应未来的发展。①

## 二、"中国政府与政治"课程特点与课程思政面临的困难

### (一)课程特点

"中国政府与政治"是一门系统介绍中国政府和政治制度的课程,是公共管理学科中非常重要的基础课程。其教授的内容是有关中国政府政治制度及其运行的基本知识,教学内容与学生生活既存在一定距离,又极为相关,具有以下特点:

1. 高度专业化

本课程是一门高度专业化的课程,需要学生具备扎实的政治学和公共管理学相关知识储备。课程内容涵盖了中国政府的政治体制、党政制度、人大会议、政策制定过程、行政管理等多个知识点,需要学生了解专业术语并具备较高的技能。

2. 政治性突出

本课程政治性非常强,需要学生具备较强的政治意识和思政素质。课程内容涉及中国政治体制、政策制定和执行等方面,需要学生具备正确的政治观点和政治立场。

3. 综合性强

本课程综合性很强,需要学生具备较高的综合素质和较强的跨学科能力。课程内容涵盖了政治、经济、文化、社会等多个领域,需要学生具备跨学

---

① 邱伟光.课程思政的价值意蕴与生成路径[J].思想理论教育,2017(7):10-14.

科的思维和综合能力。

总之,本课程对于学生的专业素质要求较高,课程内容涵盖体系庞大复杂,不同政治价值观、社会观均会影响学生的政治判断。

### (二)课程思政面临的困难

"中国政府与政治"的思政建设具有一定的基础,同时存在些许困难。一方面,课程中一些基础知识与高中政治知识有一定的联结性,陌生概念并不密集,学生易于入门。另一方面,本课程有丰富的教材和相关课外读物,可供学生阅读。但是,对本课程的深度理解和掌握则对学生的综合素质要求较高,包括知识储备的丰富度、理解和分析问题的能力以及独立的思辨能力等。目前,学生普遍存在的问题包括:相关知识储备不足,对于问题理解的深度和广度明显较差;学生对社会和政府接触较少,很多知识点对于学生来说如雾里看花,并不能深入认识和理解,课程思政融入度不够。

## 三、思政进课堂与"情景式"教学的举措

为了解决以上"中国政府与政治"课程教学中存在的突出问题,教学改革可深入挖掘课程思政元素,并利用一系列教学举措,将其有机融入课程教学,加深学生的学习效果。

### (一)促进思政教育与专业教育的融合

高校课程思政建设在课堂授课上应做到契合实际、抓住要点、紧跟时事,做到专业性与新颖性相结合,既带有专业特色,又要融思政知识于其中,使隐性教育的功能充分发挥。"中国政府与政治"是一门内容更新异常快速的课程。我国经济、社会处于急剧发展变化中,与之相应,政府也不断推出新的公共政策解决日益复杂的社会问题和矛盾。因而,专业课的讲授也应紧跟时代发展,否则陈旧的信息无法满足当代大学生的知识需求。例如,在"人大"这一章节中,每年的两会报告都有新的时代焦点。在讲授过程中,需及时捕捉国家政策最新动向,并引导学生对此进行讨论,培养学生的社会责任感和对时事问题的思考能力。再例如,2022年党的二十大报告在总结党的十八大以来中国共产党取得的重大理论和实践创新成果基础上,提出了许多新理念、

新思想、新战略、新举措。如提出了"中国化时代化的马克思主义行"这类新表述。课程可以引导学生思考和回答：从"马克思主义为什么行"到"归根到底是马克思主义行,是中国化时代化的马克思主义行",究竟经历了怎样的认识深化和提升？党的二十大报告首次明确提出了"必须时刻保持解决大党独有难题的清醒和坚定"。什么是"大党独有难题"？从世界政党百年沉浮与大党兴衰成败看,如何解决大党独有难题？针对当前我国社会的主要问题,例如年轻人就业率低等,政府应该做什么？能够做什么？这些问题都可以进行课堂讨论,活跃课堂气氛。讨论这些问题对于加深学生对新知识的理解,构建正确的价值观、国家认同感和使命感具有重要的作用。

因而,在本课程的教学改革过程中,要紧跟时事,把专业教学内容、时事热点与思政教育元素融合起来,像盐渗透在食品中一样,把思政元素渗透到教学内容之中,使其起到潜移默化的滋润作用,引导学生树立正确的世界观、人生观、价值观,自觉培育和践行社会主义核心价值观。

## （二）革新教学方式,进行"情景式"教学

除了在教学过程中融入思政要素,为了加深学生对本课程的理解,增强课程的趣味性,本课程引入情景教学法。该方法是在任课教师的指导下,学生利用所学的基本理论对教师提供的虚拟或现实案例进行思考、分析和辩论,分角色进行演练,揣摩各角色的行为模式,探究案例中不同角色之间的作用关系。根据教师的要求,学生按照扮演的角色提出观点、设计方案并进行互动,以解析复杂系统中的逻辑关系,促进理论知识与实践的结合。① 具体来说,本课程的情景教学步骤如下。

1. 梳理教学目标

情景教学法的最终目的是服务教学目标。因此,在选择情景教学模式之前,应仔细梳理教学目标和计划,分析学生的特点,如对理论知识掌握的程度、对中国政治现象的兴趣等,明确情景教学要实现的目的、解决何种社会治理问题、培养学生何种能力。这就要求教师对"中国政府与政治"教学内容有系统性的了解,能够分析辨别教学过程中的难点和当前社会的热点问题。

---

① 蒋红,王宏军,王春华,等.大学专业课情景式教学方法的构建及应用[J].中国校外教育(理论),2015(13):14.

2. 设计教学情景

情景设计对于教学效果具有显著影响。"中国政府与政治"课程围绕教学目标,每个情景案例都要设计明确的主题。首先,情景设计应是现实世界的投射,情景的真实性至关重要,真实的情景才会打动人心,但是现实社会治理问题纷繁复杂,在情景设计中需适当简化,以突出主题,避免学生纠结于细枝末节而偏离教学目标。其次,要注意角色间的平衡。在情景教学中,不同的学生要扮演不一样的角色,因而需要注意在情景设计中平衡各个角色之间的活动,防止部分同学因情景设计问题在活动中被边缘化,降低参与热情和积极性。最后,在情景教学中,学生占据中心地位,教师作为观察者掌控全局,在教学中积极推动学生自主解决问题,把握教学节奏。

3. 布置课前作业,引导学生积极准备

在开展情景教学前,对情景内容和规则进行深入的讲解和培训,引导学生进入情景角色。教师引导学生搜集基本的背景材料和相关信息,设计激励机制,鼓励学生更为深入地参与情景教学。

4. 总结教学成果

在情景教学学生参与环节结束后,教师需全面总结情景教学的成果,揭示情景教学中的规律性认知,将学生的直观体验升华为理论知识,引导学生进行更为深入的思考。点评各角色在情景教学中的表现,指出学生在活动中表现出的优缺点,提出改进意见。

(三)教学案例分析

1. "模拟市长"——角色扮演

(1)教学对象和目的。教学对象是公共管理系大二本科生,教学班共60余人。在情景教学前,我们调查了全班的基本情况,约96%的同学为本专业同学,跨专业同学只占约4%。这说明大部分同学学习过政治学、公共管理学等基本学科知识。本次情景式教学安排在"地方政府"这一章节的讲授结束后。之所以选择本章节的内容进行情景教学,是因为地方政府是中央政府的政策执行者和地方治理者。本科生对中央政府的运作较为陌生,但是对于地方政府普遍有所接触,有实际的生活体会,可以更好地进行角色代入。此外,市政府作为我国政府体制重要的一级政府,在国家治理体系中具有重要的作用,且该级政府治理功能完善,可以较好反映我国地方政府的运作机制和功能。

(2)情景设计。结合专业知识和学生兴趣,选择社会热点及矛盾冲突较集中的话题,如"河道污水治理"。学生角色被分配为市政府、环保局、街道办、住建局等多个与河道有关的管理部门及其负责人,以及附近居住的居民、排污企业人员等利益相关群体,通过情景再现不同利益群体对于河道污染的利益纷争。在这一过程中,由分饰不同角色的同学各自陈述代表自己利益的观点和主张,并进行讨论、商议,真实再现社会治理问题中的利益冲突以及政府部门的职责交叉、互相推诿等问题。教师在其中进行全局掌控,做最后点评。上述情景设计了利益主体间的相互制约和协作机制,体现了地方政府治理的复杂性,以及行政体制本身存在的问题,给学生充分发挥的空间,也在情景中展现了较为复杂的问题。

(3)课前准备。为了给学生较为充分的发挥空间,情景设计的选题由教师与学生共同商议完成。同学提前两周把自己感兴趣的选题提交给教师,教师与其进行初步商议、探讨直至确定主题,然后指导学生搜集相关资料和信息,以做充分的准备,并鼓励学生进行预演。

(4)教学过程。全班学生每5~6人一组,集中利用4个课时进行情景教学。每组依次上台进行表演,向其他组生动展示不同主题的模拟情景。教师对各组"模拟市长"表现进行点评,通过课堂讨论启发学生总结在角色扮演过程中出现的治理问题,如部门权责不清、制度不规范等。课后对学生就此环节的教学效果利用访谈法和问卷调查法等调查方式进行调查,包括兴趣度、改善方式等。

2."港珠澳大桥"建设中的地方博弈——案例式情景模拟

(1)教学对象和目的。本案例是对真实案例进行情景再现,与之前的"模拟市长"略有不同,本案例所涉及的主体是存在竞争和合作关系的地方政府,因而设计更加简单。港珠澳大桥是粤港澳三地合作共建的超大型跨海通道,跨越伶仃洋,目前东接香港,西接珠海和澳门,总长约55千米,设计使用寿命120年,总投资约1200亿元人民币,筹备和建设前后历时达15年,于2018年10月开通营运。实际上,港珠澳大桥建设前,就曾有过"单Y方案"和"双Y方案"之争。"双Y"指港珠澳大桥东边连接香港和深圳,西边连接珠海和澳门;"单Y"即实际执行的方案,西边连接珠海和澳门,东边仅连接香港。该案例比较好地揭示了地方政府之间的关系特点,因而情景式教学中将此案例作为一个典型案例,在课堂上予以讨论。

(2)情景设计。本案例涉及的地方政府包括香港、澳门、珠海、深圳地方政府。学生按照小组被分为几个城市的代表,从各自城市角度分析建设该大桥的成本和收益,揭示各地之间的关系特点。这个案例主要揭示在我国单一体制国家下,地方政府之间所表现出的实际行为特点和利益考量逻辑。

(3)课前准备。为了让学生的讨论更加充分,提前一周由小组同学准备相关城市发展的背景、特点等信息资料,以便讨论可以更加有序、热烈。

(4)教学过程。全班同学根据城市代表分为四个大组,针对港珠澳大桥的建设情况分别代表一个城市进行发言。模拟方案研讨会的形式,大家就成本、收益以及几方之间的协商、探讨过程情景进行再现,从而真实还原城市之间的竞争与合作关系。教师最后对各组表现进行点评,并引导学生客观真实地认识地方政府之间的利益点和行为特点,加深学生对我国政府运作过程和背后逻辑的认识。

## (四)丰富案例教学,加强理论和实践的联系度

案例教学法至今已有近一个半世纪之久,如今是高等院校人文社会科学类专业课教育教学中普遍采用的一种教学方法。通过精心设计典型案例,以问题为导向,提出解决问题的具体方案,加深学生对专业知识和专业理论的理解与掌握,一方面可以很好地突破教学中对相对抽象和模糊的概念定义的理解,使抽象知识变得具体化;另一方面也可以让专业知识活灵活现地被学生消化吸收。"中国政府与政治"是一门理论性和实践性很强的课程,运用案例教学法较为贴切,而案例的选择至关重要。本课程在每个章节都注重融入经典案例,引导大家讨论。案例由教师自主创新,包括在平时的科研活动中搜集的案例。例如,深圳市坪山区的"一网统管"平台建设、盐田区的"民意通"等可以很好地展现地方政府的创新特点。西北某市环保局局长在环境保护和招商引资中遇到的困境,可以较好说明"职责同构"下地方政府决策难的问题;佛山市顺德区的行政审批改革可以较好体现自下而上的改革创新等。这些案例均是近些年教师亲自搜集一手资料进行整理、总结,并且在科研活动中不断进行扩充、增补形成的。案例既新颖,又较为典型和生动,可以极大调动同学们学习的积极性和热情,通过对相关案例的讨论,同学们的理论知识和实践知识均有所增长。

## 四、思政进课堂教学改革的难点和效果分析

### （一）教学改革实践中的难点

思政进课堂与情景式教学相结合,通过提炼时事热点的内在逻辑,运用生动有趣的情景式教学法,激发学生对社会问题的兴趣和思考,对教学效果的提升具有重要的意义,但是在实践过程中也存在一些难点,需要教师加以注意。

1. 思政内容的精准提炼需要做好充足的准备

思政内容切不可生搬硬套,只有从实际情况出发,通过抽丝剥茧的理性分析,让同学们真正认同才能起到相应的效果,否则可能会适得其反。因此,通过思政内容塑造学生的爱国情怀,培养学生对社会的责任感、主人翁意识,锻炼学生解决现实问题的思考能力,需要精心设计和充分的课前准备。

2. 情景设计需要花费大量的精力和时间

如何真实反映客观现实是情景式教学取得何种效果的关键因素。教师在情景设计时需要有所侧重,一个情景反映一个主要的理论问题,有的放矢才可以发挥情景的最大效用,切不可眉毛胡子一把抓,降低教学效果。

3. 要求学生做好充足的课前准备

情景式教学不是教师单方面的投入,学生也占有比较重要的位置。学生进行角色扮演前需要对角色所代表的利益、行动逻辑有深刻的认识,只有这样才能扮演好相应的角色,才能呈现出较好的效果。因而需要督促学生做好充足的准备,除了搜集网上资料,还有必要进行简单的访谈数据搜集,才能将效果提升。一些学生对知识的掌握还不充分,比较常见的是学生对自己扮演的角色没有进行深入研究,并且忽视了对其他角色及相关内容的学习,因此在开展情景教学时要注意不能放松对学生的要求,可以用一些激励、奖励方式,促使学生课下多些投入。

4. 案例讨论部分需要注意把握好节奏

在案例讨论环节,一些学生容易陷入对细枝末节问题的讨论,逐渐偏离主题且耗时过长,教师需要及时引导,促使讨论有效。

## (二)思政进课堂的效果及优势

1. 培养学生的综合能力

行政管理专业是一个跨学科专业,培养的是具备多种学科知识的复合型人才,不但要求学生熟练掌握专业知识,还对表达、分析、合作、协调等综合能力具有较高要求,以使学生适应社会治理这一对社会事务高度负责任的领域的需要。注重将思政元素融入课堂教学中,有利于引导学生树立正确的人生观、价值观和世界观,提高学生的国家认同感和社会责任感。而进行情景教学,也有助于锻炼和提高学生的综合能力。首先,情景教学让学生熟悉所设计的情景,搜索需要的资料和信息,分析各角色之间的关系,培养了学生分析问题和挖掘信息的能力。其次,在情景教学中,学生在扮演不同角色时需要相互配合,呈现完整的现实图谱,这就要求学生具备一定的团队精神和协作意识。最后,在情景教学完成后,采用交流方式让学生体会不同行为主体之间的差异,形成换位思考的分析方式,有助于学生将来从事管理工作。

2. 增进学生对于现实问题的直观感受

紧追时事热点以及情景教学,可以促进学生将理论与实践更紧密地联系在一起。如在地方政府的竞争与合作教学过程中,合理设定案例情景模式,使学生模拟不同的城市市长,可以直观地表现各地对于跨域问题的思考逻辑。又如在地方治理的教学过程中,引导学生扮演不同政府部门人员、涉事企业人员、居民,可以看到不同的利益代表在问题争端中的行为,也可以进一步分析导致问题久拖不决的体制性问题。在角色模拟中,学生可以认识到处理社会问题的复杂度和难度,揭示社会现象背后的深层次原因,探求多种治理矛盾的解决途径,增强思辨能力和社会责任感。

3. 提高学生的学习兴趣

当前形势下,培养学生的爱国情怀,凝聚年轻人建设祖国的共识是时代所需、国家所求。通过思政元素的融入及情景式教学,本课程拉近了学生与社会之间的距离,并且将正确的价值观潜移默化地输送给学生,因此,很多学生都对中国政府的运作产生了兴趣,并在课下通过不同渠道了解相关领域的动态。通过参与相关讨论和情景模拟,学生可以将课上获得的理论知识和课下收集的零碎信息进行整合,激发学习热情。

## 五、总结

　　课程思政是将思想政治教育活动融入具体课程，尤其是专业课程，以专业课程为载体来开展思想政治教育工作，改变单纯依靠"思政课程"进行思想政治教育的模式，以构建全员、全程、全方位育人格局的育人活动。在高校各类专业中，公共管理类专业教学内容与国家政治和政府治理密切相关，所以开展课程思政既是其必然职责，也是其当然优势。在公共管理专业课程中，"中国政府与政治"作为专业核心课程，其教授的内容是有关中国政府政治及其运行的基本知识，更应该发挥课程思政的功能。

　　然而，本课程的思政融入度长期以来较为缺乏。通过本次教改项目，教师注意增加每个讲授环节的思政融入，从新中国成立后的曲折探索、老一辈革命者的理想主义情怀实践，到当今中国社会治理的复杂性和难点的讲授，对学生社会责任感和家国情怀方面的培养，均取得了积极效果。此外，通过课程教学手段的改进，引入情景式教学法，运用角色扮演、案例讨论等方式，本课程提高学生的学习兴趣和参与度，培养学生的分析能力和思辨能力，提高他们的综合素质和创新能力。学生能够更加深入地了解"中国政府与政治运作"，并且能够更好地运用所学知识解决实际问题。改变了学生长期以来的政治疏离感，激发他们愿意参与公共事务、为老百姓谋福利的朴素情怀。通过教改项目，本课程的教学效果得到了显著提升，学生学习的积极性和兴趣均大幅提高，达到了预期效果。

# 第二章 基于粤港澳大湾区发展与治理课程改革的高校思政育人路径探索[*]

符 阳[**]

本章探索了基于粤港澳大湾区发展与治理课程改革的高校思政育人路径。本课程改革紧密结合粤港澳大湾区的国际定位、深圳的改革开放与创新实践,并对相关政策进行深入解读。在课程教学过程中,授课教师注重思政教育与专业教育的有机融合,通过五个主要专题,帮助学生深入了解国家的发展战略与社会主义核心价值观。为确保教学效果,课程团队采纳了多学科交叉的方式,并与相关机构进行了深度合作。特别是通过案例教学,如对比深圳与其他国际文化创意城市,进一步培养学生的文化自信和责任意识。总体而言,本教改为高校培养学生专业能力的同时,也强化了他们的思政教育,旨在为国家的未来发展培养出既有理论知识又有实践经验的人才。

## 一、课程思政改革背景

深圳是粤港澳大湾区建设的重要城市和创新引擎,也是粤港澳大湾区区域经济与社会融合发展的试验田。在粤港澳大湾区与中国特色社会主义先行示范区建设背景之下,深圳成为新时代在更高起点、更高层次、更高目标上推进改革开放,形成全面深化改革、全面扩大开放新格局的改革尖兵。[①] 在此政策背景之下,政府管理学院行政管理专业改革本科生课程体系,开设了"粤

---

[*] 本章是深圳大学 2021 年"交叉学科课程"建设项目与广东省高等教育教学研究和改革项目"基于复合应用能力提升的决策理论与方法课程体系改革"等教研项目的研究成果。

[**] 符阳,男,深圳大学政府管理学院副教授、行政管理系副主任、大湾区—东盟研究中心副主任,主要研究方向为可持续城镇化、环境政策与城市产业政策。

[①] 赵辰霖,徐菁媛.粤港澳大湾区一体化下的粤港协同治理:基于三种合作形式的案例比较研究[J].公共行政评论,2020,13(2):58-75,195-196.

港澳大湾区发展与治理"这门课程,旨在向包括留学生在内的全部专业学位本科生全面介绍粤港澳大湾区建设的规划背景、发展基础、机遇与调整、区域融合实践与创新发展实践,尤其侧重介绍深圳在产业发展、体制改革、粤港澳大湾区融合发展、产业创新、人才战略与智慧治理等领域的经验。

本课程具有突出特点。首先,课程紧贴粤港澳大湾区建设与发展的主要议题,突出粤港澳大湾区对国家经济发展与对外开放的战略支撑作用。作为学术本科生专业必修课,其介绍粤港澳大湾区的国际定位与发展现状,让学生了解粤港澳大湾区建设的机遇、挑战与可能路径,更好地将本科生人才培养与粤港澳大湾区发展战略衔接起来。其次,课程从深圳改革开放实践与创新发展实践出发,深入挖掘深圳改革创新案例,总结深圳发展经验,对粤港澳大湾区建设和先行示范区建设进行案例挖掘,这也是对"双区"建设的必要经验总结与凝练。① 最后,课程紧密结合中共中央、国务院颁布的《粤港澳大湾区发展规划纲要》《关于支持深圳建设中国特色社会主义先行示范区的意见》,联系深圳实践进行政策解读。

## 二、教学过程与思政融合

在高等教育中,实现课程内容与思政教育的深度融合已经成为重要的教学趋势。这种融合不仅有助于培养学生的社会责任感和使命感,而且能深入学生心中,使他们在学习专业知识的同时,更加了解国家的发展战略和方向。②

对于"粤港澳大湾区发展与治理"这门课程,教学过程与思政教育的融合可以说是其核心。课程共计5个专题,每个专题约4课时,涵盖了深圳改革开放与创新、粤港澳大湾区的全球定位、科技与产业创新、基础设施与区域融合③以及可持续发展与治理等关键领域。专题内容与思政元素的融合,可以确保学生在掌握专业知识的同时也能够深入理解国家的发展战略与社会主

---

① 许长青,岳经纶.新发展理念下粤港澳大湾区世界一流大学建设:国际经验与路径选择[J].高教探索,2021(12):5-13.

② 邱柏生.改革开放以来高校思想政治教育创新的特征[J].思想理论教育导刊,2008(10):19-23.

③ 许长青,岳经纶.新发展理念下粤港澳大湾区世界一流大学建设:国际经验与路径选择[J].高教探索,2021(12):5-13.

义核心价值观,为国家的未来发展做出应有的贡献。① 结合课程内容和授课方式,课程团队绘制了本课程的知识矩阵(见表2-1)。

表 2-1 "粤港澳大湾区发展与治理"课程支撑毕业要求矩阵

| 章节 | 课程支撑毕业要求 | | | | | | | | | | | | | | | | |
| --- | --- | --- | --- | --- | --- | --- | --- | --- | --- | --- | --- | --- | --- | --- | --- | --- | --- |
| | 课程思政 | 知识 | | | 能力 | | | | | | 素质 | | | | | | |
| | | 认识 | 理解 | 掌握 | 问题分析 | 设计开发 | 自主研究 | 运用工具 | 团队协作 | 项目管理 | 社会责任感 | 环境保护和可持续发展 | 职业规范 | 沟通交流 | 终身学习 | 国际视野 | 创新创业 |
| 第1章 | ✓ | | ✓ | | ✓ | ✓ | | | | | | | | | | | |
| 第2章 | ✓ | | ✓ | | ✓ | ✓ | ✓ | | | | ✓ | | | | | ✓ | |
| 第3章 | ✓ | | | ✓ | ✓ | ✓ | ✓ | | | | | | | | ✓ | ✓ | |
| 第4章 | ✓ | | | ✓ | ✓ | ✓ | | | ✓ | | ✓ | ✓ | | | | | |
| 第5章 | ✓ | | ✓ | | ✓ | ✓ | ✓ | ✓ | | | ✓ | | | | | ✓ | |

第1~2周,关注深圳改革开放与创新发展实践,强调深圳"拓荒牛"的精神和在改革开放中的先锋角色。主要采用教师讲授、课堂讨论和信息化教学手段,使学生深入了解深圳的发展历程与城市精神。第3~4周专注于粤港澳大湾区的规划与全球定位,深化学生关于"双区"建设的国家战略的理解,主

---

① 陆林召.全媒体时代高校思想政治教育话语权建构的多维审思[J].江苏高教,2022(3):92-96.

要通过课堂讨论与信息化教学实现。① 第5~6周,课程转向粤港澳大湾区的科技与产业创新,通过教师讲授和案例教学方法,强调国家区域创新体系的建设内涵和要求,以提升学生的创新思维。② 第7~8周关注粤港澳大湾区的基础设施与区域融合,深入探讨大湾区在"一带一路"倡议中的关键作用,主要通过教师讲授、课堂讨论和信息化教学手段实现。③ 第9~10周,着眼于粤港澳大湾区的可持续发展与治理,强调"美丽中国"和"绿水青山"的思想在大湾区实践中的重要性,采用教师讲授、课堂讨论和信息化教学来深化学生对"绿水青山就是金山银山"的可持续发展理念的理解④(见表2-2)。

表2-2 课程思政元素与思政融入课堂教学方式

| 周次 | 教学主题 | 思政元素 | 教学手段 | 思政元素融入方法 |
| --- | --- | --- | --- | --- |
| 1~2 | 深圳改革开放与创新发展实践 | 深圳"拓荒牛"与改革开放尖兵精神 | 教师讲授、课堂讨论和信息化教学 | 全体新生深入了解深圳发展历程与城市精神 |
| 3~4 | 粤港澳大湾区规划与全球定位 | 粤港澳大湾区与先行示范区战略内涵与意义 | 课堂讨论与信息化教学 | 深入理解中共中央、国务院"双区"建设的国家战略 |
| 5~6 | 粤港澳大湾区科技与产业创新 | 国家区域创新体系建设内涵与要求 | 教师讲授与案例教学 | 通过案例教学与总结提升学生的创新思维 |
| 7~8 | 粤港澳大湾区基础设施与区域融合 | 粤港澳大湾区在"一带一路"倡议与区域融合中的关键作用 | 教师讲授、课堂讨论和信息化教学 | 深入理解粤港澳大湾区融合发展实践及其在"一带一路"倡议中的作用 |
| 9~10 | 粤港澳大湾区可持续发展与治理 | "美丽中国"与"绿水青山"思想在粤港澳大湾区的实践 | 教师讲授、课堂讨论和信息化教学 | 深入理解"绿水青山就是金山银山"的可持续发展理念 |

---

① 李晓莉,申明浩.新一轮对外开放背景下粤港澳大湾区发展战略和建设路径探讨[J].国际经贸探索,2017,33(9):4-13.

② 王云,杨宇,刘毅.粤港澳大湾区建设国际科技创新中心的全球视野与理论模式[J].地理研究,2020,39(9):1958-1971.

③ 黄群慧,王健.粤港澳大湾区:对接"一带一路"的全球科技创新中心[J].经济体制改革,2019(1):53-60.

④ 孙久文,殷赏."双循环"新发展格局下粤港澳大湾区高质量发展的战略构想[J].广东社会科学,2022(4):17-25,286-287.

## 三、思政改革策略

### (一)思政元素挖掘

为了使学生能深入理解并积极响应国家的发展战略,本课程在教学中采用了一系列思政元素挖掘策略。

首先,课程深入介绍了粤港澳大湾区与先行示范区的国家战略。为了更具说服力,我们广泛采用案例教学的方法,对各种实践进行深入反思。这些案例让学生更直观地看到"双区"建设的实际现状、所面临的机遇和挑战,从而增强他们的认知深度。

其次,课程详细解析了深圳"拓荒牛"的改革开放精神和发展实践。这不仅是为了回顾历史,更重要的是让学生感受到那种勇敢开拓、不怕困难的奉献精神,希望他们在未来的学习和工作中也能秉持这种精神,为国家的发展作出贡献。此外,我们还深入探讨了深圳改革开放与创新发展的实践,特别是粤港澳大湾区在区域规划、科技创新、区域融合以及可持续发展领域的最新进展和挑战。这旨在帮助学生建立更完整、更系统的认知框架,让他们更好地理解和应对未来的职业挑战。

最后,将"双区"建设的国家战略与"一带一路""美丽中国"等重要国家战略相结合,让学生看到国家战略的整体性和连贯性。同时,课程还对区域创新体系、可持续转型发展、区域产业体系等理论进行深入阐释,并将这些理论与国家的创新战略、"绿水青山"思想以及"双循环"论述相结合,以期在学生心中形成完整的知识体系。

通过上述策略的实施,学生不仅对粤港澳大湾区的发展有了更深入的了解,而且他们的思政观念也得到了进一步加强。

### (二)课程集体备课制度创新

在本课程的制定过程中,课程组汇聚了公共管理、管理科学与工程等三个一级学科的教师团队。这样的多学科交叉背景为课程的内容深度和广度提供了有力保障。教改团队针对每个教学模块做了明确的分工。教学团队的详细分工如表2-3所示:

表 2-3　本课程教学团队分工

| 课程模块 | 学时 | 计划授课方式与分工 |
|---|---|---|
| 课程导论 | 2 | 课堂讲授、课堂互动提问(授课老师1) |
| 深圳改革开放与创新发展实践(1) | 2 | 课堂讲授、案例分析(主讲教师) |
| 深圳改革开放与创新发展实践(2) | 2 | 案例研究、小组实践(主讲教师) |
| 粤港澳大湾区规划与全球定位(1) | 2 | 案例研究、课堂展示(授课老师2) |
| 粤港澳大湾区规划与全球定位(2) | 2 | 教师讲授、小组讨论(授课老师3) |
| 粤港澳大湾区科技与产业创新(1) | 2 | 小组实践、成果展示(授课老师4) |
| 粤港澳大湾区科技与产业创新(2) | 2 | 课堂讲授、小组实践、课堂展示(主讲教师) |
| 粤港澳大湾区基础设施与区域融合 | 2 | 实证案例分析与应用(主讲教师) |
| 粤港澳大湾区可持续发展与治理 | 4 | 小组展示、组间互评、教师点评(主讲教师) |

为了落实上述教学计划与分工,课程组将开展教学研讨、案例设计、教学考查方式研讨、互听评课与集体备课等多种制度,保障课程教学高质量有序开展。学期一开始就进行集体备课,确定课程整体教学大纲、教学进度、模块分配、任务分工与合作等。在学期中,进行课程组内部的课程相互听课,提出改进意见,促进授课方式与效果优化。在学期末开展教学效果总结反馈研讨,全面回顾课程授课中的得失,凝练教学效果好的授课方式,并在此基础上改进不足。

为了确保课程教学的高效和有序进行,课程团队采取诸多手段,制定了一系列严谨的制度和措施。首先,本课程引入了教学研讨环节,邀请教育领域的专家学者以及前沿的实践者参与,希望从中得到更为新颖和前沿的教学理念。其次,团队也在不断地设计与更新教学案例,确保学生能够在最新的实践背景下学习和思考。为了更加精准地评估和调整教学方法,课程团队还专门组织了教学考查方式的研讨,从中了解到不同的教学方式对于学生的吸收和理解有着不同的影响。

其间,全体成员对整个学期的授课进行了全面的回顾和总结,深入探讨哪些教学方法和内容得到了学生的喜爱、哪些地方存在不足。这种反馈制度不仅帮助课题组凝练出更有效的教学策略,而且为未来教学提供了有力的指导。

## 四、教学手段与方法创新

为了进一步完善粤港澳大湾区的教学体系,本课程团队着重挖掘其深厚的创新与融合发展研究背景,并结合在大湾区的实际发展、社会治理及产业进展的专业经验。基于这一独特优势,课程团队积极寻求与社会资源的深度合作。因此,课程特地邀请了创新创业、社会治理以及区域可持续发展等领域的杰出专家与创业者,请他们与学生面对面交流,分享第一手的经验与见解,使学生能够更直观、更深入地理解相关领域的实际情况。

此外,教改团队采用多种方式加强教学实践性,如组织专题讲座、邀请行业专家分享经验,安排学生参观市规划馆,直观体验区域规划的具体实施,以及推动学生深入社区、企业和研究机构,进行实地考察与实习。这些活动旨在帮助学生深化对粤港澳大湾区发展的认知,提高他们的实践能力,为其未来的职业发展打下坚实基础。

在课程内容方面,除了基本的理论知识外,本课程特地引入了粤港澳大湾区的具体发展案例。通过组织学生进行专题研究、课堂展示及小组讨论,鼓励他们从不同角度、不同层面对案例进行深入剖析。这不仅可以加深学生对粤港澳大湾区建设国家战略的理解,还可以激发他们的研究兴趣,帮助他们结合自身的兴趣和特长,完成具有高度原创性的课程论文和研究报告。

为了使学生更加深入地了解粤港澳大湾区的发展实践及其所面临的治理问题,本课程特意将教师的纵向与横向课题整合进教学计划中。课程团队深知,纵向与横向课题往往聚焦于当前最为前沿的研究主题和亟须解决地区发展问题,因此它们为学生提供了极为宝贵的研究资源。

本课程鼓励并引导学生积极参与各自导师的课题调研工作。通过这种方式,学生不仅可以深入大湾区的各个角落,直接接触实际的发展与治理场景,还能与课题组的专家、学者、地方官员与普通居民交流,获取第一手的资料。这种实地的、亲身的研究经验,无疑将使学生的学术研究更为深入、细致。基于课题调研的成果,学生将有机会形成研究报告或者孵化训练项目。这些报告与项目不仅能为学生提供宝贵的学术积累与实践经验,还能为粤港澳大湾区的实际发展与治理提出有益的建议和方案,实现学术与实践的双重价值。同时,这也能进一步提高学生的研究能力、创新思维和实际操作能力,培养他们成为未来大湾区建设的关键力量。

总之,本课程旨在通过一系列的教学手段与方法创新,确保学生在理论知识与实践经验之间达到平衡，把学生培养成为粤港澳大湾区未来建设发展贡献力量的具备高度综合素质的人才。

## 五、思政融入课堂教学的案例展示

### （一）挖掘深圳文化品牌资源，树立学生文化自信

该案例为本课程专题 5 的内容。该专题结合"先行示范区"、粤港澳大湾区建设等政策文件要求，在横向对比全球主要城市文化品牌构建路径的基础之上，挖掘深圳本土文化资源，依托深圳自身技术优势，阐释深圳构建自身文化品牌的路径与方式，通过引导学生对于案例的搜集、分析、研讨与展示，探索打造大湾区与先行示范区文化品牌路径，树立文化自信。在该专题讲解过程中，首先，进行"摸家底式"文化资源盘点，以数字化技术赋能传统文化资源，开拓资源激活新路线；其次，结合深圳优势打造科技感特色文化街区，实现从"看"到"体验"的转变，鼓励文化创意者跨界多元化创作，引入社会力量建设文化设施；再次，展示本土龙头企业带动行业中小企业发展实践，实现行业间"同频共振"，落实减税降负，打造文化＋科技产业发展链条；复次，介绍深圳举办的丰富多样、品位高端的文化活动，进一步引导和鼓励社会力量参办文化活动；最后，对深圳的文化品牌打造策略进行介绍。

课程团队在设计该案例时，注重以下几个环节：

1. 文化资源盘点

首先，对深圳的文化资源进行全面的盘点，帮助学生了解深圳丰富的文化遗产。其次，利用现代技术，如数字化技术，为赋能传统文化资源提供一个新的思考方向。

2. 科技与文化的结合

深圳作为科技前沿城市，其文化品牌建设也不可避免地与科技相结合。课程中提到的科技感特色文化街区、跨界多元化创作等都是这一点的具体体现。

3. 产业联动

本课程通过介绍本土龙头企业如何带动行业中小企业的发展，说明文化和经济的互动关系，介绍企业如何形成"同频共振"并打造文化＋科技的产业链条。

4. 社会参与

鼓励社会各界力量参与到深圳的文化建设中,不仅可以更好地利用社会资源,也有利于提高文化活动的品位和质量。

5. 策略解析

对深圳的文化品牌打造策略进行详细介绍,帮助学生了解其背后的思考逻辑和操作路径。

整体上,通过该案例的讲解,学生不仅可以了解深圳如何挖掘和利用其文化资源,还能够深入思考如何结合自身特长和兴趣,为自己的家乡或工作城市的文化建设贡献力量。同时,案例中的内容也有助于学生树立文化自信,使他们更加自信地走向世界。

### (二)案例意义

2016年7月1日,习近平总书记在庆祝中国共产党成立95周年大会上的讲话中指出:"全党要坚定道路自信、理论自信、制度自信、文化自信。"文化自信是一个民族、一个国家以及一个政党对自身文化价值的充分肯定和积极践行,并对其文化的生命力持有的坚定信心。深圳作为新兴城市,在文化资源上有着先天的后发劣势。但"先行示范区"、粤港澳大湾区建设等政策文件均对深圳市的城市文化建设提出了世界一流的高标准要求。因此,课程结合深圳自身突出的科技实力基础,引导学生盘点深圳市科技资源与文化载体,在借鉴国内外经验的基础之上,提出打造深圳文化品牌的路径。在课程教学中引导学生思考如何实现习近平总书记提出的"把继承传统优秀文化又弘扬时代精神、立足本国又面向世界的当代中国文化创新成果传播出去"这一文化自信要求,尤其是如何结合深圳市先行示范区与粤港澳大湾区建设要求,打造独特且具有国际影响力的文化形象。

### (三)案例引入与背景介绍

从中国特色社会主义先行示范区与粤港澳大湾区建设相关文件要求出发,阐释深圳打造文化品牌与提升文化影响力的具体要求,以及如何通过提升城市文化影响力,践行文化自信。结合先行示范区文件精神,阐释2025年、2035年深圳打造文化创意名城的目标与路径,梳理深圳打造文化品牌与提升文化影响力的优势。从深圳独特的文化资源优势背景出发,从以下6个维度,

分别梳理深圳市在文化核心价值、文化龙头企业、开放的移民文化特点等各个维度的特征,并结合具体案例与事例进行深入分析:

1. 核心价值彰显文创自信,移民人口催生独特文化

深圳作为中国经济特区的代表,自诞生伊始就展现了其独特的文创自信。这种自信源于市民对于创新和自我实现的追求。同时,作为一个快速发展的城市,深圳吸引了大量的移民人口。这种多元的人口结构催生了一种独特、包容且充满活力的文化,为深圳带来了无限的创意源泉。

2. 龙头企业打造文化品牌,文化立市驱动经济价值

以腾讯、华为等为代表的深圳龙头企业,不仅在科技领域取得了卓越的成就,同时也对文化品牌的塑造与传播作出了重要贡献。这些企业在全球化背景下,努力将深圳文化推向世界,通过文化输出实现经济价值的驱动和提升。

3. 外来人员赋予文化活力,年轻一代革新文创消费

深圳的年轻人,尤其是来自全国各地的外来年轻人,为这座城市注入了新鲜血液。他们的消费观念和审美趋势,影响着深圳的文创产品和服务,使之更加前沿、多样。

4. 创新成果迈向国际前沿,科技创新奏响时代强音

深圳的创新成果,尤其是在科技领域的成果,已经走在了国际的前沿。这种科技创新为深圳文化品牌的打造提供了坚实的支撑,使之具有了与时代同步的、前瞻的特质。

5. 有形之手助推文化服务,文化设施奠定坚实基础

深圳政府在文化建设方面的积极投入,为其文化服务和产业发展提供了强有力的支撑。从大型文化设施到街区级的文创空间,都反映出深圳对于文化发展的重视。

6. 毗邻香港凸显独特区位,地理优势打下共赢基础

深圳与国际化大都市香港毗邻,两地在文化、经济和技术等多个领域都有深度的交流与合作。这种独特的地理位置为深圳提供了与国际对接的窗口,同时也为其文化品牌的塑造和传播带来了得天独厚的条件。

总结来说,深圳依托其独特的历史背景、人口结构、企业资源、技术创新和政府政策等多方面优势,成功地打造并提升了其文化品牌与影响力。这种成功的经验值得其他城市学习与借鉴。

## (四)案例比较分析

1. 对比分析

横向对比国际文化创意名城打造自身文化品牌的经验。选取纽约、洛杉矶、伦敦、米兰、东京、巴黎、首尔、柏林、北京、上海等知名文化创意城市与深圳进行对比研究。从对比视角发现深圳自身的优势与不足,引导学生通过对比分析,发掘深圳文化独特价值与可能的提升路径,而非简单机械灌输深圳文化优势特征,从比较分析的视角拓宽学生的视野。

2. 案例总结

引导学生通过梳理深圳自身优势,并总结国际国内文化创意名城的建设经验,归纳出深圳自身文化品牌与文化建设的可能路径。

3. 教学手段

课程通过教师课堂讲述、学生小组研讨、学生小组展示与学生独立研究论文等多种形式综合提升本科生对于该案例的全过程分析能力,通过小组讨论整理深圳自身文化优势资源参与课堂讨论,通过集体展示横向比较国内外城市文化品牌建设路径,通过独立研究论文探索文化品牌建设的可能路径,引导学生通过比较研究与独立研究发掘增强文化自信的可行路径。

## (五)育人效果与反馈

该案例教学取得了良好的育人效果与学生反馈。第一,本课程通过集体备课制度与听课制度,增强知识模块的内在逻辑。第二,本课程将该模块设置为教师讲授与独立研究结合,实时掌握学生对于课程知识内容的掌握情况并收集教学效果反馈。第三,本课程实行多元化考核形式,通过小组作业、案例展示、小组展示、研究设计等多种形式,提升学生对于公共政策问题的理解、分析与团队协作下的问题解决能力。

此外,学生表示通过这种案例教学方法,他们不仅对深圳及其他国际城市的文化品牌有了更深入的理解,还对公共政策分析、城市发展等宏大议题有了更宏观的思考视角。许多学生表示,与传统的教学方式相比,该教学方法更具挑战性,需要他们更主动地思考、研究和参与讨论,从而提高了他们的学习兴趣和积极性。学生们普遍反映,他们在团队合作中学会了更加高效地沟通、分工与协调,不仅增强了团队协作能力,而且培养了他们的批判性思维和创新能力。课程组也收到了一些建议,例如,一些学生希望能有更多与实际操作、实地考察结合的学习机会,以便更深入地了解深圳和其他国际城市的文化建设情况。还有学生建议增加与其他学校、学院的交流机会,以便能够获得更广阔的视野和知识。总体来说,本案例教学取得了预期的效果,得到了学生的普遍认同和好评。同时,课程组也认识到,为了进一步提高教学质量和满足学生的需求,还需要不断探索和创新。

## 六、结语

　　结合地方发展战略的课程改革与思政教育的融合已成为教育的一大挑战和机遇。"粤港澳大湾区发展与治理"这一课程正是基于这样的背景,以粤港澳大湾区的建设与发展为背景,紧密结合深圳的改革开放和创新实践,进行了全新的课程设计与教学方式的探索。此次教改展现了其独特价值与意义。首先,思政改革贴近时代背景。课程不仅回应了国家的发展战略,而且将大湾区发展的实际议题与学术研究相结合,既能确保学生深入理解专业知识,又能培养其对国家的责任感和使命感。其次,课程改革注重多学科交融。本课程通过汇集跨学科的教师团队,确保了课程内容的深度与广度,同时也为学生提供了一个多元化的学习环境。再次,突出实践与理论相结合。采用案例教学法,让学生更加直观地感受到大湾区建设的实际现状与挑战,同时也能够更加深入地理解相关的理论知识。复次,突出开放与合作。课程团队与社会资源深度合作,邀请了相关专家与实践者进入课堂,为学生提供了一个与实际工作紧密结合的学习平台。最后,育人效果显著。本课程通过多元化的教学方式和考核形式,确保了学生的学习质量,同时也培养了他们的团队协作精神和解决问题能力。总的来说,本课程的改革为高校思政课程改革探索了一个可能的路径。

# 第三章　高校公共管理专业类课程思政教学质量影响因素及建设路径研究*

耿　旭　刘华云**

课程思政建设是当下高校践行立德树人根本任务、实现内涵式发展的重要载体。本章以专业核心课程"公共政策学"为教学实验场域，将两个教学班级分为控制组和实验组，验证影响课程思政建设质量的因素。研究表明，课程理念嵌入、课程内容呈现、课程授课方法、互动程度四个维度影响整体性教学质量。结合实验组所进行的课程思政改革实验，从"理念重塑—内容重构—方法重审—互动重建"四个维度提出公共管理专业类课程思政建设路径。

## 一、课程改革背景与意义

### （一）课程改革背景

2016年12月，习近平总书记强调："高校思想政治工作关系高校培养什么样的人、如何培养人以及为谁培养人这个根本问题。要坚持把立德树人作为中心环节，把思想政治工作贯穿教育教学全过程，实现全程育人、全方位育人，努力开创我国高等教育事业发展新局面。"[①]2019年，习近平总书记在学

---

\* 本章为2022年广东省本科高校高等教育教学改革项目"高校专业类课程思政建设质量的影响因素研究"成果之一、2023年深圳大学课程思政改革示范项目"公共政策学"示范课程成果之一、广东省教育科学规划课题"价值链视角下'研—教—育—用'模式助推粤港澳大湾区复合型人才培养改革研究"（2024GXJK293）成果之一。

\*\* 耿旭，女，深圳大学政府管理学院副教授，行政管理系副系主任，主要研究方向为公共服务与政策分析、地方政府治理改革。刘华云，男，深圳大学马克思主义学院副教授，主要研究方向为基层党建和基层治理。

① 把思想政治工作贯穿教育教学全过程 开创我国高等教育事业发展新局面[N].人民日报，2016-12-09(1).

校思想政治理论课教师座谈会上强调,"要坚持显性教育和隐性教育相统一,挖掘其他课程和教学方式中蕴含的思想政治教育资源"。① 2020年,教育部印发的《高等学校课程思政建设指导纲要》明确把思想政治教育贯穿人才培养体系,将价值塑造、知识传授和能力培养三者融为一体。由此可知,课程思政建设是当下高校践行立德树人根本任务、实现内涵式发展的重要载体。

这给当前高校课程建设提出新的改革指示和发展方向,如何在专业课程中融入思政要素成为重要的教学探索。当前很多文献以及相关研究课题主要探讨高校课程思政建设的意义、内容、方法、路径等宏观方面。课程思政之本在课程,其效果经由课程实施而体现,归宿是教学质量和人才培养质量。从这个角度看,基于教学对象视角的课程思政质量评估,对提炼影响课程思政建设质量的影响因素具有重要的微观意义。

基于此,本章以专业核心课程"公共政策学"为教学实验场域,尝试在课程思政教学实践中提炼影响课程思政建设的相关因素,并为优化课程思政要素融合路径提出具体的策略,从而加强课程思政元素与学科话语体系的同构性,更好地推动课程思政改革,切实提高人才培养质量。

## (二)研究意义

第一,培养学生公共情怀与价值。研究基于"公共责任、本土情怀"的思路,根据公共政策学理论最新发展来动态优化,重构教学内容与课程体系,契合国家重大战略和深圳"双区"建设需求。课题组团队成员结合自身进行公共决策服务的课题和相关公共服务经验,引导学生参与到公共决策服务的过程中来,了解公共议题评估、问题分析与决策的全过程,为"双区"建设培养具有丰富实践经验、扎实应用能力的公共服务人才。

第二,形成推广示范效应。课题以学生为中心进行教学方法、教学手段、教学组织的改良和创新;课程设计强调"情、知、行"协调发展的教学目标,营造面向社会实践与公共关怀的学习效果;课程成绩考核设计360度多维测评方式,注重考查学生的公共管理理论素养和运用知识分析解决现实公共管理问题的能力。行政管理专业本身具有丰富的思政元素,探索的思政要素融合模式可以全面推广到本专业相关课程,起到示范作用。

---

① 用新时代中国特色社会主义思想铸魂育人 贯彻党的教育方针落实立德树人根本任务[N].人民日报,2019-03-19(1).

## 二、研究现状

在中国知网以"课程思政"为关键词进行搜索,以核心期刊为限定,可以发现近几年有 2206 篇相关研究论文,这充分说明当前研究者对课程思政建设的研究热情。总的来说,相关研究主要集中在以下几个方面:

第一,对高校课程思政的价值内涵进行解析。从国家教育整体质量发展角度看,有学者认为课程思政价值体现为改善高校思政课现状的迫切需求,促进大学生全面发展的必然要求以及推动社会进步的时代诉求。① 从人才培养角度看,很多学者认为课程教学不仅要以传授知识、培训技能为目标,而且要导向价值观念、思想素质培养的深处,回归专业课程的育人功能。②

第二,课程思政建设过程中的核心问题。有学者认为课程思政的核心是解决好思政课程(显性教育)与课程思政(隐性教育)之间有机结合的问题。③ 有学者从微观层面发现课程思政建设有几个关键点:深入贯彻课程思政应着眼课程还是专业,或者是专业群?融合思政元素到底是做加法还是做减法?④ 有学者认为课程体系、教学方法与制度重塑是课程思政建设的关键。⑤ 有学者冷静地反思了课程思政与思政课程的边界问题,并就如何构建各类课程与思政课程的同向同行格局以及建立课程思政各要素力量的协同育人机制方面做了分析与展望。⑥

第三,课程思政与知识传授的融合路径。新文科视域下推动课程思政与知识传授有机融合,要深入挖掘课程思政与知识传授的共同要素及其联动机

---

① 张秀静.高校课程思政建设:价值意蕴·理论内涵·实施路径[J].中学政治教学参考,2022(12):26-29.蒋占峰,刘宁.高校课程思政建设的多维审视[J].现代教育管理,2022(9):111-118.

② 刘晓宁,刘晓.高等职业教育课程思政的实践审思与改革路径[J].中国高等教育,2022(10):59-61.

③ 蒋占峰,刘宁.高校课程思政建设的多维审视[J].现代教育管理,2022(9):111-118.

④ 刘晓宁,刘晓.高等职业教育课程思政的实践审思与改革路径[J].中国高等教育,2022(10):59-61.

⑤ 洪早清,袁声莉.基于课程思政建设的高校课程改革取向与教学质量提升[J].高校教育管理,2022,16(1):38-46.

⑥ 宋健刚,高明,阳甜甜,等.高校课程思政建设的热运用与冷思考[J].江苏高教,2022(5):86-90.

制,构建多层次的"知识—元素库"体系,探索多方式的"话语—知识"融合途径,健全多支柱的"教学—研究"互促机制。① 高职院校要聚焦教育立场,以专业为育人载体、以隐性教育为主要形式、以双协同为理路,探索课程思政建设的路径。② 有学者从保障路径出发,提出要从整体设计上做好建设规划,为课程思政建设与发展搭建体验性平台,营造课程思政浸润式氛围,锻造课程思政教师队伍。③ 有学者从系统论视角提出各高校应树立"一盘棋"思想,着力借助系统思维推动高校课程思政建设朝着更好效果、更高质量、更高效率的方向迈进。④

综上所述,当前很多文献主要探讨高校课程思政建设的意义、内容、方法、路径等宏观方面,但较少从影响因素角度出发,采用实证分析方法提炼影响课程思政建设质量的相关因素,进而提出具有针对性的对策建议。因此,本章主要从微观视角和效果视角展开研究,以"公共政策学"课程为探索对象,采用实验方法,在教学内容、教学理念与教学方法等方面进行差别化教学,并从实际课堂测评结果中进行整体效果对比,验证相关课程假设,在此基础上结合课程思政改革班的做法提出课程思政融入路径与策略。

## 三、课程改革实验设计、实施与效果

### (一)课程改革实验设计思路

公共管理专业类课程在推动课程思政过程中有个天然的优势,即其授课内容本身就是围绕当代中国政治和政府,聚焦我国政府现代化治理与公共政策等相关内容,在推动课程思政改革过程中有很强的基础条件。因此,研究适合采用实验方法,通过在同一个学期对同一个专业两个班级进行差别化授

---

① 杨国栋,马晓雪.新文科视域下课程思政与知识传授融合的基本逻辑与实现路径[J].高校教育管理,2022,16(5):96-105.
② 刘晓宁,刘晓.高等职业教育课程思政的实践审思与改革路径[J].中国高等教育,2022(10):59-61.
③ 张秀静.高校课程思政建设:价值意蕴·理论内涵·实施路径[J].中学政治教学参考,2022(12):26-29.
④ 黄宁花,禹旭才.系统思维视域下高校课程思政建设的价值意蕴、实践反思与优化路径[J].高校教育管理,2022,16(5):106-115.

课,探索影响课程思政授课效果的影响因素。在这样的思路导向下,本章以"公共政策学"为实验场域,于2023—2024年第一学期,以行政管理2022级两个班级为研究对象展开分析。通过前期大量的文献研究,本章认为课程思政融入专业课程受到理念嵌入、内容呈现、授课方法、互动程度等因素的影响。因此,在两个班的授课过程中,针对同一个章节的授课内容,均在上述影响因素下采用两种不同的路径,以整体性的课堂评价效果验证教学质量。

## (二)课程改革实验实施与效果

### 1. 课程改革实验实施

如表3-1所示,针对两个班级的具体授课过程,在课程理念嵌入、课程内容呈现、课程授课方法、互动程度四个方面存在以下区别:

表3-1 课程实验实施对照表

| 影响因素 | 班级1(实验对象) | 班级2(控制对象) |
| --- | --- | --- |
| 课程理念嵌入 | 在课程第一节课,以课程宗旨的形式确立了"立之以公,策之以理",并结合课程目标对其进行具体解释 | 在课程第一节课,以课程目标形式直接讲解本课程要有思政目标,即凝聚对国家的认同感和对重要公共问题的共识,具有公共情怀与社会责任感 |
| 课程内容呈现 | 以其中一个知识点为例,遵循归纳逻辑。在讲解公共政策概念的过程中,呈现多个国外西方学者概念界定、国内学者概念界定。通过概念界定的比较,讲解我国公共政策是在什么环境下进行界定(西方国家政党功能与我国政党功能不同点等);侧重点在于什么(西方国家强调利益集团影响下的价值分配,我国强调党领导下的以人民利益为本的政策资源分配等);我国对公共政策概念的界定反映的公共价值是什么(人民至上,公正公平等) | 以其中一个知识点为例,遵循演绎逻辑。在讲解公共政策概念过程中,强调中国公共政策制定中的相关优势与制度优势。然后侧重从学理的角度,提炼国内外学者在界定公共政策概念中的共性要素,包括政策主体、政策目标、政策工具与政策过程。在各个维度下解析我国政策的内涵 |

续表

| 影响因素 | 班级1（实验对象） | 班级2（控制对象） |
| --- | --- | --- |
| 课程授课方法 | 以其中一个知识点为例，采用视频观看＋分组讨论方式，时长为20分钟。讲解"第八章 公共政策评估"，以观看"国家发改委：企业家将参与涉企政策制定 保证政策更接地气"视频为课程导入。每个小组回答三个问题：(1)让企业家参与政策制定对公共政策评估有何意义和作用？(2)这体现了公共政策评估的何种价值导向？(3)评价公共政策的有效性还有哪些评价维度或标准？最后，请每个小组讨论并发言，教师板书总结提炼知识点 | 以同一个知识点为例，采用视频观看＋提问＋课程内容讲解方式，时长为20分钟。讲解"第八章 公共政策评估"，以观看"发改委：企业家将参与政策制定 保证政策更接地气"视频为课程导入。在提出三个思考问题后，导出本章公共政策评估模式授课话题，由教师主讲相关知识点 |
| 互动程度 | 教师全过程参与指导。课程考核一部分为小组汇报，主题是围绕身边能够感受到的公共政策，结合公共政策相关理论对其展开政策分析，内容包括其产生的积极效应、如何彰显我国制度优势以及目前发现的可以改进空间。教师全过程跟踪小组作业，并适当提供研究参考资料，进行价值引导，参与组会线下辅导 | 教师部分参与指导。课程考核一部分为小组汇报，主题是围绕身边能够感受到的公共政策，结合公共政策相关理论对其展开政策分析，内容包括其产生的积极效应、目前发现的可以改进空间（没有单独强调我国制度优势），教师以线上参与和提供研究参考资料为主，未作价值层面引导 |

注：各个维度只列举部分案例。

### 2. 课程改革实验效果

经过一个学期的学习，总体而言，班级1的整体评价效果好于班级2的整体评价效果。学生在定量评价和定性评价上均存在差异。在定量评价上，班级1对课程评价相对排名为6.25%，班级2对课程评价相对排名为20.31%。在定性评价上，学校评价系统显示，相比班级2，班级1较多出现了"老师非常正能量，对学生触动很大""课程知识体系安排紧凑，基本掌握中国公共政策相关知识""案例丰富生动，学到很多知识"等评价用语。同时，班级1也出现了很多"课堂互动有点多""小组作业时间跨度漫长""减少小组讨论"等评语，这对教学中的互动环节、小组讨论环节的尺度把握提出反思。

### 3. 课程思政成效

如表3-2所示，通过每个章节的设计和学习，课程达到以下思政成效：

表 3-2  课程预期思政成效

| 教学进度 | 思政育人成效 |
| --- | --- |
| 第一章　导论:理解公共政策 | 从一些具体的案例出发,帮助学生理解公共政策的魅力,激发学生学习公共政策的兴趣,也激发学生解决中国基层治理与政策实践问题的渴望 |
| 第二章　公共政策的基础理论<br>第一节　公共政策的内涵、特征与功能 | 将最新的学术观点与研究成果及时引入课程,融入公共情怀、社会责任的德育元素,引导学生知识创新 |
| 第三章　公共政策系统及运行<br>第二节　政策系统的环境与系统运行 | 引导学生思考、理解全球大变革时代下中国立场、中国智慧与中国公共政策回应 |
| 第四章　公共政策工具<br>第二节　公共政策工具的分类与选择 | 将最新的诸如垃圾分类等中国政策改革方案与实践情况及时引入课程,彰显中国改革价值,坚定制度自信 |
| 第五章　公共政策问题建构与议程设置<br>第三节　公共政策问题建构 | 帮助学生识别不同公共政策议程启动的方式,深刻理解公共政策议程设置中应该考虑的因素以及思考不同角色主体如何推动公共问题的解决 |
| 第六章　公共政策的制定<br>第一节　公共政策制定中的价值判断与方案规划 | 引导学生了解我国社会结构的演变加剧了利益的分化,加剧了公共政策制定的复杂性,以及了解相关领域的国家战略、法律法规和相关政策,引导学生关注现实问题 |
| 第七章　公共政策执行<br>第三节　公共政策执行偏差及矫正 | 改革开放 40 多年来,我国在扶贫开发领域取得了突出成就,为全球减贫事业作出了重要贡献,通过引导学生深刻理解这一现实,增强政治认同、思想认同、情感认同 |
| 第八章　公共政策评估<br>第三节　公共政策评估的工具与方法 | 提高学生正确认识问题、分析问题和解决问题的能力,融入人民视角、家国情怀、社会责任等德育元素 |
| 第九章　公共政策的终结与周期<br>第三节　公共政策终结的障碍 | 从现场观摩中了解公共政策终结的不同障碍因素,更加理解党和国家进行政策终结的困难性 |
| 第十章　公共政策变迁与学习<br>第二节　政策学习与扩散 | 以小组竞赛方式激励学生挖掘垃圾分类政策的创新与扩散模式,总结提炼经验和问题,帮助学生更好地理解中国特色政策扩散模式 |

## 四、课程思政建设路径和策略

上述课程实验表明,课程理念嵌入、课程内容呈现方式、授课方法以及互动程度在一定程度上影响了课程思政教学质量整体效果。结合本课程实验对象采取的课程思政主要措施,分别从"理念重塑—内容重构—方法重审—互动重建"四个维度提出以下公共管理专业类课程思政建设路径。

### (一)重塑教学教育思想与理念

第一,以情怀为驱动,将公共精神和价值关怀贯穿课堂教学过程。为课程打造"立之以公,策之以理"专属的课程宗旨,让同学们一目了然掌握课程核心和课程思政目标。把专业知识与思政理论有机结合的典型案例转化为立体化课程内容、网络化资源,推动课程更加有温度、有触感、有质量。本课程结合中国特色公共政策特征和价值理念,使学生理解公共政策的价值取向、政府政策制定与执行、政策变迁逻辑等,实现价值塑造与知识传授、能力培养协同推进。立足于现实关怀,凝聚学生们对国家的认同感和对重要公共问题的共识,把专业教育与思想政治教育紧密融合,达到润物无声的育人效果。

第二,采用多样化互动式教学理念,鼓励学生参与到课程中,做课堂的主导者。开展案例教学、情境式教学、沉浸式教学等,在多样化的课堂教学之中,发挥教师的引领作用、学生本人的主体作用,以生动的教学方式,让学生身临其境体会复杂背景下党和国家公共决策过程的难点,也让学生对我国政策现实有切身的体会和参与感,深刻理解中国的体制优势,实现课程思政教学目标。

第三,树立动态化立体化教学方向,增强学生公共政策时代感知力。结合教师的最新研究成果和课程基本理论,运用案例教学的方式,不断更新知识体系。以师生互动方式理解中国公共政策现状,引导学生关注现实问题,充分认识中国目前发展中面临的困境、问题以及所取得的成绩和具有的优势,培养德法兼具的新型公共管理人才。

## (二)重构课程思政教学体系

秉持"公共责任、本土情怀"的行政管理专业教育思路,结合国家重大发展规划和战略,立足大湾区核心引擎和中国特色社会主义先行示范区的双重定位,根据时事与中国现实政策理论来动态优化重构本课程教学体系(见表3-3),将课程思政融入教学内容,凸显行政管理专业"胸怀社稷"的培养导向。在课程设计中结合行政管理专业特点,强调"情、知、行"协调发展的教学目标,深入挖掘课程思政元素,培养学生的公共情怀和中国关怀精神。

表3-3 课程思政教学内容设计

| 教学进度 | | 课程思政点 | 融入方式与教学方法 |
| --- | --- | --- | --- |
| 第一章 | 导论:理解公共政策 | 理解新时代国家治理体系对公共政策价值的新要求;从国家发展大局与世界形势变化等角度,帮助学生理解学习公共政策的重要性,掌握政策分析能力对于提升政府治理能力从而应对不确定的世界风险的重要性 | 案例分析与讨论:深圳史上最严"禁摩限电"政策缘何引发争议,提示学生思考并回答其中的思政点——公共政策的根本价值取向究竟是什么,政府应当关注部分群体的利益还是社会公共利益 |
| 第二章 第一节 | 公共政策的基础理论 公共政策的内涵、特征与功能 | 强调公共政策作为对社会利益的权威性分配,集中反映了社会利益,从而决定了公共政策必须反映大多数人的利益才具有合法性 | (1)从案例出发,阅读与讨论《我国高考教育政策改革》等素材。一是理解公共政策价值基础:融合中国特色社会主义核心价值观;二是理解公共政策的重要特征,包括公共政策的权威性、回应性与普遍性等特征<br>(2)通过设置微沙龙讨论"政策与法律"之间的关系,学生深刻了解公共政策的特性,理解公共政策的结构构成与形式构成,理解公共政策权威性的合法性来源 |

续表

| 教学进度 | | 课程思政点 | 融入方式与教学方法 |
| --- | --- | --- | --- |
| 第三章<br>第二节 | 公共政策系统及运行<br>政策系统的环境与系统运行 | 公共政策系统的环境是由自然环境、社会环境、国际环境三大子系统构成的。公共政策系统的环境具有三个特点：一是高度复杂性。二是巨大差异性。三是历史变异性。重点分组讨论中西方公共政策系统中的不同主体及其角色，如何参与公共政策并影响公共政策，帮助学生理解我国的制度优势 | 专家进课堂：邀请台湾地区专家进入课堂，围绕台湾瘦肉精政策过程分析，帮助学生理解公共政策"输入—输出"模型，同时通过两岸的公共政策对比，发现两岸公共政策博弈差异，也更好地帮助学生了解我国政策实践与治理场景的多样性 |
| 第四章<br>第二节 | 公共政策工具<br>公共政策工具的分类与选择 | 公共政策工具选择要立足国情，注重环境；认准每种政策工具的应用机制和条件范围；加强政府的监督监管职能 | 分组阅读学习与讨论：2022年中共中央办公厅、国务院办公厅印发《关于加强打击治理电信网络诈骗违法犯罪工作的意见》，小组对其涉及的公共政策工具进行分类，理解不同分类标准下政策工具类型以及如何结合政策目标选择合适的政策治理工具 |
| 第五章<br>第三节 | 公共政策问题建构与议程设置<br>公共政策问题建构 | 中国公共政策具有关门模式、动员模式、内参模式、借力模式、上书模式以及外压模式六大类型，学生需要掌握每种模式背后的逻辑 | 绘制"知识地图"：分别提供六个不同的案例给学生，通过分组讨论，每个小组总结提炼案例中的政策议程模式，绘制知识地图并进行分享、点评 |
| 第六章<br>第一节 | 公共政策的制定<br>公共政策制定中的价值判断与方案规划 | 公共政策的价值取向包括公益性、公平与效率的平衡、及时回应性、公平公正合理等 | 情景模拟：通过学校电梯改造工程的情景模拟与小组讨论，思考政策制定者如何达成政策价值共识并形成政策。帮助学生全面掌握从问题的界定到政策方案选择以及合法化的公共政策制定的细致过程 |

续表

| 教学进度 | | 课程思政点 | 融入方式与教学方法 |
| --- | --- | --- | --- |
| 第七章 公共政策执行<br>第三节 公共政策执行偏差及矫正 | | 通过学习"行政裁量权"和"上有政策/下有对策"等政策现象,理解政策的原则性与灵活性关系在政策执行过程中的具体体现 | 课堂微沙龙:通过课前话题引入视频"执法还是抢劫?南通七旬老汉卖甘蔗被10多人围抢,回应让人气炸!"<br>思考城管执法权是否可以外包问题,进一步思考基层官僚如何更好地执法(执行政策)。通过学习第一代政策执行理论到第三代政策执行理论,帮助学生建立公共政策执行模型分析思维,学会解读不同执行行为 |
| 第八章 公共政策评估<br>第三节 公共政策评估的工具与方法 | | 评估主体包括政策制定者和执行者、专业机构和人员、大众传播媒介。其中公民参与评估模式有助于实现公民、非政府组织与政府之间的治理伙伴关系,为实现有效的、良好的治理奠定基础 | 案例讨论:通过小组观看视频"国家发改委:企业家将参与涉企政策制定 保证政策更接地气"与讨论,回答公共政策评估的价值导向。强调价值评估,考虑多元群体的利益诉求,分析政治因素和伦理价值<br>方案设计:通过评估方案的具体设计,理解开展重大公共政策道德风险评估的重要意义,掌握指标体系的设计以及具体的操作步骤 |
| 第九章 公共政策的终结与周期<br>第三节 公共政策终结的障碍 | | 包括相关者的心理抵触、行政机关的联盟、利益集团的阻碍、程序上的复杂性、社会舆论的压力。帮助学生理解我国政策终结的相关策略 | 案例分析:结合深圳市高层次人才政策的变迁过程,让学生理解公共政策终结的含义以及终结的主要形式,帮助学生理解动态变化中的政策变迁,包括政策变迁的现实要求与阻力,克服政策终结障碍的策略,从政策创新视角为学生提供新的思考方向 |

续表

| 教学进度 | 课程思政点 | 融入方式与教学方法 |
|---|---|---|
| 小组汇报与点评总结 | 结合国家政策和发展要求对选题的重要意义和价值进行点评,对学生的研究设计所要解决的问题方案是否推动中国治理的科学化、现代化进行评价,始终帮助学生立足中国现代化发展作出有价值的研究 | 翻转课堂:学生小组演示比赛,展示小组成果。设计打分表格,每个小组进行互评 |

## (三)重审课程教学方法

传统课程以教师讲授为主,教师是课堂教学的"唯一主角",其优势在于教师可以更好地利用课堂时间按照课程大纲内容进行时间把控,且对教师的备课要求比较低。随着AI时代的到来,教育领域面临一场教学模式的变革。一方面,学生可以通过各类机器人、B站等资源快速获得专业知识,甚至在课堂上随即利用相关程序或者软件对教师所授知识点进行扩充。另一方面,教师根据需要在课程学习中更多地帮助学生进行"深思考""慢思考",在系统化的思考中真正消化知识,避免陷入"投喂式"知识陷阱。因此,在本课程课程思政设计中,为了更好地帮助学生全方位理解专业知识,真正感受公共之情怀,设计多样化教学方法应用在不同环节中(见表3-4)。

表3-4 "公共政策学"课程常用教学方法与适用场景

| 教学方法 | 适用场景 |
|---|---|
| 案例式教学 | ·适用于每个章节的导入,以案例方式引出章节讨论的主题,并以提问方式设置悬念。课程知识点讲完后,结合案例进行知识点运用<br>·适合比较公共政策分析,通过多案例的比较,对问题处理的不同方式、方法或者策略进行多维理解 |
| 课堂微沙龙 | ·适用于课程中的过程型考核,以小组为单位,事先确定主题,每个主题教师讲授后组织一次专题研讨,采用小组互评方式提升汇报小组的积极性<br>·适合用于充满矛盾和张力的政策话题,通过微沙龙辩论的方式理解知识点 |

续表

| 教学方法 | 适用场景 |
| --- | --- |
| 专家进课堂 | • 适合讲解一些实践性比较强的知识点,结合实务专家丰富的经验,能让同学们从真实的政策世界中获得知识感知<br>• 适合讲解一些理论性比较强的知识点,结合研究者(学者)理论视野,能让同学们从新的视角进行理论解读 |
| 绘制知识地图 | • 适合运用于每个章节的开头或者结尾,以思维导图方式讲解知识之间的关联性<br>• 适合运用于推导或者归纳知识点,让同学们根据理解绘制知识地图,进行小组比较,找出共性知识点,发现差异性并进行解释 |
| 情景模拟 | • 适合需要实际操作和情景决策的领域,例如本课程中的政策利益相关者互动与决策环节,可以设置城管角色,对自由裁量权的使用进行情景模拟<br>• 适合用于突发性公共事件决策以及不确定环境下的政策决策,以此理解决策者的决策困境 |
| 翻转课堂 | 适合做小组整体性的期中或者期末研究汇报,一般需要的时间比较长,前期小组准备和研究需要充分,在翻转过程中侧重课堂互动讨论和回应 |

一是采用多种教学手段。本课程通过案例分析、情景式教学、视频教学等手段,培养学生的自主学习能力和合作能力。这些手段能够引导学生关注现实问题,充分认识中国改革实践的价值与意义,培养学生运用所学知识解释和分析公共政策现象的能力。

二是推行疑问式教学。在讲授过程中,本课程注重"设疑",引发学生思考,引导学生自主探索问题答案,实现对于基本价值观的共识建立。

三是推行沉浸式教学。本课程将抽象的政府与政治运作,通过角色扮演和情景模拟的方式再现,令学生有更深刻的认识和理解。深入挖掘课程思政元素,有机融入教学,实现价值塑造与知识传授、能力培养一体化推进,达到润物无声的育人效果。

四是开放扩散式教学。本课程引导学生关注政策文件和时政热点,紧扣时代脉搏,通过微沙龙讨论方式,培养学生家国情怀和社会担当精神。此外,推荐并鼓励学生阅读课外经典书籍,扩充知识储备,加深对于本专业的理解。

### (四)重建课程互动关系

互动式教学是一种以学生为中心的教学方法,通过多样的互动活动使学生积极参与,提高学习效果。本课程实验表明,课堂互动必须把握尺度,这里的尺度就包括频率和程度,同时取决于互动的时间段。第一,学生更倾向于在课堂中控制互动频率,尽量降低"不必要"的提问,节约课程时间进行知识点的讲解。如果产生互动,应该是深层次且对话式互动,而不是提问后没有得到点评回应。因此,在课堂教学中,尽量减少"点水式"的提问,搭建学生能够与教师进行深度交流的平台。第二,互动教学不仅包括师生互动,而且包括学生与学生之间的讨论互动,通过同辈间沟通学习达到价值观传播的效果。大部分同学质疑小组形式的团队合作,主要原因包括如下方面:成员之间"搭便车"现象严重,缺乏约束性机制;课程与课程之间缺乏整体性协调,导致小组报告扎堆开展,精力分配的有限性导致有些同学疲于应付;小组团队缺乏指导教师的全程跟踪,难以突破学生层面的局限性。对此,需要对小组成员间合作建立激励相容机制,尤其需要教师对小组每位成员进行公平且差异化的评价;教师需要对小组进行全过程、全方位的指导,切实通过深层次互动帮助学生成长;在难以改变其他课程安排的情况下,调整小组汇报时间为期中或者每两周一组进行,确保学生在能够接受的节奏中实现互动的目标。

第二篇

# 教学模式创新篇

# 第四章　基于问题导向的"公共管理学"教学创新探索*

吴海燕**

"公共管理学"是深圳大学政府管理学院行政管理专业的核心专业课,本课程结合行政管理专业国家级一流本科专业建设点的建设要求,探索实现"情(价值)、知(知识)、行(技能)"三位一体的培养目标:情(价值)的培养体现为结合课程思政,鼓励学生思考国家与社会面临的挑战,寻求国家与社会善治之道;知(知识)的培养体现为掌握扎实的基础知识,了解以政府为主导的公共组织进行公共管理活动的基本规律;行(技能)的培养体现为通过案例分析、课堂"微沙龙"等教学形式,使学生具备运用所学知识理解和分析现实公共管理活动的能力。基于问题导向的教学方式是实现这一培养目标的有效方式之一。英国科技哲学家卡尔·波普尔指出:"科学和知识的增长永远始于问题,终于问题——越来越深化的问题,越来越能启发新问题的问题。"①本课程通过提出需要学生思考的真问题,促使他们通过个人阅读、查阅资料、小组讨论、观察现象等行为探究问题的答案,这是主动学习的过程,亦将知识、技能与价值贯穿其中。

## 一、基于问题导向教学的要求

传统的教学往往以结构化与逻辑化的知识点组织教学过程,问题导向式教学则主要以问题导向组织教学活动,教师需要以问题为内核重构本课程的

---

\* 本章为广东省一流本科课程,广东省2020年度课程思政建设改革示范项目"课程思政示范课程"(粤教高函〔2021〕4号)成果。

\*\* 吴海燕,女,深圳大学政府管理学院教授、副院长,主要研究方向为行政改革、公务员制度、人大监督。

① 卡尔·波普尔.猜测与反驳:科学知识的增长[M].傅季重,等译.上海:上海译文出版社,2005:318.

知识体系、知识点、重点与难点,使之蕴含发现问题、提出问题、分析问题、解决问题的思维过程,以问题为纽带,倡导"以学习者为中心"的教学模式,实现从"解决真问题"到"问题真解决"。

## (一)倡导"以学习者为中心"的教学模式

"现代教学论认为,教学效果不是取决于教师讲了什么,而是取决于学生学到了什么。"①关注学生学到了什么,则应使教学过程从"以师为本"到"以生为本",师生相长,积极互动,相互促进,共同发展。

目前,在学的大学生成长于中国经济社会高速发展的时期,他们获取知识的渠道广,众多的出版物是他们重要的知识来源;他们在网上"冲浪",技术娴熟,渴望得到认可,喜欢依托网络进行交互式学习;网络丰富的教学与学术资源,使得知识传播与思想交流方式不再以课堂为主导。在这样的背景下,打破以传授与灌输为主的教学模式,结合学习者的特征,教学模式从教师只关注传授知识转变为"以学习者为中心"应属必然。"以学习者为中心"意味着学生是"问题导向"教学中的主体。问题导向式教学注重激发学生思考,由教师向学生提供解决问题的线索,包括如何搜集资料、搜集哪一类资料等,使学生主动地对问题进行分析与讨论,自主找寻资料以解决问题,"我的学习我做主",提升学生学习兴趣。

在"问题导向"教学中强化"以学习者为中心"的教学模式,一是灵活采用多种教学手段,以案例分析、课堂"微沙龙"、"翻转课堂"、角色扮演法等培养学生的自主学习能力及合作精神,启发学生思维。二是建立多元化、阶段性的成绩评价体系,注重学生综合能力的评定,鼓励学生多说多表达,强化课程全程紧张的学习效果。三是强调开放式教学,实现课堂内外理论教学与实践教学的双向互动。

## (二)从"解决真问题"到"问题真解决"

问题的创设与解决是问题导向式教学的核心任务,要从"解决真问题"到"问题真解决"。"解决真问题"意味着创设的问题是教学中的真问题,表现为以下方面:一是教学中的问题设计要与有效教学相结合,要围绕教学目标与

---

① 薛继东."问题导向"的大学课堂教学[J].山西财经大学学报,2013,35(S3):76-78.

教学内容挖掘问题;二是教学中的问题设计要确实引发学生认知上的疑惑,以解决"问题"来推动学生广泛参与,通过启发学生的学习活动,有效激发学生的思想火花;三是问题要具有开放性与多元性,教学中教师引导学生发现问题,师生双方可以事先预设问题,也可以由一个问题产生非预设的新问题,这一过程是开放多元的,同时与教学目标与教学内容一致。

在实施问题导向教学过程中,"问题真解决"意味着解决了问题,实现了教学目标,完成了教学内容:一是问题导向式教学强调师生间的互动与学生间的互动,在互动中传递和反馈涉及的知识点或教学内容的信息;二是针对具有开放性与多元性的问题,学生能够以多元视角进行分析,教学中注重逻辑分析能力、解决问题能力、沟通说服能力、团队合作能力等多重能力的培养,可以多角度评价学生表现;三是教师总结与提示时针对要解决的问题态度上不能似是而非、模棱两可,要以清晰的逻辑分析和强大的理论力量因势利导,提升学生在学习中的满意度和获得感。

## 二、精心设计基于问题导向的教学过程

### (一)基于问题导向的教学策略

1. 以教学任务驱动问题导向

问题导向式教学针对关键知识点和教学目标设定相关问题,并进而以层层深化的问题链设定教学任务,这就需要筛选设计有针对性的问题,以此为切入点讲深讲透与问题相关的知识点,再激发出更多关联问题,以分析问题、解决问题带动学生完成相应教学任务,通过"以学习者为中心"的教学模式把学生转变为教学的主体。

2. 以现实案例导入问题导向

本课程通过参与现实案例分析,使学生处于学习过程中的主体地位,通过学生互相启发和建构来了解国情民情,理解中国现实。教师成为学习活动的引导者、帮助者,使学生通过对中国改革案例的学习增强对国家的政治认同与情感认同,坚定道路自信与制度自信。

### (二)基于问题导向的教学环节安排

基于问题导向的公共管理学课程教学强调"公共责任、本土情怀",根据公共管理理论发展动态重构教学内容与课程体系,课程设计强调"情、知、行"协调发展的教学目标,做实课程教学"课前预习＋课堂分析与讨论＋课后巩固"三个环节,教学环节安排力求契合学生的学习需求点。

课前预习着手提出问题,通过探讨问题引导学生整理已学知识点,事先预习课程内容,带着疑问进入课堂,这是讨论与解决问题的前提。

课堂分析与讨论以问题促"理论讲解＋多种教学手段＋课堂讨论"三结合。课堂理论讲解使学生理解公共管理学的基本概念,了解公共部门与政府运行的基本规律;通过案例分析、课堂"微沙龙"、"翻转课堂"、角色扮演等多种教学手段,引导学生关注现实问题,充分认识中国改革实践的价值与意义,培养学生运用所学知识解释和分析公共管理现象的能力;通过课堂讨论,实现价值塑造与知识传授、能力培养一体化推进,达到润物无声的育人效果。

课后巩固是问题解决的延伸与拓展,包括案例分析课后小组讨论、使用网络教学资源自主扩展学习、课后作业等。

### (三)基于问题导向的具体教学设计

本教学设计为公共管理学其中一节内容,以"最多跑一次"改革案例导入,借助案例及其相关材料来确定任务,将问题导向融入课堂教学中,使学生理解并概括流程再造的概念内核与内容构成,讲深、讲透专业知识,同时深度挖掘专业知识体系中所蕴含的思想价值与精神内涵。

1. 教学目标与重点及难点

根据课程标准,结合行政管理专业"00后"学生的特征,强调"情、知、行"协调发展。重点为流程再造的内容与原则、流程再造的运作过程;难点为理解"最多跑一次"中的流程再造。

2. 课前环节:思考导向性问题与探查性问题

本课讲授现代公共管理的方法与技术,提前布置学生阅读《"最多跑一次"改革:浙江经验,中国方案》①,提出导向性问题:为什么要推行"最多跑一次"改革?改革顺利吗?同时给定案例情境,要求学生进行课前小组讨论:刚推进"最多跑一次"改革时杭州市某领导曾进行暗访,结果发现,刚开始常常还是做不到让办事群众"最多跑一次"……学生在进行课前小组讨论时往往就会提出探查性问题:为什么有制度规定,现实中却做不到"最多跑一次"?是办事的公务员故意踢皮球推诿吗?学生通过收集案例材料得知,在"办结最多一个工作日、现场等候最多一小时"要求倒逼下,政府前台办事人员非常热情主动,也力图实现一次搞定,但是"最多跑一次"有一个前提条件,那就是申请材料齐全,符合法律规定。学生们通过讨论发现:这一前提条件成为这项政策难以执行到位的命门,资料不齐全,或者不符合规定,办事的公务员怎么也不能办理啊,不办是理所当然的,办了是违法违规的。案例中提及暗访领导陪同杭州务工者高先生办理公积金提取业务,被告知需要先开无房证明,而无房证明要去开元路的房产档案馆开具,"最多跑一次"办理公积金提取的目标便落空了。

在此基础上,学生会进一步提出指向解决导向性问题的探查性问题:改革后来实现"最多跑一次"了吗?政府采取了哪些措施使改革得以推进?这些措施的实质是什么?都有效吗?课前导向性与探查性问题使学生思考"最多跑一次"案例中的方法或技术,实现课前自主学习。学生在此环节可利用线上课程资源获取知识,通过小组团队协作学习互动,并自主设问,丰富探查性问题与导向性问题。

3. 课中环节:以任务驱动核心性问题

在具体课堂学习活动实施过程中,问题导向式教学体现的是"以学习者为中心"的教学模式,突出学生学习的自主性和小组协作性,不是由教师直接告诉学生问题的答案,而是由教师向学生提供解决问题的线索与材料。学生的知识背景、经历、课前环节准备情况等因素决定了课中环节可能会采用不同的讨论方法和顺序。根据学生认知反馈和教师总结,通过解决核心问题导向教学任务的实现。

(1)理解"最多跑一次"改革得以推进的内容与措施

结合课前环节的导向性问题与探查性问题,学生便有兴趣了解案例的发展。上文提及的有群众办理公积金提取的"最多跑一次"业务失败之后,相关

---

① 郁建兴,等."最多跑一次"改革:浙江经验,中国方案[M].北京:中国人民大学出版社,2019.

领导问办公人员:"外地无房户提取公积金的现象这么普遍,为什么部门间的数据不能联网?为什么现场没有开具证明的自助打印机?"随后,相关领导召集各部门开会,宣布"最多跑一次"将以用户体验为主,从用户的角度去思考,实现真正的"最多跑一次"。为此,杭州市改进了办事流程。原来政府设立办事部门,往往首先要求合法合规,其次考虑自身处理事情的方便性,罕有从群众办事的角度考虑的情形。这容易导致政府各部门互相独立、互相分割,难以实现"最多跑一次"。改革后,为实现群众"最多跑一次",杭州市打通了各相关部门的数据,集中办公,并尽可能简化办事流程,以实现真正的"最多跑一次"。

在案例讨论的基础上,教师首先引导学生思考政府采取了哪些措施使"最多跑一次"改革得以推进。这一环节可开展课堂"微沙龙"讨论,每个小组推举1位同学参与微沙龙主题讨论,通过研讨提炼,得出"最多跑一次"改革得以推进的措施:其一,推进"最多跑一次"事项标准化全覆盖;其二,推进"一窗受理、集成服务";其三,推进"网上办、掌上办、一证办"。如此就完成教学任务一,理解我国地方政府"最多跑一次"改革的内容。

(2)理解推进"最多跑一次"改革的原因

在解决前一个核心性问题的基础上,进一步引导学生讨论改革的目的,从而完成教学任务二,理解"最多跑一次"改革是以人民为中心的改革。学生根据课前知识储备、课中讨论,通过区分管理目标与顾客需求,理解改革是顾客至上原则的体现,是以人民为中心的改革。起初政府下达的目标是在申请材料齐全、符合法律规定的情况下,实现群众办事"最多跑一次"(管理目标)。但是群众眼里的"最多跑一次",是"我"来办这个事,跑一次就办妥了(顾客需求)。群众的要求虽然很难实现,但是这才是真正的"最多跑一次"。"最多跑一次"改革要求政府在工作中重视发现并回应市民、个体工商户和企业办事人员的实际需求,并由此来确定政府改革的内容、方向和优先次序。为此,浙江省各级政府建立了一系列旨在识别并回应民众需求的机制。

(3)探讨改革后是否实现了"最多跑一次"以及改革的实质

学生根据课前知识储备、课中讨论,特别是结合文献阅读,完成教学任务三,理解"最多跑一次"改革是流程再造的改革,通过小组讨论进一步概括得出"最多跑一次"是政府流程再造的改革。正如有学者指出:"'最多跑一次',要求群众到政府办'一件事',只进'一扇门'、最多'跑一次'。'一件事'、'一扇门'、'跑一次'背后牵连着办事事项、办事材料、审批环节流程、信用和监管等的减少、优化和强化,意味着政府各部门体制机制、制度规范、权力权利等的变革再造整合协同,这对条块结构的行政体制提出了挑战,政府改革的'传统方法'显然难以应对。"①它对政府管理理念、组织结构模式、业务模式和服务传递方式进行了根本性再思考和彻底再设计,遵循了流程再造的三个原则:顾客至上原则,以流程为中心的原则,节约成本和提高效能的原则。

通过问题碰撞与讨论,学生理解要点:第一,"最多跑一次"改革中推进的"一窗受理、集成服务"指将原来按部门职能分设的窗口整合为投资项目审批、商事登记、不动产交易登记、医保社保、公安服务等综合窗口,打造"前台综合受理、后台分类审批、综合窗口出件"的政务服务新流程,推进政务办事从部门"单打独斗"向"协同作战"转变。第二,无差别全科受理是"最多跑一次"改革中的常见模式,它以行政服务中心为切入口推动跨部门的流程再造、信息共享和权力重构,行政服务中心与职能部门之间不再是物理集成,而是在流程、信息和权力等多个层面都发生了"化学反应",以"互联网+政务服务"的技术运用建立全新的政府部门间互动关系,为办事民众提供"一窗式"的综合服务。第三,在"最多跑一次"改革中,行政服务中心的角色变化是碎片化行政体制向整体性政府治理转变的重要表征。在改革过程中,浙江省多个行政服务中心逐渐由分部制的"淘宝"模式转变为与整体性政府相匹配的"京东"模式。在"淘宝"模式中,民众需要分别前往职能部门窗口办理业务;在"京东"模式中,民众只需要到综合受理窗口一次性递交材料,就能够完成事项办理。

4. **理解"最多跑一次"改革提高了政府效能**

"最多跑一次"改革于2016年年底发端于浙江,经历了地方政策创新、不断迅速向各省扩散,跃升为国家"顶层设计";2018年1月,中央全面深化改革领导小组审议了《浙江省"最多跑一次"改革调研报告》并予以肯定。2018年3月,"最多跑一次"被正式写入政府工作报告。据统计,截至2018年8月,全国已经有28个省(区、市)以不同形式采纳了此项改革。2018年全国两会期间,时任浙江省委书记车俊在回答记者提问时表示,经第三方评估,浙江"最多跑一次"改革实现率达到87.9%,群众满意率达到94.7%。

5. **课后环节:探究拓展性问题**

为了加强学生对我国这一改革的认识,做到知行合一,教师要求学生进

---

① 朱春奎,黄安胜.为全球公共管理改革贡献中国方案:评《"最多跑一次"改革:浙江经验,中国方案》[J].浙江社会科学,2019(8):150-154.

一步阅读《"最多跑一次"改革》①,加深对改革步骤与细节的理解,并结合其他文献阅读选取角度写一篇读书笔记,与此同时在结合流程再造的知识对"最多跑一次"改革的原则与运作过程进行梳理后,进一步引导学生追问:这是当代公共管理改革的中国方案吗？引导学生分析改革与以人民为中心的发展思想,为求解公共管理的全球性难题提供了可能的中国方案,即"以民众为中心"的公共管理。这一改革通过流程再造,为超越政府中心主义实现"以民众为中心"的公共管理,提供了一定的经验支持。这样学生通过分组讨论、互动沟通、课堂上总结汇报,掌握了"最多跑一次"中流程再造这一教学难点。

最后,教师对公共部门流程再造的知识内容进行课堂总结,并根据小组表现进行小组评价和小组互评,以及结合课后作业评价,形成过程性考核评价结果。

## 三、以问题导向延伸课堂教学

### (一)以问题导向延伸课程思政

在课堂中结合公共管理学课程特点,本课程深入挖掘课程思政元素,通过问题推动、启发、引导学生的学习活动,着眼于教书育人,将课程思政融入教学内容,将最新的中国政府改革方案与实践情况及时引入课程,使学生主动了解目标管理、标杆管理、流程再造与战略管理在我国政府改革中的运用,思政元素融入不显生硬突兀,课程思政结合的接受度更高,顺其自然地将教学任务和培养目标中的"情(价值)、知(知识)、行(技能)"串联起来,彰显教学内容的制度自信价值,实现价值塑造与知识传授、能力培养一体化推进,从而达到立德树人的目的。

### (二)以问题导向延伸开放式自主学习

问题导向式教学使学生养成思考的习惯,锻炼思考的能力,掌握思考的方式。基于问题导向可以促进学生自主学习,教学活动不再局限于课堂教学

---

① 中共浙江省委党校,浙江行政学院."最多跑一次"改革[M].杭州:浙江人民出版社,2018.

中,将寻求问题答案延伸至课后,延伸到图书馆,延伸到小组讨论,延伸到线上查找资料,从而扩展为"课堂教学+开放式自主学习"模式。公共管理学课程已申报MOOC课程,此外,作为延伸教学内容的MOOC课程"城市管理学""社区管理""公共政策分析""社会研究方法"均已上线,以此建立适合学生开放式自主学习的学习系统。

### (三)以问题导向延伸政校合作实践

在问题导向式教学中,若能结合理论、实践、现实加以比较,学生对比间接经验与直接体验,认知更加深刻。实践教学是使问题"落地"的有效方式,亦是分析与解决问题的重要补充,"学到的东西,不能停留在书本上,不能只装在脑袋里,而应该落实到行动上,做到知行合一、以知促行、以行求知"。① 有了问题导向,学生渴望了解公共管理实践,将寻求问题答案延伸至课外实践中,政校合作平台亦有了抓手,可以通过合作实践引导学生真正理解中国改革成果。本课程依托公共管理专业教师团队与深圳市人大、粤海街道办、航城街道办、前海地方税务管理局、福田机关事务管理局等多个实践与实习基地进行合作,为学生走进公共管理实践等提供了平台和基础。

总之,对于公共管理学课程而言,基于问题导向的教学以学习者为中心,通过课前思考导向性问题与探查性问题,课中以任务驱动核心性问题,课后探究拓展性问题,关注教学情境的可变性和多样性,解决真问题,为学生养成公共责任和公共情怀探索了可能的方式。

---

① 习近平.在北京大学师生座谈会上的讲话[N].人民日报,2018-05-03(2).

# 第五章 移动混合式教学模式的应用研究*
## ——以"社会统计软件分析"课程为例

池上新 李洋柳**

随着"互联网+"时代的到来,传统课堂授课模式已经无法满足大学生碎片化学习的需求。本章基于微信平台与课堂教学的结合,以"社会统计软件分析"课程为例,建构"线上学习+线下授课+上机操作"的移动混合式教学模式,同时根据微信平台数据和问卷调查数据综合分析本模式下的教学效果。调查结果显示,学习者高度认可"线上学习+线下授课+上机操作"的混合式教学模式设计,并能广泛阅读公众号提供的学习资源。此外,学习者高度赞同移动混合教学措施的积极教学效果,但男女性别以及不同专业之间对移动混合教学措施的效果评价存在群体性差异。女生更认同混合式教学模式在协作学习、师生及时互动以及学习资源共享等方面的教学效果;金融学专业的学习者对微信公众号充分利用碎片化时间的评价明显高于社会学专业。最后,根据评价结果,本章对移动混合式教学模式进行了反思,指明了未来进一步优化的方向。

## 一、大学传统课程的现状与特点

教学模式是指在一定教学思想、理论与学习理论的指导下,在特定环境中开展教学活动的稳定结构形式,其中组成教学活动的要素包括教师、学生、教材、媒介等。① 教学模式的形成是时代发展的产物,带有独特的文化基因。

---

\* 本章系深圳大学教改项目"移动混合式教学模式的应用研究——以'社会统计软件分析'课程为例"(JG2022045)的结项成果。

\*\* 池上新,男,深圳大学政府管理学院社会学系主任、副教授、博士生导师;李洋柳,女,深圳大学政府管理学院社会工作专业研究生。

① 刘坤.谈传统教学模式与多媒体教学模式下的大学英语教学[J].教育与职业,2012(2):108-109.

首先,由于学科专业化发展,现代大学的教学目标以传授学科知识为主。其次,受我国传统计划体制、传统文化"尊师重道"思想、讲授法的便利性等因素的影响,我国传统教学模式强调以教师讲授为中心。此外,当代高等教育的大众化发展及对效率的追求,大班教学、班级授课的讲授法得到推崇,这也进一步深化了"教师讲—学生听"教学模式的发展。[①]

### (一)教学内容以学科知识传授为中心

现代大学中,知识总量在发现、继承与传播的过程中不断积累增加,学科门类逐渐深化发展。培养专业化人才以服务社会建设的目标要求学习者能在有限时间内获取大量专业学科知识,因而学科知识传授成为大学教育的主要教学目标。[②] 在这一教学目标指导下,教师帮助学生掌握知识成为教学过程的重要评价环节。一方面,这有助于学生掌握系统化、理论化的知识,在有限的大学学习时间里实现效率最大化;另一方面,这一目标过于强调教师单向灌输知识而忽视了学生的主体地位,不利于学生的全面发展。

### (二)教学模式较单一,教学效果参差不齐

大学传统教学模式以线下授课方式为主。一方面,集中于教室的面对面授课形式有助于师生间面对面沟通,促使师生通过交流建立相对密切的联系。此外,线下小组合作活动的开展有助于学生之间协同效应的产生,进一步深化学生对教育的理解和认识,培养其团队合作意识和精神,促使教育潜移默化的功能得以实现。另一方面,传统的线下授课方式,由于选课人数较多且课堂时间有限,教师很难兼顾每一位同学,难以达到"因材施教"的教学效果。

### (三)教学时间集中统一,学生难以随时随地学习

传统的线下授课学习方式,要求学生在某一个时间段内集中上课学习,

---

① 王洪才.论大学传统教学与大学创新教学[J].苏州大学学报(教育科学版),2017,5(4):10-19.
② 王洪才.论大学传统教学与大学创新教学[J].苏州大学学报(教育科学版),2017,5(4):10-19.

难以随时随地学习。相比之下,移动互联网可以弥补这一不足,学生将零碎的时间有效利用起来,打破传统学习模式的时空限制,提高学生时间利用效率。此外,不同于中学应试教育,高校教育具有相对自由性和个性化特征,大学生可自由支配的碎片化时间增加,因此如何利用碎片化的课后时间进行移动学习是教学改革要考虑的重要问题。

### (四)教学过程突出教师主导作用,弱化学生主体地位

传统课堂教学大多以老师授课为主导,在这种教学模式下往往形成教师单向灌输、学生被动接受的现象,忽略了学生的主体地位,难以真正有效地发挥学生学习的主动性和积极性,这也与培养创新型人才的要求不相适应。响应教育要求培养杰出人才关键在课程教学改革,通过变革传统教学模式,建立以学生为中心、充分利用信息技术并促使其与课程深度融合的新型教学模式。

综上所述,这种基于大学课堂的讲授式教学模式,具有以学科知识传授为中心、教学环境单一、教学效果参差不齐等特点,其开展过程受到教师的教学能力、技术条件以及时空条件等限制,缺乏师生互动,弱化了学生主体地位。① 近年来,随着"互联网+"时代的到来,信息的爆发式增长加上互联网信息技术在教育领域的应用,学生获取知识的途径不断丰富,教师与课本不再是学生获取知识的唯一来源,这使得以教师授课为中心的大学传统教学模式受到冲击。尽管大学传统教学模式在满足学生系统性学习知识的需要、营造良好的学习氛围上具有积极效用,但已不能与当前信息化时代相适应。为了顺应时代发展潮流、满足学生全面发展需求,网络教学与传统教育充分结合互动,即混合式教学,成为信息化时代下高校教学改革的一大趋势。

## 二、移动混合式教学模式的价值

移动学习(mobile-learning)是一种由远程学习和数字化学习经过不断发展而形成的新型学习模式,具体来说,学生在互联网的环境之下,通过使用智能手机、笔记本等移动终端来获取学习资源,进而实现师生交流互动、建构自

---

① 常伟.基于智能手机的大学英语移动学习模式构建[J].山西财经大学学报,2021,43(S2):171-174.

身认知结构的学习过程。①

随着高校混合式教学的大规模开展,移动学习凭借其便捷性、实时性与高交互性等优势在大学教育中逐渐占据重要地位。作为一种实用性的信息化学习模式,移动学习模式既可以满足大学生群体随时随地利用碎片化时间进行学习的诉求,又能够适应当今社会信息化背景下知识快速迭代的特点,被教育界人士广泛认同,是未来学习模式中无法忽视的角色。此外,随着微信移动式社交软件的出现,利用手机进行移动学习、充分利用课后碎片化时间成为一种趋势,它既可提高学习效率,又能提升学习效果。

当前对将微信作为移动学习平台的研究较少,且缺乏将微信运用于混合式学习的研究。因此,本章基于微信平台的微信公众号和微信群,尝试以"社会统计软件分析"课程教学为例,提出"线上学习+线下授课+上机操作"的新型教学改革模式。一方面创新了混合式学习的平台,具有一定的创新性和研究价值;另一方面将微信平台与混合式学习模式结合,具有满足学生碎片化学习需求、及时解惑与实现教学资源高度整合等实用价值。

### (一)移动学习,满足碎片化学习需求

随着微信移动式社交模式的出现,通过手机进行移动学习来利用课后的碎片化时间成为一种趋势,它不仅提高学习效率,而且提升学习效果。教师可分类整理课程课件、重要知识点、典型例题等资源并将其发布在微信公众号或微信群中,学生可根据自己的学习兴趣随时随地通过菜单跳转、关键字自动回复等功能有针对性地学习。同时教师端也可将重点内容、课程素材等学习资料推送给学生,实现基于微信平台的课程移动学习目的。

### (二)即时互动,及时解惑

通过微信平台建立微信群等为学生提供共同学习的线上平台,学生遇到问题可以随时随地在群里向任课教师或者其他学生提问,任课教师看到后可以就该问题进行回应,实现老师与学生、学生与学生之间的即时互动。

---

① 常伟.基于智能手机的大学英语移动学习模式构建[J].山西财经大学学报,2021,43(S2):171-174.

## (三)混合教学,实现资源的高度整合利用

本课程通过依托微信平台＋传统机房授课,实现线上、线下相结合的混合式教学模式。在微信群或者公众号上可以上传学习课件、学习视频、重要知识点、典型例题等资源,学生可以直接利用手机或电脑进行在线学习,也可以在线上与任课教师即时互动。与此同时,传统机房授课和学生上机操作则是线下教学模式。本课程通过"线上学习＋线下授课＋上机操作"的混合式教学模式,提升教学效果,实现教学目标。

# 三、移动混合式教学模式的过往研究

## (一)概念界定

混合式教学是一个不断发展的概念,其内涵的界定经历了阶段性的发展。冯晓英、王瑞雪等通过分析国内外混合教学文献建构了混合式教学的框架,认为我国混合式教学概念经历了技术应用、技术整合及"互联网＋"三个阶段。[1] 当下阶段的混合式教学概念强调"以学生为中心",强调"基于移动通信设备、网络学习环境与课堂讨论相结合的教学情境"的建构[2],能够把传统学习方式的优势与数字化学习的优势结合起来。[3] 随着移动互联网的普及,混合教学的概念不单单局限于在线学习与传统课堂学习的混合,基于移动终端的学习与课堂教学的混合教学模式也日渐兴盛,移动学习理念逐渐深入人心,并成为信息化时代重要的学习方式之一。基于此,本章将移动混合式教学模式定义为教师基于移动学习平台(如微信、QQ、雨课堂等),将传统教学模式的课堂面对面授课方式与线上教学方式结合起来,充分利用各种教学资

---

[1] 冯晓英,王瑞雪,吴怡君.国内外混合式教学研究现状述评:基于混合式教学的分析框架[J].远程教育杂志,2018,36(3):13-24.

[2] WASOH F. Exploring the roles of blended learning as an approach to improve teaching and learning English[EB/OL].[2023-11-17].http://web.a.ebscohost.com/ehost/pdfviewer/pdf-viewer?sid＝27144a22-f991-47c4-a39e-94160e6ce0a9％40sessionmgr4007＆vid＝0＆hid＝4214.

[3] 王国庆,孟繁军."互联网＋"背景下混合式教学模式提升成人高等教育实效性研究:以北华大学为例[J].中国成人教育,2017(16):91-93.

源,调动学生学习积极性,充分体现学生主体性地位的教学方式。

## (二)研究现状

1. 研究热度有所下降,研究成果数量呈现向下的抛物线趋势

研究数量上,近年来关于移动混合式教学模式的研究热度有所降低,整体呈现开口向下的抛物线趋势。知网关键词搜索"移动混合式教学模式",结果显示,我国对移动混合式教学模式的研究起于2010年,此后数量逐年增加。直至2018年,为了推动教育信息化的发展,教育部印发《2018年教育信息化和网络安全工作要点》,提出发展"互联网＋教育"以实现教育信息化的转型升级的工作思路,这为我国移动混合式教学模式研究成果爆发式增长提供了重要支持,此时研究文献由91篇上升为210篇,直至2021年研究成果上升趋缓,随后呈现快速下降的趋势(见图5-1)。

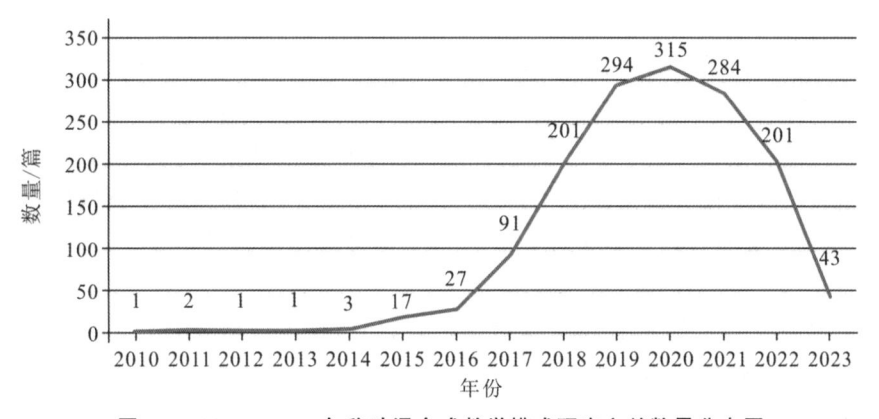

图 5-1 2010—2023 年移动混合式教学模式研究文献数量分布图

2. 移动学习平台研究局限于知名学习平台,基于微信平台的研究处于起步阶段

在研究平台上,多种移动平台的研究遍地开花,主要集中于知名移动学习平台,基于微信平台的移动混合式教学模式的探索仍处于起步阶段。移动平台是当前移动混合式教学模式拓展研究的重要内容,当前我国移动学习平台不断丰富发展,Moodle、MOOC、蓝墨云班课堂等不断涌现。Ekici等人基于Moodle平台建构了一个针对本科物理课程的虚拟学习环境,并将这种在线学习与传统教学相结合,得出应用Moodle平台的教师对课程有很多积极

想法的研究结果。① 赵嵬、姚海莹将蓝墨云班课与课堂教学结合起来,形成移动混合教学模式并将其运用于"现代教育技术"课程教学当中,通过收集云班课平台的教学行为数据进行教学分析。② 而基于微信平台的移动混合教学模式研究则相形见绌,在知网关键词搜索中仅有 35 篇,这意味着在移动混合式学习的应用研究中,基于微信学习平台的研究还有待进一步发展。

3. 实践研究既注重教学设计也关注教学效果的评价分析

教学设计与教学评价两者关系密切:一方面教学设计决定教学效果的优劣,是教学评价的主要标准;另一方面教学评价的结果反馈给教学设计,为教学设计的改良提供宝贵数据。因此,教学模式的实践性研究应注重两者的结合,而不是顾此失彼。邱乐泉等通过充分利用"浙江线上大学 App+课程微信订阅号"学习资源,构建了生物化学课程移动学习与课堂教学相结合的混合教学模式,并就课前教学推送资源、学生课前学习知识、课堂学习以及成绩评价等四个教学环节进行设计,最后通过对微信公众平台统计数据进行分析以探讨应用效果。③ 霍应鹏等以微知库平台为基础,将微信公众号引入课前、课中和课后教学中,构建了微信公众号—微知库平台二元互补的混合式教学模式,在高职轻工业类专业课应用中通过对比三届学生教学实践成绩,得出该模式能有效调动学生学习积极性、提高教学效果的结论。④ 以上研究表明,在混合式教学模式实践研究中,既要重视教学设计,为提高教学效果奠定基础,同时也要重视教学效果评价并根据其结果不断调整教学设计。基于此,本章将基于微信群和微信公众号平台与课堂教学的结合,建构"线上学习+线下授课+上机操作"的混合式教学模式,同时根据微信公众号平台数据和教学效果评估的问卷调查数据综合分析该模式下的教学效果,并根据评价结果不断优化教学设计,进而提升教学效果。

---

① FATMAL E, IZZETL K, ERHANL E. The primary student teachers' views about a blended learning application in a basic physics course[J]. Turkish online journal of distance education (TOJDE),2012(13):291-310.

② 赵嵬,姚海莹.基于蓝墨云班课的混合式教学行为研究:以"现代教育技术"课程为例[J].现代教育技术,2019,29(5):46-52.

③ 邱乐泉,汪琨,汤晓玲,等.基于移动学习的生物化学课程混合式教学改革初探[J].微生物学通报,2019,46(10):2787-2793.

④ 霍应鹏,刘锋,彭莺,等.基于微信公众号—微知库平台二元互补的混合式教学模式:以实验设计与数据处理课程为例[J].化学教育(中英文),2021,42(20):85-90.

## 四、移动混合式教学模式的开展过程

基于微信群和微信公众号的移动混合式教学模式分为线上资料推送与自主学习阶段、线下讲授与探究学习阶段以及线上操作与巩固学习三个阶段。课前,教师在微信公众号平台推送教学视频、教学推文等教学资源,指导学生阅读材料做好预习工作。课中,教师通过线下传统授课的方式为学生讲解社会统计分析的系统性知识,进而帮助学生对统计分析的概念理论和实操过程形成比较清晰的认识,与此同时,指导学生上机操作练习进一步培养其独自处理和分析数据的能力。课后,通过微信公众号、微信群等移动平台的应用,实现师生间、同学间的即时互动和学生移动学习,进一步提升移动混合式学习的教学效果,形成"线上学习＋线下授课＋上机操作"的混合教学模式。具体设计如图 5-2 所示:

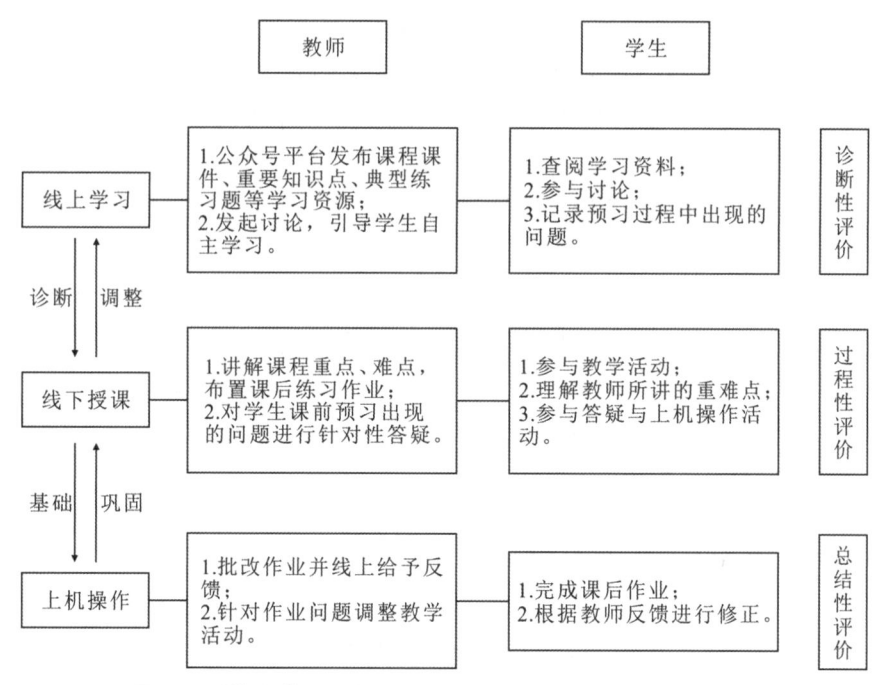

图 5-2 "线上学习＋线下授课＋上机操作"的混合式教学模式

## （一）线上推送资料与自主学习

1. 建立课程微信公众号，实现线上移动学习

在微信公众号中建设的内容主要包括课程课件、重要知识点、典型练习题、课后作业及答案、相关素材资料等。学生关注课程公众号后，通过微信公众平台的菜单跳转、关键字自动回复功能，可随时随地快速准确获得相应知识内容。同时，教师端利用信息推送功能定期将重点知识、相关素材和前沿理论应用等推送给学生，学生可以通过微信公众号自主学习。教师还可以通过微信公众号后台对用户特征、图文阅读行为、微信菜单关注点等方面数据进行分析，便于掌握学习者的情况，并根据点击数量较多的章节内容在课堂上着重讲解。

2. 建立课程微信群，实现线上即时互动

学生在学习过程中遇到问题可以随时随地在微信群里向任课教师或者其他学生提问，并寻找解决问题的方式，任课教师看到后可以就该问题进行回应，进而实现师生即时互动的教学效果，激发学生学习的主动性和积极性。

## （二）线下讲授与探究学习

该步骤即为传统的线下授课模式，教师通过 PPT 讲解相关理论知识，并进行软件分析的操作演示，帮助学生梳理课程逻辑，树立学习目标，理清知识点，让学生构建清晰的知识脉络。同时，教师在课程讲授过程中与学生即时互动，为学生提供及时的帮助和指导，在沟通和交流中与学生建立紧密联系，促进师生友好关系的形成。

## （三）学生上机操作与巩固学习

社会统计软件课程不同于其他理论导向课程，它是一门实操课，无论是课堂上还是课后都需要留出足够的时间供学生自己上机操作，并在这个过程中发现问题、解决问题，学会运用软件进行数据分析。此外，学生可以将实操过程中遇到的问题反馈给教师，作为下次教学活动教学的重要内容，以实现师生之间的良性互动。

### (四)综合评价

课程考核采取过程性考核与总结性考核相结合的方式进行。过程性考核占比40%,其中出勤占10%、作业占20%、课堂表现占10%;总结性考核以期末论文的形式进行考查,占比60%。

总之,在线上学习、线下授课以及上机操作的三个学习阶段中,结合课前诊断性评价、学生全过程跟踪学习的过程性评价和作业测验总结性评价,逐步形成了"线上学习+线下授课+上机操作"的新型教学改革模式。

## 五、移动混合式教学模式的效果评估

基于微信平台和微信群建立的移动混合式教学模式通过课前学习资源推动、课上面对面授课以及课后及时上机练习的方式达成教学目标。为了探讨移动混合式教学模式的实施效果,本章采取课程公众号平台数据分析以及问卷调查的方式对移动混合式教学模式进行教学效果评估。

### (一)微信群与公众号平台数据分析

#### 1. 总体概况

本课程自2017年起建立了课程微信群,累计创建了7个社会统计软件分析微信群;自2021年起,建立了课程微信公众号"鹏城SPSS",其中累计发表推文23篇、视频2个,共有300余人关注。据SPSS微信公众号数据,得到一个月(2023年8月26日—2023年9月25日,即社会统计软件分析课程教学期间)的图文阅读人数、次数统计表以及趋势图(见表5-1、图5-3)。

表5-1 图文阅读人数、次数统计表

| 类别 | 阅读人数统计/人 | | | 阅读次数统计/次 | | |
|---|---|---|---|---|---|---|
| | 最高阅读人数 | 平均每天阅读人数 | 阅读总人数 | 最高阅读次数 | 平均每天阅读次数 | 总阅读次数 |
| 数据 | 96 | 7 | 664 | 253 | 16 | 1432 |

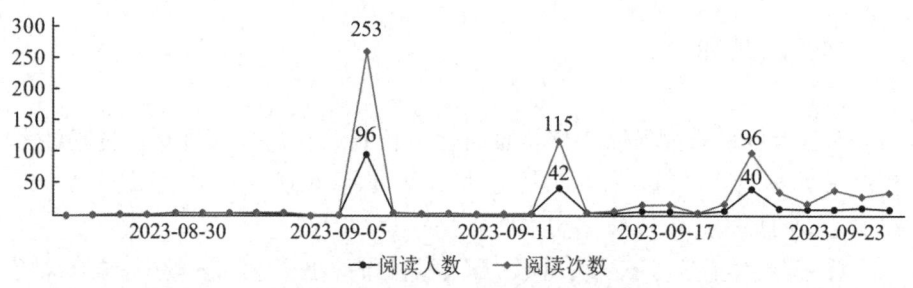

图 5-3　图文阅读人数、次数趋势图

2. 主要结论

(1)课程微信公众号的学习资料被广泛阅读

表 5-1 数据显示,最高阅读人数为 96 人,阅读总人数达到 664 人。此外,最高阅读次数达 253 次,总阅读次数高达 1432 次,这些数据表明社会统计软件分析的 PPT 学习资料被广泛传阅,吸引了很多学习者的关注。

(2)学习者一天内反复阅读课程微信公众号的学习内容

表 5-1 数据显示,平均每天阅读人数远低于平均每天阅读次数,表明学习者会在一天内反复阅读平台的学习资料,以此巩固学习效果。

(3)课堂教学前后一天或当天是阅读的高峰期

图 5-3 趋势图显示,在线下课堂教学前后一天或课程当天,图文阅读人数、次数达到高峰值,这说明大多数学习者将公众号的资源用于预习或巩固课堂知识,加深对知识的理解。

## (二)问卷调查的数据分析

移动混合式教学的效果及评价,是课程教学需要关注的重点。当前针对混合式教学效果的评价,主要关注学习成效和认知水平、交互和社会知识建构及情感态度这三个层面上。[①] 为了进一步量化评估教学效果,本章从"对教学措施的满意度评价""对教学措施的教学效果评价"两个维度对选课学生进行考查,问卷采取李克特量表的形式,量表答案分为完全不同意、不同意、不一定、同意、完全同意五个等级。

本次问卷面向 2023 学年修读"社会统计软件分析"课程的学习者开放,共

---

① 王国庆,孟繁军."互联网+"背景下混合式教学模式提升成人高等教育实效性研究:以北华大学为例[J].中国成人教育,2017(16):91-93.

有93名学习者填写,回收的问卷没有缺失值,问卷有效填写率为100%。其中男性学习者有效填写26份(占比27.96%),女性学习者填写67份(占比72.04%);社会学专业学习者填写50份(占比53.76%),社会工作专业学习者填写32份(占比34.41%),金融学专业学习者填写7份(占比7.53%),其他专业如播音与主持艺术、英语等共填写4份(占比4.3%)。本章运用SPSS 26进行了数据处理,并基于问卷进行了信度检验、频数分析以及独立性样本检验,结果如下:

1. 信度分析

信度即可靠性,它反映了一份问卷设计的有效性和稳定性。为检验"社会统计软件分析"课程问卷的测量是否可靠,本章采用了信度分析的方法。调查结果显示,针对教学措施评价以及对教学措施的学习效果评价信度的信度系数分别为0.927和0.948,并且问卷总体信度为0.958,均大于0.9,表明整体问卷数据具有很高的可靠性。

2. 频数分布与均值比较

(1)学习者高度认可"线上学习+线下授课+上机操作"的混合式教学模式设计

根据第二维度对教学措施的满意度数据分析可知,学习者对"线上学习+线下授课+上机操作"的混合式教学模式设计高度认可,其满意度评价均大于4分。具体来说,学习者对微信群和微信公众号建立必要性的认可度极高,超过80%的学习者认为两者有必要建立,且平均值都接近4.5。此外,相比于微信公众号的教学感受(均值4.23),学习者对微信群的满意度(均值4.26)更高。尽管在对微信公众号推送的PPT、视频、论文以及整体设计上满意度较低,均值为4.14,但超过90%的学习者认可课程公众号推送的PPT和视频等资料,超过80%的学习者对公众号推送的论文和公众号整体设计感到满意(见表5-2)。

表 5-2　对教学措施评价的频数分布表

| 题项 项目 | 完全不同意 | | 不同意 | | 不一定 | | 同意 | | 完全同意 | | 均值 |
|---|---|---|---|---|---|---|---|---|---|---|---|
| | 频数 | 百分数/% | 频数 | 百分数/% | 频数 | 百分数/% | 频数 | 百分数/% | 频数 | 百分数/% | |
| 1. 课程微信群有必要建立 | 1 | 1.1 | 0 | 0 | 2 | 2.2 | 41 | 44.1 | 49 | 52.7 | 4.47 |
| 2. 课程微信公众号有必要建立 | 1 | 1.1 | 0 | 0 | 4 | 4.3 | 44 | 47.3 | 44 | 47.3 | 4.40 |
| 3. 对本课程微信群总体上感到满意 | 1 | 1.1 | 0 | 0 | 6 | 6.5 | 53 | 57 | 33 | 35.5 | 4.26 |
| 4. 对本课程微信公众号总体感到满意 | 1 | 1.1 | 1 | 1.1 | 5 | 5.4 | 55 | 59.1 | 31 | 33.3 | 4.23 |
| 5. 课程微信公众号平台推送的 PPT 内容,能帮我学习巩固课堂知识 | 1 | 1.1 | 2 | 2.2 | 5 | 5.4 | 56 | 60.2 | 29 | 31.2 | 4.18 |
| 6. 课程微信公众号平台推送的视频内容,能帮我学习巩固课堂知识 | 2 | 2.2 | 2 | 2.2 | 3 | 3.2 | 57 | 61.3 | 29 | 31.2 | 4.17 |
| 7. 课程微信公众号推送的论文贴合课堂教学 | 2 | 2.2 | 1 | 1.1 | 7 | 7.5 | 55 | 59.1 | 28 | 30.1 | 4.14 |
| 8. 对于本课程微信公众号板块设计感到满意 | 1 | 1.1 | 0 | 0 | 11 | 11.8 | 54 | 58.1 | 27 | 29 | 4.14 |

(2)学习者高度赞同移动混合教学措施的积极教学效果

对教学措施的教学效果评价频数分析结果显示,整体来说,学习者对"线上学习+线下授课+上机操作"的混合式教学措施之下的教学效果持高度赞同态度,对各项教学措施的满意度评价均值不小于4分。具体来说,学习者对微信群实现师生即时互动(均值4.35)、资源共享(均值4.44)和随时随地学习(均值4.38)的教学效果以及微信公众号实现提高学习效率(均值4.28)、提高自主学习能力(均值4.23)和巩固知识(均值4.24)的学习效果方面持高度认可,均值都大于4.20分,这表明学习者认可"线上学习+线下授课+上机操作"的混合式教学措施,并认为这一混合教学措施之下的多项教学活动能带来积极学习效果,进而实现移动学习,充分利用碎片化学习时间,提高教与学整体效率的教学目标。此外,学习者在微信群各项教学效果(均值4.33)的评价高于微信公众号的教学效果(均值 4.22)的评价,认为微信公众号在更新速度、资源丰富、板块设计等方面存在很大的调整优化空间(见表 5-3)。

表 5-3 对教学措施教学效果评价的频数分布表

| 题项 | 完全不同意 | | 不同意 | | 不一定 | | 同意 | | 完全同意 | | 均值 |
|---|---|---|---|---|---|---|---|---|---|---|---|
| 项目 | 频数 | 百分数/% | 频数 | 百分数/% | 频数 | 百分数/% | 频数 | 百分数/% | 频数 | 百分数/% | |
| 1. 建立的课程微信群,有利于同学间的协作学习 | 1 | 1.1 | 3 | 3.2 | 6 | 6.5 | 50 | 53.8 | 33 | 35.5 | 4.19 |
| 2. 建立的课程微信群,有利于师生间的即时互动 | 1 | 1.1 | 0 | 0 | 4 | 4.3 | 48 | 51.6 | 40 | 43 | 4.35 |
| 3. 建立的课程微信群,有利于学习资料的共享共用 | 1 | 1.1 | 0 | 0 | 1 | 1.1 | 46 | 49.5 | 45 | 48.4 | 4.44 |
| 4. 建立的课程微信公众号,有利于随时随地进行学习 | 1 | 1.1 | 0 | 0 | 5 | 5.4 | 44 | 47.3 | 43 | 46.2 | 4.38 |
| 5. 建立的课程微信公众号,有利于提高学习效率 | 1 | 1.1 | 0 | 0 | 10 | 10.8 | 43 | 46.2 | 39 | 41.9 | 4.28 |
| 6. 建立的课程微信公众号,提高了我的学习兴趣 | 2 | 2.2 | 0 | 0 | 23 | 24.7 | 39 | 41.9 | 29 | 31.2 | 4.00 |
| 7. 建立的课程微信公众号,提高了自主学习能力 | 1 | 1.1 | 0 | 0 | 10 | 10.8 | 48 | 51.6 | 34 | 36.6 | 4.23 |
| 8. 建立的课程微信公众号,巩固了知识要点 | 1 | 1.1 | 1 | 1.1 | 7 | 7.5 | 50 | 53.8 | 34 | 36.6 | 4.24 |
| 9. 建立的课程微信公众号,有助于我提高学习成绩 | 1 | 1.1 | 1 | 1.1 | 11 | 11.8 | 47 | 50.5 | 33 | 35.5 | 4.18 |
| 10. 整体而言,这门课程的教学方式科学、合理,能够有效促进学习 | 1 | 1.1 | 0 | 0 | 6 | 6.5 | 51 | 54.8 | 35 | 37.6 | 4.28 |
| 11. 课程微信公众号和微信群的建立能有效弥补课堂教学的不足 | 1 | 1.1 | 0 | 0 | 2 | 2.2 | 52 | 55.9 | 38 | 40.9 | 4.35 |

### 3. 群体差异性分析

(1)性别与教学措施效果评价、对教学措施的学习效果评价的独立性 T 检验

调查结果显示,男女学习者在课程微信群和公众号建立的必要性以及微信群的教学效果评价等方面存在显著性差异。具体来说,相比于男性学习者,女性学习者更加认可移动混合教学措施,认为课程微信群和微信公众号有必要建立,其均值分别为 4.57 和 4.49,而男性学习者均值分别为 4.23 和 4.15。此外,女性学习者对课程微信群教学效果评价也更高,更加认可微信群在促进学生协作学习、师生即时互动以及学习资源共享等方面的教学功能,其均值分别为 4.30、4.45 和 4.54,而男性学习者在这三方面的评分均值分别为 3.92、4.12 和 4.19(见表 5-4)。

表 5-4　男女学习者对教学措施的满意度及学习效果评价的描述统计及 T 检验

|  | 性别 | 个案数 | 平均值 | T 检验 $t$ 值 | T 检验 显著性 |
|---|---|---|---|---|---|
| 1. 课程微信群有必要建立 | 男 | 26 | 4.23 | 2.281 | 0.025 |
|  | 女 | 67 | 4.57 |  |  |
| 2. 课程微信公众号有必要建立 | 男 | 26 | 4.15 | −2.207 | 0.030 |
|  | 女 | 67 | 4.49 |  |  |
| 3. 建立的课程微信群,有利于同学间的协作学习 | 男 | 26 | 3.92 | −2.112 | 0.037 |
|  | 女 | 67 | 4.30 |  |  |
| 4. 建立的课程微信群,有利于师生间的即时互动 | 男 | 26 | 4.12 | −2.191 | 0.031 |
|  | 女 | 67 | 4.45 |  |  |
| 5. 建立的课程微信群,有利于学习资料的共享共用 | 男 | 26 | 4.19 | −2.418 | 0.018 |
|  | 女 | 67 | 4.54 |  |  |

(2)专业与教学措施效果评价、对教学措施的学习效果评价的方差分析

调查结果显示,不同专业在微信公众号实现随时随地学习的教学效果上存在显著性差异,具体表现为金融学专业(均值为 4.86)的学习者对微信公众号充分利用碎片化时间的评价明显高于社会学专业(均值为 4.22)的学习者

的评价(见表 5-5)。①

表 5-5　专业与教学措施效果评价、对教学措施的学习效果评价的描述统计表

| 专业 | 平均值 | 个案数 | F 值 | 显著性 |
| --- | --- | --- | --- | --- |
| 社会学 | 4.22 | 50 | | |
| 社会工作 | 4.53 | 32 | | |
| 金融学 | 4.86 | 7 | 2.713 | 0.050 |
| 其他 | 4.25 | 4 | | |
| 总计 | 4.38 | 93 | | |

## 六、移动混合式教学模式的总结与反思

### (一)总结

本章基于微信公众号平台和微信群建构了"线上学习＋线下授课＋上机操作"的混合式教学模式,将其运用于"社会统计软件分析课程"当中。本章在实现线上移动学习,帮助学生充分利用碎片化时间以及混合利用线上线下学习资源上发挥重大效用,是社会统计软件分析实操性课程的一大创新尝试,进一步丰富了移动混合教学的形式和内容。通过分析微信群与公众号后台数据以及课程问卷调查数据,教学团队了解该移动混合式教学模式的教学效果,并以此改进教学措施,优化教学模式。调查结果显示,学习者高度认可"线上学习＋线下授课＋上机操作"的混合式教学模式设计,并能充分利用微信群和公众号提供的学习资源,广泛阅读、学习并推广公众号。此外,学习者高度赞同移动混合教学措施的积极教学效果,但男女性别以及不同专业对移动混合教学措施的效果评价存在群体性差异。女学生更为认同"线上学习＋线下授课＋上机操作"的混合式教学模式教学效果,金融学专业的学习者对微信公众号充分利用碎片化时间的评价明显高于社会学专业。

---

① "社会统计软件分析"为社会学专业的选修课,因此金融学、新闻学等非社会学类专业选课人数与社会学类专业选课人数差距很大。

## （二）反思

无论是教学措施还是教学效果，学习者对"线上学习＋线下授课＋上机操作"的混合式教学模式的评价都很高，但此教学模式在实际应用中依旧存在以下问题。

1. 微信公众号平台对学习过程的监控功能发挥不足

微信平台作为社交平台，有着强大的实时交互、精准传播、操作便捷等功能，但不是专业的教学平台，全过程跟踪学习者访问课程次数、学习时长等监督功能明显弱于慕课、云班课等专业移动学习平台。因此，如何利用微信公众号平台的开发模式，实现跟踪记录学习者学习轨迹的目标，加强对学习者学习过程的监控功能，还有待挖掘。

2. 微信公众号平台模块设计、更新速度等方面有待加强

课程问卷调查结果显示，学习者反映课程公众号当前运行过程中存在以下不足：第一，微信公众号存在更新不及时、不固定等问题，这影响了学习者及时获取知识的效率。第二，在内容上存在与课程教学内容结合度较低、缺乏实践性案例教学等问题，作为一门操作性的应用型学科需进一步增强实践性学习资源。第三，在呈现形式上，虽然有课程PPT、论文与视频等多种呈现形式，但视频和论文数量较少，有待进一步丰富与完善。本课程将在此基础上，不断挖掘和利用微信公众号功能，完善公众号板块设计与建设，满足学生的学习需求。

3. 微信群互动与协作功能有待加强

部分学习者反映微信群缺乏互动性，群内更多的是教师单向发送学习资料和通知，而学生参与提问互动的情况较少，这不利于师生双向互动功能的实现。如何调动学生参与积极性，促使学生积极参与线上讨论互动，这是未来课程教学需要改进和解决的教学难点。

# 第六章 "公共管理学"混合教学改革研究[*]

## ——"一核双轨多元"教学模式构建

高 梁[**]

作为国家级一流本科专业建设核心课程的"公共管理学"是一门综合运用各种学科知识和方法来研究公共管理活动与公共管理实践的学科,其面向的对象主要是高等院校中管理类的学生,目前在本科及研究生阶段都开设了"公共管理学"。2016年本课程教学团队获批为广东省质量工程省级教学团队,2020年本课程获批为广东省课程思政建设改革示范项目并同时被认定为广东省一流本科课程。公共管理学尤其是政府管理及社会治理的研究是当代社会科学、管理科学研究与教学的重要领域。近些年,随着本科教学平台的不断拓展,本课程在向学生传授公共管理理论及方法,以问题导向来引导学生关注我国公共管理领域发生的热点难点问题的同时,理论创新与我国治理经验总结以及实现思政教育与专业教育的协同推进也成为课程体系构建的重要内容。

本课程是公共管理专业核心基础课,涉及公共管理的理论和实务两大方面。理论部分主要包括传统公共行政、新公共管理以及公共治理等理论发展的脉络。实务方面主要包括公共组织及机构改革、人力资源及绩效管理、危机管理及公共政策、公共财政及数字治理等方面。教学目标是力图培育学生在处理公共事务过程中"以公共利益为最高原则"的价值观,以及在处理公共事务过程中应该表现出来的良好的分析能力、实践能力、创造能力、沟通能力和领导能力。授课内容坚持马克思主义基本原理和方法,贯彻习近平新时代中国特色社会主义思想,弘扬中华优秀传统文化,汲取国内外先进经验,关注中国改革开放尤其是党的十八大以来深化改革的丰富实践。

---

[*] 本章是广东省本科高校在线开放课程一般课题"在线开放课程驱动高校混合教学变革研究——'公共管理学'一核双轨多元混合教学改革研究"的阶段性成果。

[**] 高梁,女,深圳大学政府管理学院讲师,硕士生导师。

## 一、课程改革的动因

"公共管理学"虽有良好的学科基础,但是在2020年疫情突发时,传统的教学方式明显存在着短板和不足:

一是既有的教学方式还是在教与学二元结构下运行,虽然有线上教学作为应急手段,但教学兴趣的激发和教学质量的把控难以达成既定目标,教学效果难以评估。

二是已有的教学平台、实践基地和各类教学资源难以对"公共管理学"课程的发展起到实质性的支撑作用,呈现碎片化、非系统化的问题。

三是作为公共管理学专业的核心课程,其教学内容与思政课程体系如何更好地融合的问题。即如何使学生在学习专业知识的同时能够更好地理解和吸收公共精神、治理经验及中国的制度优势。

基于此,通过在线课程驱动,引导线上线下课程混合教学的改革,构建"一核双轨多元"教学模式,解决目前课程存在的短板,以实现更好的教学目标,就非常必要且迫切。"一核"即以思政课作为核心,寓价值观于课堂教学中,引导学生在吸收知识和培养能力中,重视社会主义核心价值观塑造。"双轨"即线上线下教学方式的融合。按照授课内容,将适合线上教学的内容通过MOOC课程或者SPOC课程建设,打造线上课堂,将适合实践类课程,结合线下现有实践基地和教学研究中心,打造线下课堂,实现"双轨"运行。"多元"即多个实践基地和教学研究平台及实验室的整合,为学生在实践中领会知识,提升能力提供支持。

## 二、课程改革的基础

### (一)一流专业平台建设已初具规模

"公共管理学"是国家级一流本科专业建设的核心课程之一。深圳大学行政管理专业2019年获批国家级一流本科专业建设点,作为核心课程的"公共管理学",具有较好的地缘优势和政策优势,在中国特色社会主义先行示范区和粤港澳大湾区双区建设的示范作用下,公共管理学在实践内容的开拓上有更好的平台和资源优势。

## (二)MOOC 课程体系构建初步完成

2021年7月,"公共管理学"获批深圳大学第十一批 MOOC 课程建设立项,目前拍摄工作已完成,并已审核通过上线运行。本次课程创新体系的构建,可以有效利用 MOOC 课程的丰富资源,实现课程线上线下的双轨驱动。

## (三)思政课程改革示范稳步推进

2021年2月,"公共管理学"课程被认定为广东省2020年度课程思政建设改革示范项目"课程思政示范课程",同时被认定为2020年一流本科课程。2021年10月28日,试点课程"公共管理学"及试点课堂"现代公共管理的方法与技术"获批立项深圳大学课程思政"四个一"试点项目(学校的每个学院至少试点一个专业,每个专业至少试点一个团队、一门课程,专业的每门课程至少试点一个课堂)。同时"润物无声,寓公共精神与中国关怀引导于教学中——'公共管理学'课程思政实践"获得广东省文化素质教指委2020年课程思政优秀案例一等奖。在课程创新体系设计中,可以将课程思政融入教学内容,彰显我国在国家治理以及基层治理中的中国经验及制度自信和价值自信。

## (四)各级实践教学基地和研究平台已同步运行

公共管理系现已建有校级公共政策研究中心和公益英才班,同时建有校级教学实践基地——宝安人才园和粤海街道办等几个教学基地。市一级人文社科重点研究基地——深圳大学大湾区—东盟研究中心以及前海智库等。目前学院还有一个超大规模的政策实验室,可以在线模拟政策制定及政策执行的过程,在课程建设创新中,可利用多个平台的现有资源,拓展教学思路,丰富教学内涵。

## (五)自主编写教材及案例库已投入使用

2018年9月,公共管理学课程组教师共同编写了高校公共管理类"十三五"规划教材"公共管理学",并自主开发编写了深圳本土公共管理类案例60多篇,其中22篇已结集出版了两本案例集(《公共治理之基层实践案例汇编

(一)《公共治理中的基层实践案例》),并建立了公共管理案例库,现已投入使用,为课程教学提供有力支撑。深圳大学作为一所本土大学,在教学过程中,多采用本土案例作为分析及分享的素材,既能使学生有很好的代入感,也有利于学生将所学知识与社会实践结合起来,这不仅有利于学生对专业知识的掌握,也有利于公共精神的培植,以及公共情怀的塑造;本课程能够结合深圳的治理实践,使学生更好地领会制度设计的初衷、制度的优势所在及中国智慧,培养学生的爱国情怀。

### (六)教学基础丰厚,教学经验丰富

"公共管理学"是广东省一流本科课程,也是管理学院本科学生的公共平台课,课程开设有 16 年之久,每年有 700 多名学生选课,积累了丰富的案例和教学素材,近三年内公共管理学教师团队自主开发本土相关教学案例 60 多个,开发教学视频 48 个,编写核心参考书目 8 本。

教学团队的 7 位成员,都拥有良好的学科背景和丰富的教学经验,多次被邀请为政府、协会等公共部门授课,内容包括"政务服务改革""深圳公务员制度改革"等,均得到好评。面向公职人员实践从业者的授课经验进一步提升了教师开展课程建设的意识和能力。同时教学团队成员在教学改革项目、课程建设与课程竞赛中,获得多项教改立项与教学奖励,包括深圳大学青年教师讲课竞赛二等奖、教学成果奖、"优秀本科教师奖"、腾讯教学奖、校长教学奖等。

### (七)推行学生导师制,强化学生的理论素养

以公共管理经典原著研读嵌入专业导师制,强化对学生全过程培养指导。公共管理教学团队的成员都作为专业导师,每人指导 3~4 名学生,从大一到大四对学生进行全过程指导,学生可以加入导师的课题组,以经典原著研读为抓手,要求学生在导师指导下完成读书报告,目前优秀读书报告已结集出版,《合瓣文集——深圳大学管理学院公共管理系本科生经典阅读札记(1)》第二册也在出版计划中。学生精读原著,老师在线指导,不仅可以提升学生的理论素养,而且以课外实践和参与研究为辅助,可以提升人才培养质量。

## 三、课程改革的可行性分析

"一核"的理念符合教育教学目标,能够将思政目标融合进课程原有的知识体系,在教学中帮助学生在获取专业知识和实践技能的同时,树立正确的世界观、人生观、价值观,拥有家国情怀,培养爱党爱国信念,成长为有担当有责任的公共管理人才。

"双轨"的线上线下课堂教学模式既有腾讯课堂、腾讯会议等线上平台的支持,也有录制已经上线的"公共管理学"MOOC课程的依托,既可以丰富教学形式,也可以有序应对突发事件对线下教学的冲击,还可以增强学生自主学习意识,培养学生自我学习的能力。

"多元"平台的共建共享可以将已有资源有效盘活,使得之前利用效率较低的实践基地和教学科研中心能够更好地为本科教学服务,在教学中遇到的问题,也可以通过实践课堂得以更好地开发和寻找解决的对策,同时也能够使学生在理论和实践的教学环节中加深对知识的理解和吸收。

## 四、课程改革目标、思路及方案

### (一)课程改革目标

1. 帮助学生树立正确的世界观、人生观、价值观

改变原有教学方法,构建"一核双轨多元"的混合教学模式。将课程思政融入教学内容,彰显我国公共管理中的制度自信、价值自信。凸显"一核"地位,将专业教育与思想政治教育紧密融合,帮助学生树立正确的世界观、人生观、价值观。

2. 提升学生的学习兴趣

打造线上线下"双轨"教学,将现代数字技术、线上教学平台资源很好地融入课程中,拓展教学内容,丰富教学方法,提升学生对课程的学习兴趣及代入感。

3. 强化学生对知识的吸收能力

本课程通过"多元"平台建设,使学生在课堂上学到的知识,可以在实践基地和教学科研平台中得以验证,提高学生的思考能力,使学生能够寓教于学,在学习中领会理论和专业知识的真谛,不断提高运用所学知识分析问题、

解决问题的能力。

4. 促进各平台的共建共享

打破各平台各自为政的壁垒，能够使各平台互为所用，课堂上讲授的内容可以为平台运作提供支撑，在平台上实践的内容可以作为课堂上探讨的主题，共享发展成果。

### (二)课程改革思路

1. 以思政目标引领课程改革建设，凸显"一核"价值理念

本课程在改革传统授课模式的基础上，用思政目标统领课程改革的全过程，无论是理论和专业知识的讲授，还是基地与平台的实践课堂，都要深入挖掘课程思政元素，引导学生关注现实问题，尤其是关注我国政府改革实践的成果，充分认识我国改革实践的价值与意义，树立立德树人、爱党爱国的理念，培养具有诚信服务、德法兼修职业素养的公共管理人才。

在公共管理理论发展的脉络中，中国的治国理政思想为公共管理改革与发展提供了战略指导，中国今天的发展成就也更加坚定了我们的理论自信与制度自信。讲好中国故事，推广中国经验，是我们新一代学子的使命与担当。在推进基层治理改革创新方面，我们的成就也可圈可点。特别是"一带一路"倡议、精准扶贫、基层融合创新、公共危机治理等方面，为世界树立了良好的标杆，获得了良好的赞誉。

2. 课堂讲授与课下实践紧密衔接，打造资源共享体系

目前，很多高校已建立了线上课程平台，MOOC联盟也将各高校的线上教学资源统合起来，为各高校学生提供了更多更好的教学资源。"公共管理学"课程理应与时俱进，将各个平台和已有资源有效利用起来，打造校内校外线上线下资源共享的体系。在数字治理盛行的今天，智慧教室、智慧课堂、智慧校园的建设已蔚然成风。学校投入巨资建设了MOOC平台，本课程拍摄完成并上线运行。因此，本课程通过线上资源共享，线下有针对性地教学研讨及查漏补缺，有重点地精读精讲，可以使学生学得更精，学得更好，同时能够满足不同层次的学生对本课程的不同需求。

3. 以平台共建为引擎，提升学生对知识的理解和吸收能力

利用现有教学资源、研究中心和实践基地平台，打破既往各自独立、各自为政的壁垒，突破已有资源使用效率低的瓶颈，通过课程改革实践，建立多元平台共建教学模式。新的教学模式避免了填鸭式教学给学生带来的不良授

课体验,可以精练课堂内容,增加学生实习实践机会,让学生在实践中更好地思考所学知识,并能够学以致用,引导学生更好地关注社会问题,培养学生的公共精神和社会责任感。在重视公共管理、基层治理的今天,相关职能部门,尤其是基层公共部门,积累了较多的问题,也有较多的发展瓶颈,迫切需要公共管理领域的专家学者予以关注并给予解决的方案。公共管理领域的研究者也不断把目光投到公共管理实践领域中呈现出的热点难点问题,为此建立了较多的实践基地、研究基地,但到目前为止,此类平台更多的是用于研究,而较少为教学服务。学生只在课堂上学习书本上的知识,没有太多机会去检验知识,从而关注社会,引发进一步的思考。因此,打造多元平台共建,能够给学生提供理论与实践相结合的平台,为学生关注社会问题提供较好的渠道。

### (三)具体实施方案

1. 改变单一教学模式,打造"一核双轨多元"教学平台

"公共管理学"既有的教学模式是单纯的老师教学生学,主要以课堂教学为主,偶尔的线上教学都是应急之策,是疫情管控时的权宜之计,很难取得良好的效果,且讲课内容、章节分布缺乏系统统筹,通常视防疫需求与疫情发展情况而定,效果较差。而现实的需求是多媒体技术已经广泛应用于各行各业,教育教学领域也应与时俱进,充分地将现代数字技术、智慧平台等应用到教学环境中,给学生带来更好的教学体验,让学生更好地吸收知识并提升对学科的相关认知,所以要把线上教学功能作为线下教学方式的拓展与延伸,改变传统的教学模式,创新"一核双轨多元"的教学模式。特别要注重挖掘思政元素,在教学中体现"一核"引领的重要性,帮助学生在学习专业知识的同时,树立正确的世界观、人生观、价值观。当今世界处于百年未遇之大变局中,中国作为负责任的大国,发出了"中国应该对人类社会有更大的贡献,更大的担当"的时代强音,提出"让和平的薪火世代相传,让发展的动力源源不断,让文明的光芒熠熠生辉"的美好倡议,提出了构建人类命运共同体的宏伟愿景。习近平总书记指出:"解决好民族性问题,就有更强能力去解决世界性问题;把中国实践总结好,就有更强能力为解决世界性问题提供思路和办法。"[①]

---

① 习近平.坚定文化自信,建设社会主义文化强国[N].人民日报,2016-05-19(2).

在普及公共管理专业知识的同时，本课程将立德树人融入课程理论与实践相关环节，以"公共责任、特区情怀、问题导向、融合创新"为指导，通过教书育人、实践育人、文化育人等环节，培养学生爱党爱国情怀，坚定道路自信及制度自信，引导学生关注现实问题，充分认识中国改革实践的价值与意义。

公共管理从传统公共行政到新公共管理到公共治理的演变逻辑，不仅表现在管理目标的转变上，也同时表现在管理主体从政府一元主体到以政府为核心的多元管理到政府与其他部门的协同共治上，还表现在理论基础的变迁和侧重点的变化上。从西方公共管理发展的历史进程中，我们可以借鉴经验，并结合我国发展的现实，走出具有中国特色的公共管理之路。在公共管理的实践中，中国智慧、中国经验、中国制度、中国特色等也为世界留下了宝贵的智力财富。

在公共管理实务板块，通过对我国公共管理实践中典型案例的梳理和分析，如智慧社区、智慧养老、数字城市的建立、公众参与的公共决策体系的构建、"一案三制"的应急管理体系等，引导学生思考党的大政方针对推进社会进步、经济发展、国际担当的意义。本课程通过对本土案例的分析与讨论，让学生了解我国公共管理的相关特色，了解我们的党和政府在公共管理中始终强调以人民为中心，以促进公共利益为增长的目标要求；引导学生在学习公共管理理论发展的过程中树立爱党爱国情怀，向全世界普及中国智慧，宣传中国特色和制度优势；引导学生思考理解中国智慧、中国制度及中国立场，了解中国改革开放的成果，以及对世界的巨大贡献，增加学生的价值认同。

2. 调整单一教学内容，构建系统性教学体系

公共管理学以公共事务管理和国家治理的实践为研究对象，是关于以政府为核心的公共组织如何有效管理国家及社会事务的学问。本课程既涉及公共管理的基本理论，又涉及公共部门的管理实践。在教学内容上，以往的教学方式多采用一本教材，围绕教学大纲展开，重点介绍公共管理的理论发展、公共管理方法与技术、公共组织、公共政策、公共财政管理、公共部门人力资源管理、公共信息资源管理、公共部门绩效管理、公共危机管理以及公共伦理等内容。这样的教学内容较为单一，学生上课听懂了，但缺少实践的平台，对知识的理解与掌握仅限于书本和大纲的内容。本次改革旨在建立一套系统性教学体系，针对一个知识点，既有围绕大纲设定的理论框架和基础知识的学习，也有在线上平台和实践基地等实际操作、演练实习的补充，使学生能够通过实操演练，加深对课堂知识的理解和掌握，提升运用所学知识解决实际问题的能力。例如，公共政策、公共部门人力资源管理、应急管理、预算管

理、绩效管理等章节拟采用线下教学为主,主要实施方法为课堂讲授、案例分析、小组研讨、基地实践、上机模拟演练等;公共管理导论、公共管理相关理论、行政改革、行政组织、政府职能等章节拟采用线上教学为主,主要以腾讯课堂、腾讯会议(教育版)为载体,利用 MOOC 课程以及视频资料等进行教学。

在线上线下双轨教学过程中,本课程注意知识点的衔接以及理论与实践的结合,通过闯关模式及线上线下热点问题沙龙研讨等形式,使线上线下教学有机结合,不会脱节,鼓励学生线下多阅读经典著作及文献,多参与治理实践,线上分享观点,分组充分讨论,使学生能够对相关知识掌握得更加牢固,理解得更加透彻,运用得更加精准。

3. 打破单一教学机制,实现多元平台共建共享

"公共管理学"是国家一流本科专业建设的核心课程,多年来也是学院的平台课程,从本科到学术型研究生再到专业硕士研究生,都开设了此门课程,虽然侧重点和教学内容有所差异,但课程的重要性和系统性是显而易见的。多年来,公共管理系和学院也在致力于各种实践基地和教学科研平台的建设,先后建立了多个校级实践教学基地、若干院级实践教学基地、一个市一级教学科研平台、两个校一级教学科研平台,以及两个教学实验室(电子政务实验室和政策实验室),还有一个公益益才班。各个平台和基地都运作良好,但对于"公共管理学"课程建设的支持力度不足,没有将各种资源和平台整合在一起,为学科发展及课程发展发挥应有的作用,教学机制依然呈现零散碎片化的特点,缺少资源的系统整合。因此,本次课程改革希望能够打破既有的单一教学机制,让各个平台和基地能充分发挥能动性,与课程建设互为所用,打破各自的壁垒,在平台共建中实现资源的充分共享。

一是强化实践教学。在"公共管理"课程体系中,对于"公共部门人力资源管理"的教学内容,采用实践教学的方式,带学生去实践教学基地——宝安人才园,将课程内容与基地建设融为一体,通过实地参访宝安人才园项目建设,了解公共部门人力资源管理的原则、特点,深圳对于人才吸引的相关政策,宝安区在湾区人才建设中的成就,对标湾区人才服务的相关举措,与园区负责人座谈,进一步了解公共部门人力资源管理的难点和热点领域。本课程通过充分对话和深入交流,使学生把课程内容融入深圳人才建设的具体实践中,课堂效果良好。

二是增加实战演练。在"公共管理学"课程体系中,对于"危机管理"的教学内容,带领学生到深圳市应急管理中心,通过实战演练,了解应急管理的

"一案三制"应急管理体系构建,掌握危机管理的相关流程,了解风险预测的重要性。本课程通过实战演练,能够使学生更快地掌握知识,并在实践中有效运用。

三是导入翻转课堂。在"公共管理学"课程体系中,"公共管理理论"这一章节尤为重要,为了让学生多读书,并善于提炼总结,本章节的授课方式采用学生分组讲、老师点评的方式,反客为主,让每组学生认领一本经典理论书籍,做好PPT,将理论缘起、主旨内容及对现代治理的指导意义总结提炼出来。督促学生阅读经典名著,培养学生理论联系实践,善于用理论知识来解决实践问题的能力,教学效果良好。

四是注重案例分析。在"公共管理学"的课程体系中,关于实务类的知识,如数字治理、绩效管理、公共财政管理及政府角色等内容,采用案例分析的方式,并积极鼓励学生参与其中,鼓励学生寻找工作中的典型案例来共同探讨分析,形成良好的教学氛围。学生因为对相关案例比较了解和熟悉,有话可说,有话要说,课堂讨论氛围热烈,教学效果良好。

## 五、结语

本次课改通过"一核双轨多元"教学模式构建,可以在改革传统授课模式的基础上,用思政目标统领课程改革的全过程。无论是理论和专业知识的讲授,还是基地与平台的实践课堂,都可以通过深入挖掘课程思政元素,引导学生关注现实问题,尤其是关注我国政府改革实践的成果,充分认识我国改革实践的价值与意义,坚信爱党爱国的理念,培养具有公共精神、公共意识及家国情怀的公共管理人才。

选修"公共管理学"的学生及教授"公共管理学"课程的教师,以及各实践基地和各教学研究中心,都可以在"一核双轨多元"的教学模式中获益匪浅。学生不仅会增加对知识的理解和吸收,还能更好地关注社会问题,通过各个平台寻找更多就业机会。各实践基地和研究中心可以储备更多的专业后备人才,可以更多地接触前瞻性的理论和知识,教师也可以在教学模式改革中获得更好的教学体验和教学成果。

# 第三篇
# 教学理论与方法篇

# 第七章 实验法在公共政策教学中的实践探索
## ——以排污治理政策比较为例

陈 琇[*]

实验教学方法是通过教师设计实验来模拟公共管理和公共政策的现实场景,学生参加实验来验证理论或猜想的教学方法。实验法的运用对于提高课堂教学质量有着积极的意义。在公共政策教学中,利用实验法来演示税收、限额和排污权交易等不同类型政策对排污的治理效果,能够在提高教学生动性的同时,有效地加深学生对于不同类型政策的理解。

实验方法在公共管理和公共政策学科研究中的应用日益受到关注。实验法主要是指在受控环境中设计和实施实验,观察特定变量之间的关系和影响,从而验证理论或假设的一种研究方法。这种方法的价值在于通过模拟理论模型的假设条件,复刻真实世界难以控制的场景,突破传统研究方法的分析框架,在可控条件下研究人类行为并收集实验数据,从而对理论的有效性进行检验。随着实验法在经济学、管理学、心理学等学科中得到普遍应用,这种方法也得到不断地改进和完善。实验法不仅在研究上提供了全新的视角,在教学中,因其对提高学习互动性、增强学生的学习体验等方面的促进作用,在公共管理和公共政策的教学中引入该方法也受到广泛的认可和采纳。在公共政策学科的教学中,参与实验有助于让学生加深对知识的理解,并激发他们对知识进一步研究和拓展的热情。本章以在实验室中比较不同的排污治理政策为例,介绍在公共政策学科的课堂中,应用实验法的意义、实施步骤与效果。

---

[*] 陈琇,女,深圳大学政府管理学院助理教授,硕士生导师,主要研究方向为政策行为实验等。

## 一、在公共管理和公共政策教学中引入实验法的意义

将实验方法应用于社会科学的研究是学科发展的前沿领域。近30年来,实验法在经济学、管理学、政治学等领域的研究中的应用日益成熟。实验法在科研中的应用也为教学工作拓展了思路,在课堂中引入实验方法成为经管类学科教学方法改革的方向之一。① 在公共管理专业的本科教学过程中系统地引入实验方法,教师通过设计实验、指导学生参与实验、分析实验数据并进行拓展思考,能够有效地实现教学相长,提升教学质量,促进学科发展。

以课堂实验作为热身环节,有助于增加教学中的互动,寓教于乐,激发学生的学习兴趣。作为一种生动、具体和形象的教学方法,课堂实验是由浅入深引入教学内容的良好手段,有利于学生阶梯式接受知识,减少畏学厌学的可能性,提高学习的积极性。

通过课堂实验生动地展现课本知识,有助于加深学生对理论知识的理解。通过亲身参与实验中模拟的公共管理的实际情境,亲身体验和实践公共管理的理论和方法,能够使学生深入了解公共管理理论的内涵和实际应用,加深对概念和原理的理解与掌握。实验法能够将抽象的理论与实际情境相结合,帮助学生更好地理解和记忆相关知识点。

以实验方法引入教学内容,有助于建立专业的思维方式。实验法教学能够帮助学生将抽象的理论知识与现实场景联系起来,从而培养他们专业的思维方式,学会用受过专业训练的视角看待现实中公共管理和公共政策的问题。

实验法有助于培养学生的创新思维和批判性思维,激发学生的研究兴趣。实验教学鼓励学生独立思考、自主探究,通过观察、分析和解决实际问题,培养学生的创新思维和批判性思维,帮助学生在面对复杂问题时提出独特的见解和解决方案。

将实验方法应用于教学,有助于推动教师教学与研究的良性互动,为研究和教学提供新的思路和方法。实验法为公共管理和公共政策的研究、教学提供了新的思路与方法。通过实验,教师可以探索公共管理和公共政策的新领域、新问题和新的研究方法,推动学科研究的发展。

最后,实验教学有助于促进公共管理和公共政策学科与其他学科的交叉

---

① 杨丽萍,毛金波.高等院校经济管理实验教学内容整合问题探讨[J].武汉大学学报(哲学社会科学版),2007(5):784-787.

融合。通过应用实验法,教师能够将经济学、心理学、社会学,甚至生物学等学科的理论和方法引入公共管理和公共政策的课堂中,拓展学科的领域和范围,使学生加深对公共管理现实场景的认识和理解。

## 二、公共政策教学中应用实验法的步骤

将实验法应用于公共政策的教学当中,主要包含以下几个步骤:确定实验问题,即该课堂实验要完成的教学目的;准备实验材料,其中包括可能用到的实验说明等文字材料、通过线上平台制作的简单问卷、通过编程制作的实验程序等;实施实验,包括讲解实验规则、引导学生进行决策以及回收数据;最后结合教学内容,对实验数据进行分析和讨论。以下将对每一个步骤进行具体介绍。

### (一)确定实验问题

实验法是指在可控制的实验环境下观察行为、检验理论的一种研究方法。实验法最早在公共管理和公共政策领域的应用,大多是随机控制实验(randomized controlled trial,RCT)或者自然实验的方法。而随着在心理学、经济学、政治学等社会科学学科受到越来越多的青睐,实验室实验在公共管理与公共政策领域也逐渐得到了应用和推广,现有文献在公共管理领域的公民满意度问题、腐败问题,以及公共政策领域的纳税遵从等问题都取得了重要的进展。由于教学实验大多在教室中完成,且实验用时受限于课程课时,教学实验大多数是以实验室实验的方式完成的。基于已有研究积累的实践经验,在我国行政管理专业的本科教育体系中,"公共管理学""公共政策学""公共政策评估""行政组织学""公共经济学"等课程都可以引入实验教学。

根据不同的课程内容,可以确定不同的实验问题,以达到不同的教学目的。一般来说,教学实验的目的可以分为三类:(1)检验理论。通过观察学生在实验场景中的行为和决策,检验是否符合已有理论的预测。(2)检验猜想。通过比较处于不同实验局的学生的行为和决策,检验猜想是否成立。(3)突破原有的框架,探索新的分析视角。一般来说,教学实验通常基于文献中成熟的实验框架,并按照教学目的,对设计进行一定程度的调整,如设置不同的外生干预,通过不同实验局的设置和比较,达到与教学内容相结合、引导学生进行思考的目的。

## (二)准备实验材料

受限于硬件设备的发展,早期的实验都是用纸、笔来进行。事实上,这种传统的实验方式直到今天仍然在一些简单的课堂教学实验中被使用。可用纸笔完成的课堂简单实验包括阿莱悖论(Allais paradox)实验,基于多重价格列表(multiple price list)的风险偏好测量、损失厌恶测量等。对于这种类型的实验,需要在课前准备的,一方面是在课件上对实验规则进行说明,另一方面是可能需要派发的纸质问卷。这种方式的好处在于课前准备的工作量小,课堂实验的用时短,学生参与更为便利,但它大大限制了课堂实验的类型,同时不利于保护被试(学生)所提交的数据,实验中的匿名性原则难以得到保障,且对数据的统计、分析和展示较为困难。

随着计算机技术的快速变迁,目前,大多数的实验已经可以依赖计算机来进行师生之间和学生之间的实时交互,以及数据收集、计算和反馈。交互型的实验,由于涉及被试(学生)之间的随机配对和分组,往往需要依赖计算机设备或者网络进行。这类型的实验又分为两种:

一种是决策过程独立,而实验报酬计算依赖随机配对(或分组)的实验,如囚徒困境博弈、独裁者博弈、公共物品博弈等[1]。与非交互型实验相比,这类实验涉及了被试间的随机配对/分组,但不涉及数据的实时计算和反馈,因此其实施通常可以简化为线上问卷的形式。对于这种实验类型,教师除了需要在课前将实验规则在课件上进行说明外,还需要提前在线上的问卷平台(如问卷星、Credamo 见数等)完成问卷的编辑。

另外一种则是更为复杂的交互实验:被试的决策不是独立、同时完成的,而是有先后顺序的,且其报酬依赖配对(或同组)被试的决策。因此,这种实验不仅涉及被试的随机配对(或分组),由于后行动者的决策需要依赖于先行动者的决策,还涉及数据的实时计算和反馈。一般来说,这种实验我们利

---

[1] 独裁者博弈实验可以让学生了解利他和公平观念与社会规范对行为和决策的影响,而公共物品博弈实验可以让学生理解仅依靠市场调节将导致公共物品提供不足的结果,并引出政府调节的重要性这一结论。对这两个博弈的具体介绍请参考 FORSYTHE R, HOROWITZ J L, SAVIN N E, et al. Fairness in simple bargaining experiments[J]. Games and economic behavior,1994,6(3):347-369. FEHR E, SCHMIDT K M. A theory of fairness, competition and cooperation[J]. The quarterly journal of economics,1999,114(3):817-868.

用专业的框架进行编程,利用实验程序完成配对、数据收集、计算和反馈的全过程。这些程序一般具有较高的灵活性,能够完成个性化的实验设置。目前,较为常用的编程框架包括瑞士苏黎世大学的经济学实验软件包 Z-Tree(zurich toolbox for readymade economic experiment),以及 oTree——一个基于 Python 和网络的交互型任务与行为研究开源平台。利用这些现有框架进行编程将大大丰富课堂实验的类型,有利于更充分地将课堂内容融入实验教学中。

### (三)实施实验

针对不同类型的实验采用不同类型的实验方式,因此其实施步骤也会有所不同。

第一种传统的纸笔完成的方式通常被用于设计简单的课堂实验,尤其常用于非交互型的实验,即每一位实验被试独立作出决策且每一位被试的实验酬劳不受其他人决策影响的实验。以阿莱悖论的实验为例。为了向学生展示并让他们理解确定效应(certainty effect)[①],可以在课堂上进行这一经典实验:

第一部分:请在赌局 A 和赌局 B 中选择其一参与:

赌局 A:100%的可能性获得 100 万元;

赌局 B:10%的可能性获得 500 万元,89%的可能性获得 100 万元,1%的可能性获得 0 元。

第二部分:请在赌局 C 和赌局 D 中选择其一参与:

赌局 C:11%的可能性得到 100 万元,89%的可能性得到 0 元;

赌局 D:10%的可能性得到 500 万元,90%的可能性得到 0 元。

解释与分析:

文献结果显示大多数人在第一部分选择赌局 A 而不是 B,而在第二部分选择赌局 D 而不是 C。然而根据传统的期望效用理论,风险厌恶者将选择 A 和 C,风险喜好者将选择 B 和 D。因此,实验结果与理论结果是相悖的。这展示了人们对确定性过度重视这一影响行为和决策的非理性因素。

---

① 确定效应是指人在决策时,对结果的确定性过度重视的现象。

这种简单的课堂实验将有助于学生理解"确定效应"这一与政策效果息息相关的行为因素。由于实验设计简单,这种类型实验的实施往往不需要过多的实验材料准备,其实施步骤也更为直接:首先,以课件的形式展示和讲解上述实验规则的第一部分,并要求学生举手进行选择(A 或 B)。如果需要利用外部激励[①]提高学生参与的认真程度,则可要求学生在纸上写下决策。其次,在确定所有学生都明确第一部分的规则含义并作出决策后,则以课件的形式展示和讲解上述实验规则的第二部分,并要求学生再次作出选择(C 或 D)。最后,在确定学生完成了两次选择后,则可以课件的方式进行对实验的解释和分析,引导学生思考"确定效应"是否存在于他们作选择的过程,让学生理解这一效应的存在和普遍性,以及它在人们作决策过程中发挥的重要影响。

与这种独立非交互型的实验相比,基于囚徒困境、独裁者、公共物品等博弈而设计的课堂实验,其决策过程独立,但实验报酬的计算依赖随机配对(或分组)。为此,通常会利用线上问卷平台进行随机配对/分组,以及收集被试决策。由于配对和分组过程完全交由线上平台完成,只要教师在课前在线上问卷平台完成了配对和分组的设置,那么课堂的实验实施步骤则并不复杂。首先,依然是通过课件展示和讲解实验流程及报酬计算规则。其次,在确定学生理解实验规则后,以二维码的形式公布线上问卷链接,供学生扫码参与。再次,当学生扫码参与之后,线上平台会自动根据设置完成被试的随机配对或分组。最后,学生需要做的就是直接在线上问卷平台中进行选择并提交决策。这种方式简化了实验的步骤,提高了课堂的效率。

上述两种实验类型都能够以嵌入常规课堂的方式进行,而对于最后一类最为复杂的交互型课堂实验,则需要教师单独安排完整的课时,在机房中进行。本章第三部分将以不同类型排污政策的效果比较为例,详细介绍这类实验的操作和实施步骤。

### (四)分析和讨论数据

对实验数据进行分析是教学实验的关键环节,只有通过对数据的分析和讨论,才能更有效地引导学生从实验参与中掌握知识,加深理解。

---

[①] 即设计激励相容的机制,利用金钱、物质或其他外部激励,诱导被试按照实验要求作出真实的决策。

对于简单实验而言,可以按照课堂需求,区分粗略和精确数据统计两种方式。如上文举例的阿莱悖论,为了让学生直观地观察到"确定效应"的存在,教师并不需要展示精确的统计数据,通常以举手的方式就能让学生看到,与理论预测相悖的选择,在实验中却普遍存在,从而理解什么是"确定效应"并感受到"确定效应"的普遍性。如果展示精确统计数据是必要的,由于纸笔实验数据的精确统计较为困难,一般需要邀请特定的实验助手进行现场统计。

对于依赖线上问卷平台进行的实验,目前大多数的线上问卷平台都会对收集到的数据进行初步的统计分析,这些统计分析通常已经足够对学生的行为和决策进行大致的了解。教师可以通过展示这些决策的平均值、中位值、方差和极值等简单的统计量,以及通过直观的图表形式展示部分变量的变化趋势,引导学生对实验数据进行分析和讨论。

最后,依赖于编程框架的实验数据颗粒度更大,变量维度更多,因此对数据的分析和讨论可以分为两个阶段:第一阶段是简单的统计量和变化趋势展示,这一阶段可以在实验结束后随即进行;第二阶段可以更为深入地利用计量经济学和统计方法进行分析,这一阶段可以放在课堂实验结束后下一次常规课堂进行,这样的分析将更为深入,与教学内容的结合更为紧密,同时也为教师对数据的处理和分析留出足够的时间。

## 三、实验教学的案例:不同排污治理政策工具的比较

### (一)实验问题的设定

在存在负外部性的情况下,仅依靠市场的自我调节会导致无效率的结果。为了有效缓解环境污染、促进环境保护和气候变化,目前主流的政策工具包括收取庇古税(或补贴)、设置排污限额以及发放可交易的排污许可。不同的政策工具可能带来不同的政策效果。收取庇古税能够提高效率吗?能否利用可交易的排污许可证来有效监管市场?如何评估和选择合适的政策工具来治理排污问题?哪一种政策能够更有效地减轻污染的负外部性?该教学实验的目的就是让学生直观地了解排污治理不同种类的政策工具,并且比较它们的政策效果。

## (二)实验设计

实验模拟了一个竞争市场,总共有57名学生参与了实验。每一位学生扮演的都是一家玩具生产商的老板。他们的公司在商品生产过程中会排放二氧化碳,而每吨二氧化碳的排放所造成的污染成本为1元。生产销售活动将持续5年时间,在每一年中,学生需要决定自己公司产品的产量,而目标是使得自己企业的收益最大化。

假设每个公司的生产能力上限都是1000个单位的产品。为了简化产品交易过程,我们同时假设每一位学生的公司都是各自所属行业的垄断厂商,因此所有被生产出来的产品都将被销售,即销量等于产量,且每一年的销售单价与产量之间的关系如表7-1所示:

表 7-1　每一年的销售单价与产量关系

| 单价 | 1 | 2 | 3 | 4 | 5 | 6 | 7 | 8 | 9 | 10 |
|---|---|---|---|---|---|---|---|---|---|---|
| 产量 | 1000 | 750 | 550 | 350 | 250 | 150 | 100 | 50 | 25 | 0 |

学生们被随机分配到了三种不同的生产技术:

(1)高污染:每一单位产品的生产将排放4吨二氧化碳;

(2)中污染:每一单位产品的生产将排放2.5吨二氧化碳;

(3)低污染:每一单位产品的生产将排放1吨二氧化碳。

此外,每个学生都需要在四个独立的市场上分别作出产量决策,这四个市场中,政府分别颁布以下政策:

(1)市场一(完全无政府干预):污染成本平均分配给所有市场参与者,则每位生产商的最终收益由以下公式决定:

$$收益 = 单价 \times 产量 - 人均污染成本$$

(2)市场二(污染税):除了平摊所有污染成本外,每排放1吨二氧化碳,政府向生产商收取1元污染税,则每位生产商的最终收益由以下公式决定:

$$收益 = (单价 - T \times 1) \times 产量 - 人均污染成本$$

其中,如果学生被分配到了高技术/中技术/低技术,则 $T = 1/2.5/4$。

(3)市场三(污染限额):除了平摊所有污染成本外,政府向每个企业发放525吨不可交易的排放许可;则每位生产商的最终收益由以下公式决定:

$$收益 = 单价 \times 产量 - 人均污染成本$$

其中,产量 $\leq 525/T$,对于分配到高技术/中技术/低技术的学生,T=1/2.5/4。

(4)市场四(可交易排污许可):除了平摊所有污染成本,政府向每个企业发放525吨可交易的排放许可;为了简化实验,这里设置排污许可的交易价格为每吨许可1.2元。每个企业可以在决定产量水平后,选择出售/购买多少排污许可。如果出售数量大于购买数量,则所有出售企业平摊未出售数量;如果购买数量大于出售数量,则所有购买企业平摊未成功购买数量。则每位生产商的最终收益由以下公式决定:

收益=单价×产量+出售排污许可的收益-购买排污许可的支出-人均污染成本

根据以上实验设置,通过计算,为使得企业的收益最大化,理性的决策者在不同条件下应该作出的产量决策如表7-2所示:

表7-2 理性决策者在不同条件下作出的产量决策

|  | 完全无政府干预 | 污染税 | 污染限额 | 可交易污染许可 |
| --- | --- | --- | --- | --- |
| 低污染 | 550 | 550 | 350 | 550 |
| 中污染 | 550 | 250 | 150 | 250 |
| 高污染 | 550 | 100 | 100 | 100 |

可以看到,在每一种实验条件下都存在平摊的污染成本。此外,为了最大化本企业利润,在完全无政府干预的市场条件下,每个企业需要考虑让利润最大化的产量;在收取污染税的市场条件下,每个企业须根据本企业生产的污染程度来考虑污染税造成的额外成本;在政府限制污染排放的市场条件下,每个企业须根据本企业生产的污染程度来决定让利润最大化的产量;在存在排污许可交易市场的市场条件下,每个企业须考虑一方面通过产品生产和销售获得利润,另一方面通过排污许可的交易获得额外利润或付出额外成本。实验的目的就是直观地让学生们感受企业在不同政策下将如何决策,理解每一种政策对市场参与者的影响,并比较不同类型的政策工具将达到的不同效果。

(三)实验结果

实验结束后,我们可以导出实验数据,从产量、企业利润、污染排放量、社会总剩余等角度,对数据进行统计分析,制作有关图表,在课堂上进行演示和讲解。

## 完全无政府干预

- 第一年: 376.32, 431.58, 536.84
- 第二年: 569.53
- 第三年: 571.05, 550
- 第四年: 550
- 第五年: 550

—— 低污染　- - - - 中污染　-·-·- 高污染

## 污染税

- 第一年: 418.42, 244.74, 197.37
- 第二年: 550, 206.58, 132.89
- 第三年: 539.47, 239.47, 109.21
- 第四年: 550, 260.53, 101.32
- 第五年: 550, 244.74, 97.37

—— 低污染　- - - - 中污染　-·-·- 高污染

## 污染限额

- 第一年: 248.68, 94.74, 42.11
- 第二年: 292.11, 126.32, 76.32
- 第三年: 334.21, 128.95, 94.74
- 第四年: 344.74, 142.11, 97.37
- 第五年: 350, 142.11, 89.47

—— 低污染　- - - - 中污染　-·-·- 高污染

## 可交易排污许可

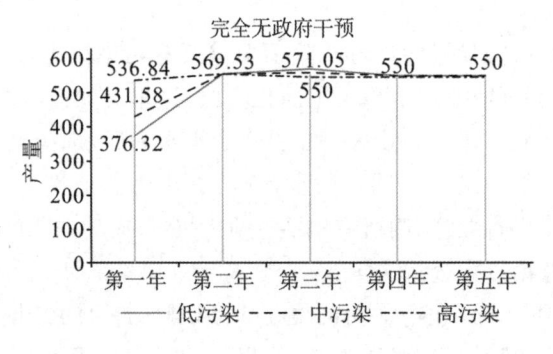

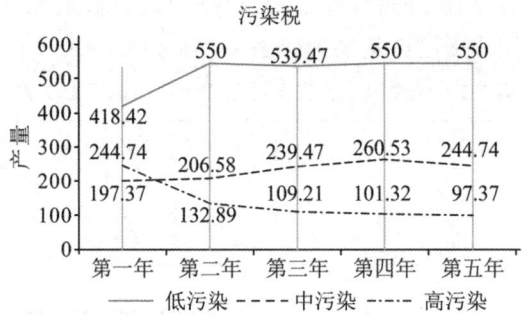

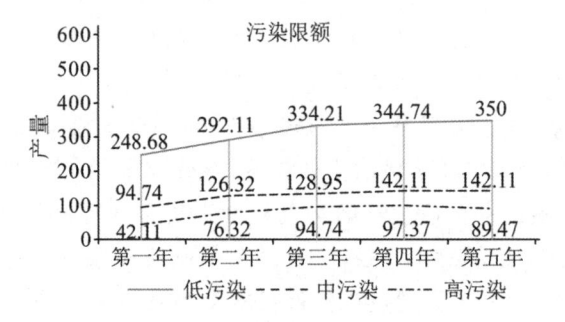

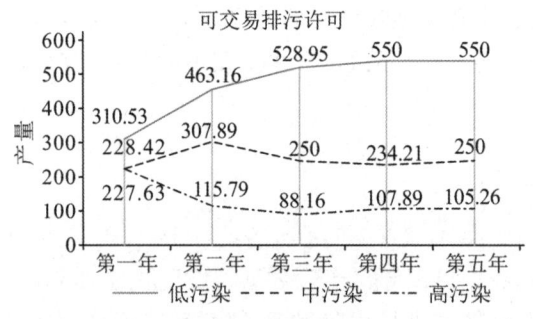

- 第一年: 310.53, 228.42, 227.63
- 第二年: 463.16, 307.89, 115.79
- 第三年: 528.95, 250, 88.16
- 第四年: 550, 234.21, 107.89
- 第五年: 550, 250, 105.26

—— 低污染　- - - - 中污染　-·-·- 高污染

图 7-1　平均产量

首先,讨论产量决策。引导学生思考:在决策过程中,他们考虑了哪些因素?并由此引出,尽管企业收益由利润和污染成本两部分构成,但由于污染成本由所有企业均摊,这里有 57 个企业,每个学生所代表的自己企业的污染成本,由自己承担的部分微乎其微,而其他企业的污染成本不受自己控制。因此,在考虑收益最大化的时候,污染成本并不能成为影响决策的因素,企业只需考虑利润最大化,即单价与产量的乘积最大化即可。这就是"公地悲剧"。

其次,观察不同政策工具的效果。完全无政府干预的市场中产量是最高的,而污染税、污染限额和可交易排污许可三种政策对不同污染程度的企业造成了不同的影响,污染程度越高的企业受到的影响越大,总体来说都造成了总产量的降低。

再次,看企业的平均排放量。完全无政府干预的市场中,三种污染程度的企业由于在追求利润最大化的前提下,选择了一样的产量水平,高污染企业的污染排放量最高,中污染企业次之,低污染企业的污染排放量最低。而由于三种干预政策都对中高污染企业的产量决策产生了较大的影响,降低了这部分企业的污染排放量,在这三个市场中,不同污染程度企业的排放量相差不大。

最后,结合污染总成本和社会总剩余来看,尽管在无政府干预的情况下企业能获得更高的利润,但污染的负外部性会导致企业过度生产,因此这一市场中的污染总成本是最高的,社会总剩余也远低于其他几个市场。污染限额的方式能够有效地降低企业的污染排放量和社会的污染总成本,这种政策的好处在于政府能够对污染的总排放量进行直接的宏观调控,但由于缺乏灵活度,企业难以根据自身情况进行运作和调节,这一市场中的社会总剩余要低于另外两个市场。

污染税是将负外部性内在化的直接手段,它使得企业在进行产量决策的时候,必须将生产所造成的外部成本考虑在内,这就解决了过度生产的问题,且征收上来的税款可以用于政府进行污染治理,是充分利用了市场调控能力的政策工具;可交易排污许可的发放同样利用了市场自身的调控能力,同时结合污染限额的优势,即政府可以对总排放量进行直接的宏观调控。这两种政策各有优势,一方面控制了较低的污染总成本,另一方面保证了较高的社会总剩余,都有利于促使污染行业向清洁行业转型,或者污染技术向清洁技术升级。

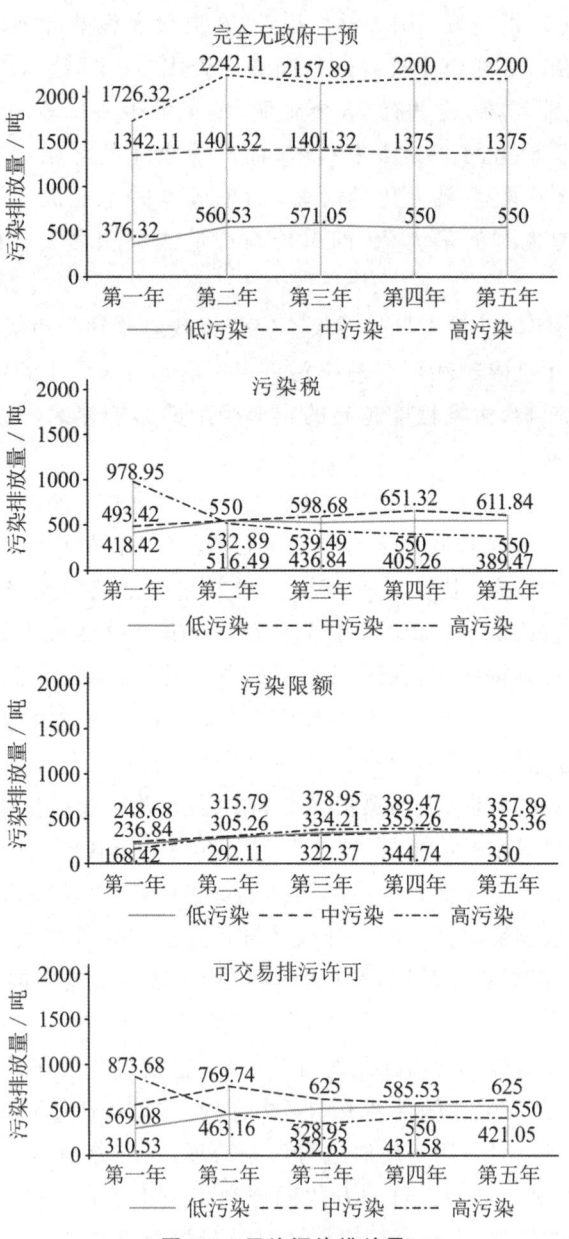

图 7-2 平均污染排放量

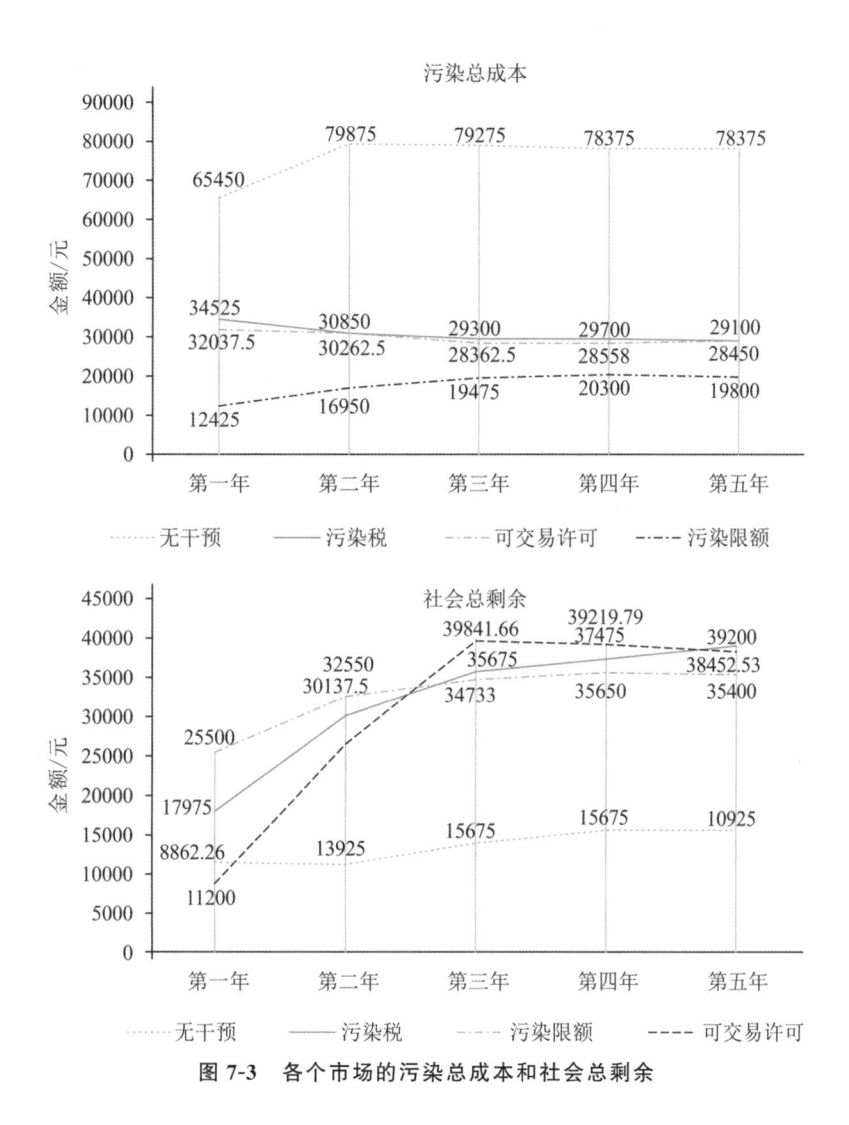

图 7-3　各个市场的污染总成本和社会总剩余

## (四)思考与讨论

在这次实验中,学生作为企业的经营者,在不同的市场条件下作出了各自收益最大化的决策,体验了不同的政策工具对企业经营者决策过程的影响,并直观地观察到了政策影响下的社会宏观变化。本次课堂的实验结果表明,污染税和可交易排污许可的政策效果较为相似。但在现实中这两种政策产生的影响一定相似吗？引导学生思考,实验中相似的政策效果可能是参数设置导致的，比如污染税的标准：假如设置不同额度的污染税征收标准，政策结果可能会产生很大变化。进而引导学生思考污染税的征收标准是如何制定的，污染负外部性的价值又是如何确定的。由于实际中精确衡量污染外部成本金钱价值的困难较大，且这种成本的变化较快，税收的稳定性使得税额的制定和变化都比较困难。在实践中，可交易排污许可的发放以及排污许可交易市场的建立和完善，是目前各国政府最主流的污染治理手段。

## 四、在公共管理和公共政策教学中应用实验法的展望

通过对国内外经验的借鉴，我们对在公共政策中融入和利用实验方法进行了初步的实践与探索。在课堂运用中，我们形成了公共政策教学过程中的三个阶段：第一阶段，学生通过参与实验，对即将要展开学习的知识产生兴趣，并形成初步的直观的认识；第二阶段，教师带领学生对实验过程和实验结果进行分析与思考，从而引出课程内容；第三阶段，结合理论知识，促使学生更为准确地掌握基本原理，加深对理论知识的理解。

实验法要如何更有效地运用于公共管理和公共政策学科的教学中？未来可以进一步努力的方向包括：选取适合实验法教学的理论知识，并结合有代表性的实验，形成实验法教学的典型案例；设计和编写相应的实验程序，或丰富可利用的线上资源，为实验法的课堂应用提供更充分的资源。

# 第八章　系统性教学方法在社会组织管理专题教学模式中的应用[*]

## ——基于"非营利组织专题研究"课程的分析

陈永海[**]

## 一、引言

社会组织管理已经成为公共管理学科不可分割的组成部分。2023年5月，国务院学位委员会公共管理学科评议组发布《关于通报公共管理学一级学科下属二级学科指导性目录及学科简介(2023年)的通知》，社会组织管理被正式纳入公共管理一级学科下属二级学科。事实上，社会组织管理一直都是公共管理研究及教学的重要内容。自从社会组织与政府、市场相互区分开之后，社会组织管理就成为公共管理学界重要的学术议题。这些议题涵盖了社会组织内部治理、社会组织与其他部门间的关系，以及社会组织参与社会治理等方面，极大地拓展了公共管理学的理论基础和学科边界。[①] 同时，基于社会组织管理发展出来的理论范式，又逐渐成为公共管理学课程教学内容和教学体系的知识来源。

专题教学是社会组织管理课程教学的常用模式。这种教学模式主要按照不同的议题将教学内容设置为不同模块，并且不同模块之间具有一定的内在逻辑关联，从而形成整体性的课程教学体系。[②] 专题教学模式一般具有兼

---

[*] 本章为深圳大学高水平大学三期建设领军学者创新团队项目(编号:24LZXZ07)成果之一。

[**] 陈永海，男，深圳大学政府管理学院助理教授，主要研究方向为非营利组织。

[①] 王名,刘求实.中国非政府组织发展的制度分析[J].中国非营利评论,2007,1(1):92-145.纪莺莺.当代中国的社会组织:理论视角与经验研究[J].社会学研究,2013,28(5):219-241.

[②] 卫志民.专题式教学在硕士研究生思想政治理论课中的运用与完善[J].思想理论教育导刊,2014(12):58-63.

顾基础和前沿的优势：一方面，专题教学模式的内容以学科理论与方法为基础，因此通常在专题模块的教学设计中包含本学科的基础理论与方法。例如，清华大学社会学系曾开设的"组织社会学十讲""社会分层十讲"等就使用了专题教学的模式，集中讲述了相关领域的基础理论。另一方面，专题教学模式的内容通常包含本学科的前沿理论进展，通过不同的专题体现学科的前沿议题、前沿方法和前沿理论进展，从而提升学生对学科前沿知识的把握能力。但这也是专题教学模式使用当中的难点，因为课程安排的时间是有限的，既要做到兼顾理论基础又要把握理论前沿，实属不易。因此，本章尝试回答的问题是，在社会组织管理的专题教学过程中，如何兼顾社会组织管理理论基础和前沿？对于上述问题，现有关于社会组织管理教学模式的教研论文着墨不多，亟须深入探讨。

为了回应上述问题，本章采用案例分析的方法，以深圳大学公共管理硕士研究生开设的"非营利组织专题研究"课程为案例，探讨专题教学模式平衡理论基础与理论前沿的教学方法。本章选择"非营利组织专题研究"课程作为案例基于以下原因：第一，"非营利组织专题研究"课程是一门使用专题教学模式的典型课程，能够最大化体现专题教学模式当中的教学重点和教学过程。从本课程归纳出来的理论知识，在应用于其他专题教学模式的相关课程时，能够提供有益借鉴。第二，"非营利组织专题研究"课程在教学过程中探索了平衡兼顾社会组织管理理论基础和理论前沿的方法，即系统性教学方法。这种教学方法反映了专题教学模式当中的创新经验。因此，本章基于"非营利组织专题研究"课程教学过程的分析，尝试讨论专题教学模式如何使用系统性教学方法来平衡理论基础与理论前沿，为专题教学模式的现实应用提供可能的贡献。

## 二、系统性教学：社会组织管理专题教学模式中的一种方法

系统性教学是指在课程总纲的指导下，将各个课程知识或理论体系分为若干模块或专题，逐项讲解各模块的内容。① 总体而言，系统性教学方法侧重于将各个不同的教学知识点循序、系统、连贯地讲解，这是基于学生认知能力提升而提出的。系统性教学方法在不同的学科当中都有应用，如医学、护理

---

① 马永红,雷庆.课程的逻辑性教学与系统性教学浅议[J].中国大学教学,2008(3)：39-41,44.

学和软件工程等。① 系统性教学方法还比较常用于跨学科、跨专业的课程教学中，如越来越常见的交叉学科的学生培养。这种教学方法比较适用于专题性质的教学课程，将不同知识点融合，从而提高学生对各个知识点的把握能力。

按照系统性教学方法的原则，教学过程中需要处理好两对关系。② 第一，处理好教学活动顺序与学科知识逻辑顺序间的关系。教学活动有一定的顺序，并非随心所欲、毫无章法。一般而言，教学活动顺序要和学科知识逻辑顺序相吻合。这是因为教学活动本质上是为了能够更为完整系统地讲授学科知识，让学生更好地掌握本学科的相关知识点，从而提升学生的整体能力。第二，处理好学生掌握知识和能力发展顺序的关系。由于系统性教学方法涉及学科知识的讲解，那么就需要准确判断和了解学生对知识的掌握程度。但是，学生对知识的掌握并非一蹴而就的，需要一个循序渐进的过程，这是由学生能力发展顺序所决定的。例如，课程教学一般从基础概念出发，让学生了解学科相关概念的含义及其边界，进而更好地理解后续的课程内容。

为了处理好上述关系，系统性教学方法一般遵循几个基本步骤：第一，课程总纲设计。课程总纲是应用系统性教学方法的总框架，建立不同教学内容和知识点之间的逻辑联系，形成一个整体性的教学顺序和教学体系。第二，课程教学内容设定。课程教学内容在课程总纲之下设定，主要根据学科理论知识发展脉络、理论视角和学科议题进行设置。第三，课程教学效果评估与调整。课程教学效果评估与调整并非只是课程结束后的活动，还应用于课程教学过程。对于系统性教学方法，课程教学效果评估可以在课程教学过程中进行，并根据学生对知识的掌握能力不断调整教学方法、教学内容和教学过程，从而契合学生的能力发展。

在社会组织管理的专题教学模式中，系统性教学也是一种较好的方法。一方面，系统性教学能够弥合不同教学模块和知识点之间割裂的状态。专题教学模式在课程体系设计中，主要依赖于教师对不同知识点、不同理论和方法的掌握，却不依赖于特定的已有成熟内容的教材。因此，专题教学模式更多是通过教师对不同专题的理解，为学生讲授相关知识。这可能带来各个专

---

① 陈超龙,刘碧源,申可佳,等.医学免疫学系统性教学的实践[J].基础医学教育,2017,19(2):85-87.

② 朴长天,高曼曼.中西器乐演奏理论与教学法新论[M].北京:中央民族大学出版社,2017:163-164.

题教学模块和知识点之间难以完全进行有效衔接的问题,教学内容容易形成碎片化和分散化特点。系统性教学方法在课程总纲方面的设计过程中,有意识地追求将不同分散和碎片的知识点进行连接的目标。另一方面,系统性教学可以充分考虑教学培养的目标,为学生量身定制教学内容。社会组织管理不仅要提高学生的理论知识,同时还要求学生掌握一定的研究方法,具备观察和分析实践的能力。系统性教学方法可以观照学生的整体能力提升,将学生能力培养的目标贯穿于各个专题模块和整个教学内容体系。

## 三、案例分析:系统性教学方法在社会组织管理专题教学中的应用

深圳大学公共管理硕士研究生开设的"非营利组织专题研究"课程教学过程是本章的分析案例。这门课程使用了系统性教学方法,探索了方法的应用过程以及侧重点。

### (一)案例背景:"非营利组织专题研究"课程

长期以来,社会组织管理一直都是深圳大学公共管理硕士研究生培养的主要方向之一。按照深圳大学公共管理硕士研究生培养的课程体系设置,"非营利组织专题研究"是采用专题教学模式的课程,也是社会组织管理方向的核心课程。这门课程面向公共管理学学术型硕士研究生开设,旨在提升社会组织管理方向学生的知识素养,培养学生的前瞻性和敏锐性,进而掌握社会组织管理学科的前沿理论与最新成果。

2023年上半年,深圳大学政府管理学院开设的"非营利组织专题研究"课程采用了系统性教学方法。系统性教学方法贯穿于"非营利组织专题研究"课程教学的整个过程,包括课程总纲建立、专题模块设计、教学效果评价等各个方面。"非营利组织专题研究"课程采用系统性教学方法是由课程性质和教学内容决定的。其一,从课程性质来看,非营利组织研究专题课程是典型的专题化教学模式,具有课程知识内容分散化和碎片化的特征。其二,本课程面向硕士研究生一年级的学生,学生对社会组织管理的理论体系与方法的掌握还不完备,存在较多知识盲点。因此,需要在教学过程中注重对基础理论的讲解。其三,作为一个专题性质的课程,需要通过不同的专题呈现社会组织管理的前沿理论和研究方法进展,为学生提供一个认识前沿知识的窗

口。总的来说,"非营利组织专题研究"的课程教学既要整合已有的碎片化知识,同时兼顾社会组织管理基础理论范式和最新前沿议题,因此,采用了系统化教学方法来授课。

### (二)系统性教学方法应用过程

在"非营利组织专题研究"的课程中,系统性教学方法应用于课程内容体系设计和课程教学过程中。

1. 建立统领性的课程总纲

在课程内容体系设计上,在课程开设之初,"非营利组织研究专题"课程按照系统性教学方法的原则设计了课程体系的总纲。这个课程总纲包含了非营利组织专题研究的概述、专题教学模块内容、课程教学目标等方面的内容。课程总纲作为一个总框架,将各个专题模块的教学内容连接起来,形成整体且具有逻辑关联的教学体系。

2. 系统设置专题模块

就课程教学内容而言,在各个专题教学模块的设计上,按照社会组织管理理论发展的整体脉络和理论分支,结合社会组织管理的主要教学内容,如社会组织内部治理、政社关系等,设计了各个专题模块的内容。在课程教学中,逐步讲解各个专题模块的理论发展进程以及重要知识点。

3. 评估教学效果并进行动态调整

在教学过程中,始终以学生整体能力提升为目标,采取提问交流、理论内容复述和潜在研究议题开发等方式,评估学生对理论基础、理论前沿和研究方法的理解情况,并在教学过程中进行动态调整,确保学生能够准确把握社会组织管理的理论和研究方法。

### (三)系统性教学方法应用的侧重点

1. 讲授学科基础理论知识

由于社会组织管理是公共管理学科的一部分,必须将公共管理的基础理论纳入"非营利组织专题研究"课程教学中。在"非营利组织专题研究"的课程中,公共管理基础理论教学既呈现在课程导论当中,还在各个专题模块中有所安排。课程导论系统介绍了社会组织管理涉及的一些公共管理经典理论,如政府失灵、市场失灵、志愿失灵、新制度主义等理论内容。这些基础理论知识点能够让学生更好地把握学科基础理论知识点,成为进入后续专题模块教学的前提。此外,在各个专题模块当中,也会嵌入其他理论发展的相关基础知识。例如,在政社关系的专题模块中,就从法团主义等经典理论视角出发,逐渐延伸到分类控制[①]、行政吸纳社会[②]、行政吸纳服务[③]、嵌入性理论[④]、"低治理权"[⑤]等相关概念或理论。总体而言,在"非营利组织专题研究"的课程内容安排上,公共管理学科的基础理论知识贯穿始终。

但是,公共管理学科的基础理论非常多样,而且很多理论和政治学、社会学、经济学等学科有所交叉,因此难以在专题课程当中完全展示。此时,自学是对基础理论教学的重要补充方式,通过为学生推荐关键阅读书目,学生在课外阅读经典文献来获取相关知识。例如,在教学过程中,教师为学生推荐了很多经济学、社会学、政治学的经典文献著作,让学生能够及时了解经典理论的内容,破除知识局限。

2. 介绍前沿理论与研究方法进展

"非营利组织专题研究"课程的另一个关键内容和教学目标是介绍前沿理论与研究方法进展。随着社会组织管理相关理论和实践的不断发展,必然会涌现出新的理论视角、研究议题与研究方法。这些新视角、新议题和新方法不仅是对经验世界的认识,而且是对社会组织管理理论研究前沿的整体反映。例如,政府与社会组织合作的混合治理模式日益受到重视,涌现出了很多具有启发性的理论研究[⑥],需要纳入教学体系设计。此外,在数字技术不断

---

[①] 康晓光,韩恒.分类控制:当前中国大陆国家与社会关系研究[J].社会学研究,2005(6):73-89.

[②] 康晓光,韩恒.行政吸纳社会:当前中国大陆国家与社会关系再研究[J].中国社会科学(英文版),2007(2):116-128.

[③] 唐文玉.行政吸纳服务:中国大陆国家与社会关系的一种新诠释[J].公共管理学报,2010,7(1):13-19.

[④] 管兵.竞争性与反向嵌入性:政府购买服务与社会组织发展[J].公共管理学报,2015,12(3):83-92.

[⑤] 陈家建,赵阳."低治理权"与基层购买公共服务困境研究[J].社会学研究,2019,34(1):132-155.

[⑥] EMERY G Y, GIAUQUE D. The hybrid universe of public administration in the 21st century[J].International review of administrative sciences,2014,80(2):23-32.SKELCHER C, SMITH S R.Theorizing hybridity:institutional logics, complex organizations, and actor identities:the case of nonprofits[J].Public administration,2015,93(2):433-448.

发展的背景下,数字治理与社会组织发展之间的关系也产生了很多新的理论成果。① 因此,在课程教学过程中,教师需要呈现既有的前沿理论,进而提升学生把握理论前沿的能力。在运用系统性教学方法进行课程内容体系设计时,这些新的理论视角、理论议题和研究方法被纳入各个专题模块设计及其教学过程,成为学生认识学科前沿理论进展的一个重要途径。比如,本课程的一个专题模块是讲述混合组织理论的发展过程以及经典文献,让学生了解混合组织的前沿理论进展。在研究方法上,教学过程需要适当呈现社会组织管理前沿研究所采用的新研究方法,如实验研究、集合论多元方法等。

3. 注重课程教学过程的互动与评价

教学过程对学生的知识掌握和能力提升有着重要影响,决定了一门课程的成功或失败。因此,"非营利组织专题研究"课程需要重点关注课程教学过程。其中,需要不断地通过与学生互动,例如提问、讨论、交流等,了解学生对知识掌握的程度。教师与学生的互动交流,可以对教学效果形成一个初步的评价,作为优化教学过程的依据。本课程采取小班式教学,授课学生不超过10人,因此,在教学过程中方便教师与学生之间的互动交流。事实上,在教学过程中,虽然课程主要内容采取的是教师讲授的方式,但是互动交流始终都是一种重要教学手段。不断地提问、反复地交流,最大可能地了解学生对课程知识的把握以及能力的提升状况,减少教师与学生之间因知识结构不对称产生的沟通成本,从而改善课程教学的效果。这是专题教学不得不关注的内容,并且在课程教学过程中需要反复平衡和调整。

## 四、总结与讨论

社会组织管理在成为公共管理的二级学科之后,其课程教学模式需要进一步探索。专题课程教学模式是公共管理学科教学当中广泛采用的一种方法,可以沿用至社会组织管理学科的教学中。但是,专题教学模式的难点在于如何兼顾理论基础与理论前沿,提升学生的知识把握能力。本章对系统性教学方法的探讨,是对专题教学模式中平衡理论基础与理论前沿的尝试。从系统性教学方法的应用过程来看,需要建立统领性的课程总纲、系统设置专

---

① DUNLEAVY P, MARGETTS H, BASTOW S, et al. New public management is dead:long live digital-era governance[J].Journal of public administration research and theory,2006,16(3):467-494.

题模块、评估教学效果并进行动态调整，这是系统性教学方法不可缺少的环节。就系统性教学方法应用的侧重点而言，需要重点讲授学科基础理论知识、介绍前沿理论与研究方法进展，并且注重课程教学过程的互动与评价。总体来看，系统性教学方法应用于社会组织管理专题教学模式中，既能够系统介绍基础理论知识、前沿理论及研究方法，也在一定程度上破解了如何兼顾理论基础与理论前沿的难题。

　　本章较为全面地介绍了系统性教学方法应用于社会组织管理专题教学模式。由于以往社会组织管理更多作为一个研究方向，而非一个学科，对于教学方法的探索还不够深入，当社会组织管理作为一个二级学科开设相关课程时，教学方法的探索和使用就至关重要。本章引入系统性教学方法，能够为社会组织管理专题教学模式的使用提供一些有益的经验借鉴。除了社会组织管理，还有很多学科也采取了专题教学模式，本章也能够为系统性教学方法应用于其他学科提供一些启发性思考。

　　但是，系统性教学方法应用于社会组织管理专题教学模式还需要关注到其中的一些局限。系统性教学方法的应用依赖于教师的教学理念和知识结构，例如课程总纲、专题模块设置受限于教师所具备的教学理念和所掌握的知识体系，但是人的知识总是有限的，难以完全掌握所有理论知识，关注到最新的理论进展。而且，在课程教学过程中，及时动态把握教学效果是比较困难的，因此，将系统性教学方法用于社会组织管理专题教学模式，需要不断优化教学理念，并且通过更为先进的教学技术来加以改善。

# 第九章　田野调查的嵌入*
## ——社科本科教学的实践与反思

齐腾飞　梁　鑫　周文轩**

社会科学在一定程度上是搭建在诸多概念体系之上的,对其理解不仅需要理论的学习,而且需要实践的反思。因时间和精力所限,本科教学往往重理论教导,轻田野实践。面对社科教育过程中理论与实践的断层问题,注重理论与实践弥合的田野调查嵌入教学恰如其时。本章以"社会人类学"课程为例,讲述田野调查嵌入社科本科教学的设计和实施过程,阐释其中出现的偏差以及矫正策略。田野调查嵌入社科本科教学不仅为理论与实践的对话搭建了链接,而且为培养经世致用思维提供了可能。

## 一、理论与实践的背离

本科教学的基本定位是通识教育,通识教育旨在提供广阔的基础知识。学生在学习过程中能够开阔眼界,培养问题意识,了解人与人、人与自然、人与社会、人与内心之间的关系,形成独立思考的能力。然而,由于种种原因,大学普遍存在"重科研量化产出、轻教学内功训练"的现象,教学往往侧重于教材知识和理论内容的教授,对学生的知识内化程度缺乏照顾,大都寄希望于学生升学之后的学习。面对课程,大学生,尤其是低年级学生,有激情、有好奇心,喜欢探索,然而由于评奖、升学等规则制约,偏重绩点的多少,对理论知识往往"考完即忘",难以内化成自我的知识。这就意味着在社科本科教学

---

\* 本章是深圳大学教学改革研究项目"人类学田野调查与研究问题培育研究"(JG2023119)的阶段性成果。

\** 齐腾飞,男,深圳大学政府管理学院社会学系助理教授,主要研究方向为健康与养老、非洲社会研究;梁鑫,深圳大学传播学院本科生;周文轩,深圳大学政府管理学院社会学系本科生。

中理论与实践存在背离。

没有理论的实践是盲目的,没有实践的理论是空洞的。面对理论与实践背离问题,社科本科教学需要引入一种范式来弥合两者的裂痕。兼具理论反思和实践探索的田野调查成了一个恰逢其时的选择。所谓田野调查,就是经过专门训练的人类学学者亲自进入某一社区,通过直接观察、访谈、住居体验等参与方式获取第一手研究资料的过程。田野调查早已存在,但真正成为一种学术范式则源自马林诺夫斯基在西太平洋岛屿上的田野实践。随着英国功能主义大行其道,以及马林诺夫斯基奠基人身份的广泛影响,田野调查逐渐成了人类学学者的入门礼。在此之前,古典时代的人类学家,如弗雷泽等,大都窝在书房,端坐摇椅,通过分析传教士、冒险家以及殖民官员的记录来进行知识生产。但马林诺夫斯基之后,这种皓首穷经的研究范式渐渐局限于理论、历史和人物等少数研究范畴,越来越多的研究转向了田野调查。这一转变不仅是研究范式的转变,而且是一种知识来源方式的转变。诸多人类学家由此认为,人类学区别于其他社会科学之处在于将田野调查视作获得社会文化新知识的最重要来源。随着对实地研究和一手材料的重视,田野调查范式也拓展到其他人文社会科学学科。

自人类学引入中国之后,田野调查便一直被放在重要的位置上,定县实验、邹平实验、晓庄实验,蔡元培主持中央研究院民族学组开展对广西瑶族、台湾高山族、黑龙江赫哲族等实地调查,抗战期间"魁阁"主持的边政研究,毛泽东的湖南农民考察、寻乌调查,张闻天的杨家沟调查等都是基于田野调查的。近年来,国家大兴调查研究之风,强调"听真话、察真情,研究真问题",从社会科学教学的角度讲,这一强调既是对田野调查传统的回应,也是对培养社科人才的要求。当下,各高校对高等教育变革方向基本达成共识:推广"研究性教学"以取代传统知识中心导向的教学方式,即注重本科教学与科研课题相结合,倡导师生之间、理论经验之间的互动、参与。① 具备勾连理论与经验、宏观与微观、科学实证和艺术想象的田野调查②,通过嵌入社科本科教学,为填补理论和实践的鸿沟、平衡理论和实践的张力提供了一种可能。本章即

---

① 田宏杰.超越知识中心主义:研究性教学的反思[J].中国高教研究,2019(2):53-57.

② 应星."田野工作的想象力":在科学与艺术之间 以《大河移民上访的故事》为例[J].社会,2018,38(1):30-53.折晓叶."田野"经验中的日常生活逻辑[J].社会科学文摘,2018(4):51-54.

以"社会人类学"课程为例,分享田野调查嵌入社科本科教学过程中的设计、方式、落实情况以及出现的问题。

## 二、田野调查与教学设计

对社科本科教学而言,"社会人类学"具备通识课的特征:既要讲述人类学与殖民主义的历史,又要阐释人类学的理论流派;既要对文化进行多样性的展示,又要回归文化相对主义的研究伦理;既要演示人类进化迁徙史,又要说明人类体质对自然的适应;既要呈现不同族群的生计模式,又要直击充满象征符号的信仰与仪式。这样一门涉及亲属制度、体质、考古、语言、饮食、生计模式、信仰、健康等诸多领域的课程,向学生展示了人类学研究的广博。但是,太过广博就容易泛泛而谈,浅尝辄止。为了激发学生与人类学课堂学习的互动,为了引导学生关注社会问题,为了指导学生潜心进行专题研究,课堂引入田野调查。当然这种田野调查只能称之为微型田野调查,与马林诺夫斯基创立的田野调查范式在时间、精力、进入田野的深度等方面都难以比拟,但对一门课程而言,这样的学术训练已经足够。

之所以说课堂田野调查与马林诺夫斯基创立的田野调查范式差距很大,是因为并非去实地调研一番就叫田野调查。田野调查强调加入所调研族群的日常生活和社会活动,通过参与式观察、访谈、实验等方式,收集第一手经验材料。田野调查的成果,被称作"民族志"(ethnography),即人类学学者通过对田野调查收集的资料进行整理、转述和解释,最终以文本或影视等方式,为读者呈现研究者对田野中某种文化的理解。在整个人类学历程中,民族志大致经历了三个阶段:从业余民族志到科学民族志,再走向反思民族志。[①] 业余民族志持续时间较长,从人类学19世纪诞生一直到20世纪20年代。这个时期的人类学家,如弗雷泽、巴霍芬、泰勒、斯宾塞、麦克伦南、梅因等,被称为"摇椅上的人类学家",他们主要的工作是对传教士、冒险家、官员的异文化记录进行文本分析,几乎不从事田野调查,即便有的学者以搜集资料为目的到民族地区考察,但知识生产场景依旧以书斋为主。20世纪初,马林诺夫斯基在特罗布里恩德群岛上的田野实践,以及之后《西太平洋上的航海者》的出版,掀起了一场被称作"马林诺夫斯基革命"的研究范式转换。自此,被称作

---

① 高丙中.民族志发展的三个时代[J].广西民族学院学报(哲学社会科学版),2006(3):58-63.

"同吃同住同劳动"的田野调查成为人类学研究的主流范式。马林诺夫斯基称其田野调查工作为"科学人类学的民族志",他在《西太平洋上的航海者》中将其概括为三方面:(1)人类学家到当地人的村落社群中生活;(2)较长时间的实地生活经历;(3)对土著语言的掌握和熟练使用。① 20世纪下半叶,后现代主义思潮的兴起促使人类学家反思传统田野调查和民族志的知识生产过程,通过承认民族志的知识生产带有主观建构元素,人类学田野调查突破了科学民族志阶段对科学化、标准化和真理的追求,向持续的反思、复杂的现实和研究者的本真性回归,民族志在文体、风格和议题上朝着更多元的方向敞开,旨在拥抱更多的可能性。

从追求客观真理、以科学规范整顿民族志书写的放任自流,到承认自身的有限性和社会现实的复杂性、回归本真并拥抱多元化的可能,民族志的发展经历过辉煌,也遇到过挑战,即便是在当下互联网和效率化的学术生态的背景下,传统民族志也面临着适应和创新的挑战。② 但回顾田野调查和民族志发展脉络,我们似乎能够看到人类学为当下本科教学知识生产提供的一种独特启发:通过田野实践触摸社会现实、回归日常生活,在科学规范的指导下通过不同的认知视角构建整体观,在反身之自我认识中达到一种现实意义上的归真,朝着更多元、更开放的可能性前进。

笔者所在的大学之前没有开设人类学的相关课程,社会学系开设质性研究课程,按照的是社会学的研究脉络。人类学田野调查与社会学质性研究存在区别:其一,人类学最重要的关键词是文化,从文化出发理解社会,社会学最重要的关键词是社会,注重从社会结构、社会流动、社会冲突、社会整合等方面解释社会。其二,社会学虽然也强调将观察作为收集研究所需信息资料的方法,但很少会采用民族志参与式观察,而人类学田野调查则是通过参与式观察,建立"我群关系"和信任关系来获取田野信息。如上文强调,本科教学在于通识教育,通识教育的核心在于启发学生领悟一种自反性的"想象力"。对此,美国社会学家C.赖特·米尔斯提出"社会学的想象力"是一种教育和社会行动的阐释,希望培养学生获得关于自身困扰的想象力和深入理性

---

① 马林诺夫斯基.西太平洋上的航海者[M].弓秀英,译.北京:商务印书馆,2017:1-10.

② BESNIER N, MORALES P. Tell the story: how to write for American ethnologist[J].American ethnologist,2018,45(2).

思考的能力,塑造能够"自我教育"之人。① 人类学田野调查课程旨在教育学生从人类学最重要的关键词"文化"出发以理解人类社会,通过参与式观察,融合理论与实践,启发学生"将个人困扰与社会结构相结合以了解自身与所处社会、时代的关系"②。

在筹划田野调查进入课程之前,笔者先在小范围内做了尝试。在"聚徒教学"和"鹏城孔雀计划"的支持下,笔者带领学生前往基建工程兵聚集地从事特区第一代建设者的调研,带领学生前往广州、清远、开平、南海等地从事麻风村田野调查。这两项田野调查的效果不错,学生在这个过程中得到学术锻炼,不仅完成毕业论文,拿到优秀论文奖,还拿到社会学评估A类大学、民族学评估A+类大学以及香港中文大学的研究生入场券。之后,笔者尝试将田野调查引入低年级课堂,并在2023年2个学期的"社会人类学"课程进行了教学实践。

田野调查嵌入课程设计的主要内容包括:(1)理论培训。理论培训邀请中国人类学界一流学者、青年教师根据以往自身田野经验进行专职理论讲解,借此梳理出一条国内外人类学田野调查的理论研究脉络。(2)田野实践。田野实践"小钱办大事",支持学生以深圳为载体,深入深圳殡仪馆、龙华汽车站、大鹏所城、南头古城、中英街、渔市、三和(现名龙和)、花卉小镇、深圳百年老村、工厂、公园、莲花山相亲角、科技公司、盲人电影院等田野点进行田野调查,寻找研究问题,以问题为导向,挖掘地方社会文化。田野调查嵌入社科本科教学,将理论培训与田野实践结合,在田野调查中培养学生的问题意识和经验对话理论的能力,而对深圳本土多元面相的挖掘只是为培养学生提供载体。

在教学设置上,课堂上,笔者对社会学、人类学理论与田野调查研究方法进行课堂教学和文献解读,课后以课程作业的形式鼓励学生根据课堂学习选择原著阅读,寻找社会学、人类学经典中的研究问题。大学教师并不能精通学科的全部领域,应该承认自己的局限。为了拓展学生的兴趣和在更广范围内寻找田野调查主题,笔者邀请社会学、人类学、地区研究、新闻学、影视学等领域的学者前来课堂分享"附近"研究、区域国别学(埃及、以色列、坦桑尼亚、

---

① 孙飞宇.社会学对通识教育的承诺:米尔斯《社会学的想象力》中的三个面向[J].中国社会科学院大学学报,2023,43(2):36-61,161.

② C.赖特·米尔斯.社会学的想象力[M].李康,译.北京:北京师范大学出版社,2017:106.

乌干达等)、影视与人类学表达、菜市场研究、海岛研究、坐月子研究、文化遗产研究、护理人类学研究等。不同学者的分享,展示了田野调查的实施过程,给学生从事田野调查提供了借鉴。在课程安排上,视课程的进度与学生的研究进展,以期中、期末为节点,安排学生进行田野汇报及讨论交流,了解学生的研究进展,并及时反馈,帮助学生进一步深入田野、提出研究问题并推进研究。最后,课程会提供少量车马费支持学生从事田野调查。

基于课堂设计与研究进展,田野调查嵌入社科教学一共分为8个阶段:

(1)与其他学者召开讨论会,形成满足"理论—田野—呈现"三项要求的课程大纲,以及课程实施路径;

(2)课堂上,学生自行分组,每组3~5人,总数控制在10组以内,小组学生数量不宜过多,尽量规避课堂"搭便车"现象;

(3)选择具有深圳本土特色的田野点,各组进行前期调研;

(4)根据前期调研成果,各组进行中期报告,提出具体经验困惑;

(5)教师介入讨论,从经验困惑出发,形成具有普遍性、外部性和强制性的社会问题;

(6)根据提出的研究问题,各组进入田野点长时间追踪;

(7)形成田野调查报告;

(8)对田野调查中遇到的问题进行反思,为田野调查教学提供案例。

学生自主分组讨论,确定研究兴趣和田野点。田野点不是凭空选择的,每个田野点都有一定的符号象征意义,表9-1呈现的是田野点的具体位置、所属类别以及外在符号特征。

表 9-1 学生进行田野调查的研究类别与田野地点(节选)

| 类别 | 田野地点 | 说明 |
| --- | --- | --- |
| 商业聚落 | 东门老街 | 深圳墟 |
| | 麦当劳(光华分店) | 大陆第一家麦当劳 |
| | 华强北 | 电子市场 |
| | 大芬油画村 | 世界油画工厂 |
| 信仰研究 | 弘法寺 | 新中国兴建的第一家寺院 |
| | 李朗神学院 | 清末教会的演变 |

续表

| 类别 | 田野地点 | 说明 |
|---|---|---|
| 历史文化 | 中英街 | 一街两制 |
| | 鳌湖艺术村 | 客家古村 |
| | 南头古城 | 街道的历史与再生 |
| | A Park | 废弃工厂艺术再造 |
| 城市空间 | 莲花山相亲角 | 中国"三大相亲胜地"之一 |
| | 深圳殡仪馆 | 死亡文化研究 |
| | 盐田夜市街 | 夜市风情 |
| | 会展中心 | 会展文化 |
| 城市治理 | 巴登村 | "统租"的推行 |

不管是爱因斯坦主张的"提出一个问题往往比解决一个问题更重要……提出新的问题、新的可能性,从新的角度去看旧的问题,却需要有创造性的想象力,而且标志着科学的真正进步"[①],还是米尔斯强调的"要将社会科学研究的注意力投向议题和困扰,将它们作为社会科学的问题来梳理"[②],都倡导一种问题意识。提出一个新颖的研究问题,等于完成了研究的大半工作,毕竟此后都是围绕着研究问题进行各种回应和作答。培育学生的问题意识应该被视作社科本科教学的首要任务,毕竟问题才是研究的起点,才是研究的主线,才是各种反思和回应的靶子。

在各组学生进行田野调查与汇报展示的过程中,笔者鼓励学生多观察、多思考,将经验困惑转变成为研究问题。研究社会问题,需要回归到社会学经典之中寻找何为社会问题。社会学三大家之一的涂尔干认为社会学的研究对象是社会事实,将社会事实当作物来研究。在社会学领域,社会是与个体相对的,超越个体,塑造个体的力量叫作社会,而这种力量的表现形式是社会事实。社会事实具备普遍性、强制性和外部性的特征。学生在田野观察的过程当中,需要根据田野所呈现的现象进行反思:这些现象背后哪些是社会事实?哪些需要去对话?哪些问题具备原创性?前往深圳最早的城中村巴

---

① 爱因斯坦,英费尔德.物理学的进化[M].张卜天,译.北京:商务印书馆,2020:72.
② C.赖特.米尔斯.社会学的想象力[M].李康,译.北京:北京师范大学出版社,2017:106.

登村调研的同学发现城中村以往张贴租房告示的现象式微,代之而起的是各种"统租告示",即由与政府合作的企业介入城中村改造,收房后统一出租和管理,地方政府完成城中村安全和形象改造目的,房东获得更高收益,但租客要承担更高的房租。统租涉及一系列学术问题:统租为什么成为区域社会阶层提升的方式?统租如何将对租客的剥夺合法化?统租,作为整体化的设置,如何搭建城市统租制度?前往东门大陆第一家麦当劳的同学需要回顾华琛编著的《金拱向东》,思索麦当劳进入大陆所掀起的餐饮标准革命。东门老街调研的同学探索不似以往繁华的老街引入网红直播实现复苏的努力。华强北电子市场同样不复往日风采,对此同学们打算调研华强北的转型之路。前往大芬油画村的同学探索"糊口型艺术"如何消解艺术生产的灵韵。前往弘法寺调研城市丛林的同学,则在思考这个几乎与深圳同龄的寺院如何制造了深圳的本土风俗。李朗神学院业已离开深圳,但这个创办于1864年的教会大学见证了中国的近代史,学生打算借鉴华南学派的研究思路,以李朗神学院的生命史回应近代中国社会的巨变。同理,中英街也是见证改革开放历程的微观空间。前往莲花山相亲角的同学打算亲身参与相亲活动,解答相亲市场的空间秩序是如何搭建的。南头古城,是由于挖掘出一个明代城门楼子而被深圳改造的文化和消费街区,该组同学试图了解历史如何嵌入商业街区改造。A Park 之前是工厂厂房,工厂外迁之后被打造成一个艺术空间,废弃厂房改造映射出城市产业"腾笼换鸟"的过程,对此这一组同学尝试为废弃工厂写传记。前往深圳殡仪馆的同学观察告别、死亡后续处理,研究现代告别仪式的自我展演,研究情感的表达空间,研究生态葬的文化建构,试图探索死亡的现代性内涵。

寻找到研究问题,连缀成文,接下来还有四步要走。首先,根据经验困惑找到研究问题,需要思考要与理论对话、与前人对话的问题,并从中体现出研究的原创价值;其次,需要反思田野点搜集的材料与研究问题回应方面之间的契合度;再次,作者需要在理论与经验对话的过程中得出结论;最后,作者需要对自己的研究进行批判和反思,寻找研究的局限以及新的学术点。

## 三、教学过程中的偏差与矫正

作为学生课堂展示与教师意见反馈的集中碰撞,田野报告展示环节为田野调查课程教学和研究实践过程提供了一个双主体互动和反思的机会。对期中、期末两次学生汇报展示进行回顾与总结,笔者发现在教学执行过程中,实施方案和预期成果之间产生的偏差主要出现在田野报告的内容和形式两大方面：内容上，问题意识模糊，理论和材料的关联度不高，研究深度不够；形式上，田野调查与课堂展示不分主次，讲述太多背景知识而忽略研究主题，报告中强行加入政策建议和解决方案。

针对上述社科本科教学过程中出现的一些偏差，笔者采取了三种方式予以矫正。

一是根据田野材料启发学生联想和思考。华强北电子市场小组研究华强北现状时不能仅仅将目光局限在华强北一个地方，与之功能雷同的中关村也是同样命运。中国两个有较大影响力的电子市场面临同样处境，就意味着整个行业的下行。这意味着商业运营模式遭遇困境，那么这种模式为何之前可以支持电子市场发展，而今却软弱乏力呢？是不是市场又产生了新的运营模式？新的模式如何压缩旧有模式的生存空间？麦当劳研究小组调研"麦当劳革命"，解剖理性化，但这些研究都是之前《金拱向东》《社会的麦当劳化》的观点。如果想要创新，那就需要继续思索，餐饮行业麦当劳化之后，社会还需要大厨吗？为了摆脱理性化的"铁笼"，餐饮行业有什么行动？像新东方厨师等培训学校又将面临何种挑战？深圳殡仪馆小组在田野调查过程中，发现殡仪馆存在三种不同的告别厅：简易厅租用和布置免费；西式礼堂价格根据大小不同租用价格在400～1200元/小时，布置费在2000～10000元；民俗厅租用费是600元/小时，布置费为8000～12300元。这种不同的收费方式不仅是市场价格收费的差异，而且萦绕着家庭权力、孝道压力、家庭面子、信仰习俗等一系列问题，也会呈现出的殡仪馆市场化与死亡文化产生的张力。

二是模仿是被低估的学习方式，跟人文社科经典著作学习是学业进步的良方。讨论过程中，笔者根据学生的研究兴趣推荐相关经典作品。莲花山相亲角调研组计划研究相亲角空间秩序的搭建，需要结合列斐伏尔《空间的生产》中对空间生产文化的理解，需要参考中文核心期刊发表的关于"工人新村""社区空间"的研究。南头古城涉及"历史搭台、经济唱戏"，与萧凤霞描写中山市小榄菊花会重新举办的《传统的循环再生》异曲同工。李朗神学院以其自身遭遇映射时代之变，可以参考景军描绘甘肃大川孔庙复建的《神堂记忆》。深圳殡仪馆研究小组则需要回归到死亡社会学的讨论，《死的困扰与生的执著》《临终者的孤寂》《面对死亡的人》等读物皆能提供启发。凡此种种，不一而足。

三是邀请在相关领域深耕的学者来分享田野经验，共同探讨研究问题。一位深耕饮食人类学的学者分享其在菜市场的田野经历，梳理饮食人类学的研究脉络，讨论现代城市食物供应的问题，这为盐田夜市街研究提供了直接经验,也为麦当劳研究"大厨的消失"提供了案例。一位医学人类学者前来分享安宁疗护,以及对死亡的处理,与学生的殡仪馆研究展开对话。广东省博物馆研究员介绍其县域和村落文化遗产研究,为学生更深入地研究历史村落、挖掘艺术背后的权力关系和行动逻辑提供了帮助。

## 四、于看不见的城市中看见

意大利作家伊塔洛·卡尔维诺在《看不见的城市》中讲述了55个城市的风貌,这些虚构的城市存在于同一个网状结构之中,根据故事讲述者对结构中不同要素的提取、调换、组合,呈现出不同的城市形态。这样的城市,既是泛指意义上的城市,也是某座现实的城市,更可以是理想与现实夹层中的架空城市。① 卡尔维诺的隐喻发人深省,他尝试告诉读者:在网状结构中,你可以从某一点出发,走不同路线,通过不同的顺序组合,得到不同的答案。文学文本与人类学民族志具有天然的亲和力,卡尔维诺的著作寄托了许多现代性的生存困境和人群风貌,这对指导田野调查嵌入社科教学实践具有启发意义。

笔者所在的城市——深圳,自改革开放以来发展日新月异,"时间就是金钱,生命就是效率"的口号至今仍是深圳的生动写照。毫无疑问,深圳在人们的认知中,是年轻的、上进的,是站在发展创新第一线的。除了这一刻板印象,深圳作为一座城市,还有没有其他面相?对深圳城市面相的观察和解读,构成了"社会人类学"这门课程中"田野调查"的基本内容。

田野调查始终强调的是在地的相遇,而非事先的精心设计。田野调查嵌入社科本科教学是想告诉学生,知识始终处于一种动态生产过程,而不仅仅是教科书上早被建构的存在。以脚步丈量深圳的每一寸土地,师生得以用感官去体悟深圳这座年轻城市的不同面相,得以用社会人类学理论去审视城市的"犄角旮旯"。对教师而言,田野调查嵌入教学能够帮助教师近距离地与学生沟通,了解学生不同的视角,感受学生体悟的时代焦虑;对学生而言,具身参与田野调查能够揭开日常生活"习以为常"的面纱,发现"消失的附近"。另外,学生在小组合作、师生互动的过程中能够看到具体的"他者",并在研究问题培育的过程中感受学术研究的脉动。

最后,田野调查嵌入理论和经验之间,绝非一种机械性的嵌入。如果说田野调查中复杂的遭遇为知识生产注入了一种动态的活力,平衡了注重专业

---

① 伊塔洛·卡尔维诺.看不见的城市[M].张密,译.南京:译林出版社,2019:1-9.

化和知识中心化的高等教育模式,那么田野调查中形成的整体观和反身认知则指向一种对社会的想象力。正如反思民族志所承认的,田野调查无法剔除研究者的主观建构,田野调查既需要也倡导这样一种想象力:它的底色是基于实践反思的,它的指向是把握时空情境的,它的反馈是突破结构的。想象或许是一种不确定的可能性,但在"看不见的城市"里看见被照亮的可能性,学会辨别它们,发现它们存在的空间,赋予它们不同的理解,而这便是田野调查嵌入社科本科教学的价值所在。

# 第十章　项目驱动的"社会科学研究方法"课程教学模式探索与实践[*]

王丽艳[**]

研究方法课程重在启发学生形成自主学习、独立思考、见解独到的思维范式,学会利用所学到的方法发现、分析和解决科研难题,不断提升个人科研素质。本章将从转变教学理念入手,从研究方法课程的教学内容设计、教学问题设计,以及教学考评方法等方面改革研究方法课程,通过项目式教学实践,将互动、体验、研究有机结合,提升学生科研能力。由此,培养学生独立思考能力和批判性思维,全面提升其创新能力和发展能力。

## 一、研究背景

"社会科学研究方法"作为行政管理学的核心课程,随着课程体系的不断完善和研究方法的普及,其教学越来越受到各大高校的重视。同时,"社会科学研究方法"课程也是学习其他必修课程的重要基础和前提。随着大数据时代的到来,社会科学研究方法已成为联系社会现实最重要的工具。作为一门基础课程,"社会科学研究方法"课程旨在培养学生的科学方法论意识,学会如何开展科学规范的研究。

目前,我国硕士培养中普遍面临以下三个方面问题:第一,科研意识不强,对科研缺乏兴趣;第二,科研方法掌握不够扎实,只是机械套用方法,不懂得合理使用,方法选择与理论联系不紧密;第三,科研自信不够,在科研中遇

---

[*] 本章是深圳大学研究生教改项目"基于研究生科研能力培养的项目式教学模式探索"(SZUGS2023JG13)的阶段性成果。深圳市教育规划课题"双减背景下深圳市基础教育均衡发展的财政政策优化研究"(ybzz22002)阶段性成果。

[**] 王丽艳,女,深圳大学政府管理学院副教授,主要研究方向为财政学、公共政策评估与公共治理。

到挫折就放弃退缩。这些因素直接导致研究生的科研能力欠佳,并进一步影响其学术发展和职业前景,故需要在现有的研究生课程模式设置中加强对学生的引导。相比于传统"授课"方式,项目式教学模式能有效地培养学生的实践能力、解决问题的能力以及创新能力。本章旨在探讨通过项目式教学实践有效提升硕士生的科学素养和科研自信。

## 二、文献综述

与研究生教学模式改革相关的文献,主要包括以下三个方面的内容:

第一,研究生课程教学面临的主要问题。(1)硕士生科研兴趣不大,科研方法掌握不够扎实,科研兴趣不高。① 在使用研究方法时,往往不懂方法适用条件,张冠李戴。② (2)教材缺乏实践应用。无法将理论课程与其他方法类课程发展联系起来,不利于学生将理论学习和现实实践结合起来,与大数据时代脱节。③ 教学内容枯燥,实践环节较少。④ (3)教学方法依旧以授课方式为主,影响教学效果。实际的讲授过程中学生更为注重课本的相关问题,对于案例分析以及如何操作软件掌握得不够扎实。(4)课程考核方式单一,对学生实践能力的考查欠缺。⑤ 很多学生学完相关课程后,空有理论知识却不知道如何有效应用,面临现实经济管理问题,尤其是专业领域问题的时候,缺乏问题意识,不能较好地解决问题。

第二,研究生教学模式的研究。现有研究基于不同的教学模式对研究生课程进行了实践探索。主要分为三大块:一是传统授课型教学模式,以教师为中心,以教材为本。一些研究认为该教学模式不能培养学生的创新能力,

---

① RANCER A S, DURBIN J M, LIN Y. Teaching communication research methods: student perceptions of topic difficulty, topic understanding, and their relationship with math anxiety[J].Communication research reports,2013,30(3):242-251.

② 孙孝科."自然辩证法概论"教学中硕士生的科研素养培养探微[J].淮阴师范学院学报(自然科学版),2023,22(1):59-62.

③ 张莹.高职院校技术技能人才培养模式比较与分析[J].济南职业学院学报,2019(6):9-11.

④ 鄂慧芳.财经类高校本科生统计学课程教学问题初探[J].中国乡镇企业会计,2018(5):269-270. 王坤,刘鹤飞.统计学课程教学探索[J].高教学刊,2018(8):124-126.

⑤ 李太平,马秀春.走向"实践"关怀:教育类研究生培养的理性选择[J].高等教育研究,2019,40(2):55-60. 刘纯青,罗譞,易桂秀.产教融合背景下应用型人才培养教学模式研究与实践:以风景园林专业学位研究生培养为例[J].职教论坛,2021,37(12):67-72.

只是被动接受知识①,而另一些研究认为该模式有其必要性和价值,不能一概否定或抛弃。二是以科研为导向,提升研究生科研能力的教学实践。例如,刘丽莉构建了基于实践导向的科研能力培养模型,以模块式学习模式为载体。② 周春霞同样认为任务驱动和成果导向法有助于理论与实践教学。③ 李波和马子红认为以成果导向教育为理念,开展项目式教学,建立多元评价体系,注重学生学习与科研实践相结合,可以提升学生的科研素养。④ 三是线上和线下相结合教学,利用多媒体和网络技术平台丰富教学内容。一些学者的研究表明,应用翻转课堂教学模式有利于学生学习效果的提升。⑤ 马桂花将翻转课堂混合式教学应用于研究生课程中,取得了较好的效果,提高了教学质量。相比于传统的教学方式,混合式教学提高了学生的参与程度、思辨能力以及学习的主动性。⑥

第三,影响硕士生科研能力的因素分析。首先,一些研究表明,针对性强、可操作的科研能力培养模式较少,缺少以实践教学为导向的科研能力培养模式。其次,受到学生认知能力因素的影响。学生的学习方法与学术成就有关,若学生采用深度学习方法,侧重对知识的理解和整合,将有效提升学生的科研能力,获得更大的学术成就。⑦ 最后,受到环境因素的影响,教师通过建立课堂氛围,促进师生之间的互动,有利于提高学生的参与度以及增加对

---

① 刘允,杨立军,罗先辉.翻转课堂和传统课堂教学模式比较研究:基于南京某高校翻转课堂教学调查[J].高等教育研究学报,2018,41(1):50-55,104.

② 刘丽莉.大学生科研能力培养的实践教学模式研究:以公共管理类课程PBL为例[J].科技创新导报,2012(13):152-153.

③ 周春霞.基于"任务驱动+项目导向"整合模式的行政管理专业研究生课程教学改革与实践:以《社会研究方法》为例[J].高教学刊,2019(24):127-130.

④ 李波,马子红.OBE理念下科研素养培育的实践课程教学探究:以《科研规范训练》课程"项目式"教学为例[J].贵州师范学院学报,2022,38(5):40-48.

⑤ 彭川宇.社会科学研究方法类课程翻转课堂教学模式探究[J].教育教学论坛,2017(49):207-208. VAN DER ZWAN N, AFONSO A. Activating the research methods curriculum: a blended flipped classroom[J]. Political science & politics,2019,52(4):749-753.

⑥ 马桂花.翻转课堂混合式教学在《社会科学研究方法》课程中的实践探索[J].创新创业理论研究与实践,2022,5(11):32-36,144.

⑦ DISETH A, MARTINSEN O. Approaches to learning, cognitive style and motives as predicators of academic achievement[J]. Educational psychology,2003,23(2):195-207.

学术研究的兴趣。①

目前,硕士生教学模式还是以传统"授课"方式为主,研究生课程理论性较强、实践环节较少,学生整体科研兴趣表现较低。因此,我们必须围绕"硕士科研能力提升"的培养目标,对研究生课程教学模式进行改革。

## 三、"社会科学研究方法"的教学要求和现状

### (一)"社会科学研究方法"的教学要求

社会科学研究方法旨在用科学的方法收集相关的数据资料,并在此基础上对其中的社会规律进行梳理,进而解释和预测社会发展变化。"社会科学研究方法"课程是一门方法课程,要求教学体现方法论与实践相结合;要求学生掌握社会科学研究方法中的基本概念、常用的数据分析方法,通过客观描述社会现象的一般过程和特征,解释社会现象的产生、发展和变化,学会预测社会现象。

传统上,"社会科学研究方法"的教学模式以教师授课为主,通过理论讲解和案例分析相结合,通过考查理论知识来检验学生学习的效果。这种教学方式忽视了学生学习的自主性,学生虽然掌握了相关的理论知识要点,但是学习过后无法将理论知识转换为实践操作,教学效果事倍功半。另外,"社会科学研究方法"涉及具体的方法、技巧、代码的编写,涉及的内容相对枯燥,故传统的教学方式不能较好地调动学生的学习积极性,在提高学生思维能力以及创新能力方面存在一定的局限性。

### (二)"社会科学研究方法"运用现状

现实情况是,公共管理专业学术研究生的本科专业大多为行政管理,在本科阶段所接受的定量分析方法训练较少,以定性方法为主。然而,研究生阶段所教授的社会科学研究方法主要偏向于定量研究,所学方法主要包括面板回归分析、工具变量法、双重差分法等定量研究方法,主要基于 Stata 分析

---

① PFEFFER C A, ROGALIN C L. Three strategies for teaching research methods: a case study[J]. Teaching sociology, 2012, 40(4): 368-376.

软件。该软件偏向于编程，与行政管理本科专业所学的 SPSS 软件有较大差别。相较于 SPSS 和 Eviews 等软件，Stata 的门槛要高一些，要求使用者对统计学理论较为熟悉。据笔者调查，行政管理硕士研究生中有近 80% 的学生对统计学基本原理并不清楚，虽然本科阶段有进行相关学习，但理论推导较为复杂，学生对此缺乏兴趣，以至于对很多统计学方法背后的原理并不清楚。

本章采用问卷调查以及搜集以往毕业生论文选题，来分析"社会科学研究方法"在行政管理专业应用的现状及其影响因素，在此基础上，对项目式教学方法进行探索。

问卷调查主要通过电子问卷方式开展，面向行政管理专业硕士研究生进行发放。另外，通过收集近五年毕业生论文选题以及研究方法来了解社会科学研究方法在研究生毕业论文中的应用现状。问卷调查结果见表 10-1，现有研究生经常使用的数据处理方法有案例分析法、相关分析法、回归分析法、主成分分析法，其中使用案例分析法进行研究的学生占比高达 60%。而工具变量法、双重差分法、空间断点回归分析等数据分析方法几乎没有被使用过。

表 10-1 各种数据处理方法调查结果

| 数据处理方法 | 比重/% |
| --- | --- |
| 案例分析法 | 60 |
| 相关分析法 | 10 |
| 回归分析法 | 20 |
| 主成分分析法 | 10 |

通过搜集近五年行政管理专业学生论文，我们发现定量研究方法使用比例越来越高，其中 2024 年有接近五成的学生使用了定量分析方法进行研究，有 80% 的学生使用了回归分析方法，但变量的内生性问题并没有考虑。

最后，针对影响研究方法使用的关键因素进行了分析。为了测量以下因素，即原始积累、个人兴趣、自然科学研究方法带动、信息技术发展带动，对研究生使用前沿社会科学研究方法的影响，问卷采用李克特量表，采用五点量表，被访者对以上四个因素分别进行打分(1 没有影响，5 影响很大)。从调查结果来看，排序从高到低依次是自然科学研究方法、信息技术发展、个人兴趣、原始积累。其中个人兴趣和原始积累平均得分仅为 2.5、3.3。

综合上述，可以发现，行政管理专业"社会科学研究方法"存在以下几个方面的不足：

第一,前沿的社会科学研究方法有待普及。目前,定量研究分析中特别注重对于变量内生性问题的处理,但是在行政管理硕士毕业论文中使用率较低。对于前沿的数据分析方法,研究生的关注和使用远远不够。

第二,社会科学研究方法影响因素存在着制约。一些研究发现个人兴趣是影响研究方法使用的关键因素,但是行政管理专业在该因素上的得分并不高,仅为 2.5。这说明个人兴趣作为研究生使用前沿社会科学研究方法的原动力还不是很强。行政管理专业整体使用方法创新水平不高,与个人兴趣的制约不无关系。

随着大数据应用的快速推进,整个社会科学研究的实证基础将出现大的转变。大数据时代的到来必将推动定量研究方法的使用和创新。接下来将通过项目式教学方法探索如何推进社会科学研究方法在本专业硕士生中的应用。

## 四、项目式教学探索

项目教学是以项目为引导,旨在通过解决现实问题或某个具体的研究项目,以激发学生的兴趣和动机,培养学生的综合能力。在教学方法上,教师应当扮演教学活动的引导者或组织者,激发学生的主动学习能力。教师可以根据学生的实际情况采取课堂教学或课堂指导与自主学习相结合的方式。在学习技能方面,教师要组织教学过程,安排教学活动,学生要主动学习,多做练习。相对于传统的授课模式,项目式学习为发展学生的实践能力以及综合素养提供了载体。其将课程内容项目化,指导学生基于现实情况提出问题,并利用相关知识与信息资料开展研究,最终解决并展示和分析项目成果。

为此,笔者在社会科学研究方法课堂上,进行了如下探索:

首先,为了调动学生学习的积极性,课堂中结合实际社会问题进行互动式体验教学。课堂中采用了大量案例,案例主要来源于现实问题,例如针对"双减"政策实施效果进行讨论,通过已有的调查数据,要求学生运用相应的统计分析方法来研究"双减"政策对学生成绩的影响。例如,"三孩"政策实施后对家庭生育意愿的影响,面向在职研究生开展问卷调查,收集得到相关的问卷数据,在此基础上,通过使用相关分析、主成分分析、回归分析等方法探究家庭生育意愿的主要影响因素。结合社会实际问题,有助于学生对于方法的理解和运用。

其次,学习国际上最新的方法论文献,有助于培养学生的研究意识和研究热情。在课外,鼓励学生撰写英文论文推送,该过程包括阅读最新的方法论论文、形成PPT进行汇报、撰写论文推送。在此过程中,学习外文文献,可以帮助学生积累研究方法,并加深对研究方法的认识和理解。

最后,小组讨论、小组报告等多种形式,培养学生的表达能力、数据挖掘分析能力、创新能力。本课程的主要考核方式是小组报告,要求学生在课程结束后,针对自己感兴趣的话题开展研究,要求学生收集数据、分析数据并形成研究报告。在此过程中,学生通过团队协作的方式完成研究选题、数据收集、数据分析以及撰写研究报告,这有助于学生对于方法的进一步理解,并合理使用相应的分析方法。在课堂外,鼓励学生积极参与本专业导师课题项目,通过参与导师项目的开展工作,可以有效锻炼学生研究问题的能力,进一步加深对方法的掌握程度。

第四篇

# 人才培养篇

# 第十一章 文科类本科生个人成长与就业力培养

## ——贝茨学院"PWP"项目与北辰青年"YES GO"行动的实践与启发

郭 靖[*]

## 一、引言

纵观国内外高等教育的现状与市场需求,如何培养本科生就业能力已成为高校普遍面临的核心议题。据智联招聘发布的《2022大学生就业力调研报告》,应届生选择毕业去向时,所考虑的因素中,就业压力占比最高(47.6%),其次为所学专业(36.1%),而文科[②]专业面临的压力和挑战则更加严峻。2022年,经管类毕业生签约比例最低,仅有10.5%;人文学科倒数第二,为12.4%。尽管如此,在"双一流"战略之下,众多高校仍然主要聚焦于学科发展和科研工作,教学重点在于学术知识,而对学生就业能力的培育投入不足。这种状况使得大学生的职业规划模糊不清,就业技能极度匮乏,在"不知何去"的纠结和"不知何为"的焦虑中度过四年。因此,文科专业的本科教育迫切需要进行个人成长与职业训练方面的补充,在进行学术训练与获得个体觉悟、习得谋生技能之间寻求平衡。

---

[*] 郭靖,男,深圳大学政府管理学院助理教授,主要研究方向为城市与区域经济、城市竞争力、可持续发展。

[②] 本章所讨论的"文科"包括政治学、社会学、行政管理等泛人文社会学科。

## 二、未来就业市场的变化

### (一)就业不确定性增加

首先,我们生活在一个剧烈变化的时代,变化的加剧和加快使得人们几乎不可能准确做出可靠的计划,这对就业市场的影响是巨大的。其次,生产和贸易一体化使得全球就业市场被多种力量交织在一起,即使微小的局部变动也可能产生较大的全局性影响。在这样一个巨复杂系统下,个体所能理解、影响和把握的要素越来越少。变化的加速和复杂度的提高正在人类生活的所有领域产生越来越高的不确定性。在此背景下,教育的迷茫已经成为一种普遍性现象,一些人寄希望于通过发展STEM学科①来"硬化"学生的技能结构。然而,大语言模型的出现使得大量STEM专业的初、中级岗位面临被替代的风险。从热门专业到被批量遗弃,有时转向是在突然间出现的。现实是没有人知道几年后哪些技能会是社会最需要的,也很难像过去一样以准确的就业导向进行培养方案的设计。

### (二)文科专业就业更难

根据麦可思研究机构公布的《2023年度中国大学本科学位毕业情况分析》,2022年大学毕业生签约的十大高薪专业,主要被和科技密切相关的专业如电脑技术通信工程等所占领(见表11-1)。结合引言部分所提到的文科类毕业生就业率较低的情况,表明文科学生的职业前景并不乐观。这是因为:一方面,随着时代的变迁,一些人文学科的"专精度"逐渐减弱。以语言学为例,虽然口译的需求依然存在,但是大量的初级翻译任务已被人工智能接管。对于新闻业来说,情况也是如此,信息过载导致了对特定主题深度研究的要求越来越高,传统记者很难应对财经、军事或科学等专门领域的新闻报道。另一方面,社会学、政治学、公共管理等专业训练并无直接经济上的产出,导致相关企事业单位在招聘时缺少针对这些专业的毕业生设置的岗位。这种情况迫使我们思考,如果获得人文教育的价值在于培养思维方式和人格品

---

① STEM学科指科学、技术、工程和数学。

质,而不能直接提供经济上的回报,那么获得人文教育和以之为谋生手段就应该有所差别;前者更适合于所有人,而后者仅适用于少数有志之人。

表 11-1　2022 届本科毕业生十大高薪就业专业

| 排序 | 本科专业名称 | 毕业半年后的平均月收入/元 |
| --- | --- | --- |
| 1 | 信息安全 | 7579 |
| 2 | 信息工程 | 7157 |
| 3 | 数据科学与大数据技术 | 7074 |
| 4 | 软件工程 | 7056 |
| 5 | 电子科学与技术 | 6971 |
| 6 | 微电子科学与工程 | 6889 |
| 7 | 网络工程 | 6878 |
| 8 | 物联网工程 | 6870 |
| 9 | 电子信息科学与技术 | 6761 |
| 10 | 自动化 | 6698 |

### (三)"就业后"阶段的挑战

此外,即使学生顺利就业,其就业后的状态也是很不稳定的。大型互联网公司是过去几年社会公认的"好工作","大厂程序员"也被认为是"护城河"较高的优质岗位。然而,据中央网信办的数据,从 2021 年 7 月至 2022 年 3 月中旬,腾讯、阿里、字节、美团等 12 家公司的总离职人数高达 21.68 万人。此起彼伏的裁员潮和社会上广泛讨论的"35+危机"使"大厂程序员"成为"中年危机"的主要群体。美国也存在类似情况,根据职业研究网站 Payscale 的数据,软件工程师、制造业产品经理、医疗编程专家、控制工程师、质量控制经理等传统理工科强势专业,以及用户服务、公共关系、人力资源、市场营销等专业人员在 2022 年均有较高比例的人员面临"再就业"的挑战(见表 11-2)。在一个高度竞争又高度变化的社会,青年人就业后依然会面临持续的工作方面的挑战,这一问题不仅针对文科类专业,也不只发生于中国。

表 11-2  2022 年已就业人群中"寻求新工作"比率最高的 20 个工作类型

| 工作类型 | "寻求新工作"比率/% | 工作类型 | "寻求新工作"比率/% |
|---|---|---|---|
| 高级客户服务代表 | 65 | 质量保证经理 | 55 |
| 人力资源专员 | 62 | 行政管理技术专员 | 54 |
| 客户成功经理 | 61 | 项目协调员 | 53 |
| 控制工程师 | 58 | 软件开发经理 | 52 |
| 生产运营 | 58 | 医疗编程专家 | 52 |
| 市场营销专员 | 58 | 薪酬经理 | 52 |
| 资深系统工程师 | 58 | 公众关系专家 | 50 |
| 创意总监 | 57 | 建筑设计师 | 50 |
| 设备/维修主管 | 57 | 生产部经理 | 48 |
| 人力资源助理 | 55 | CEO 行政助理 | 45 |

数据来源:笔者根据 Payscale 公开数据整理。

面对就业市场的新趋势,要在这个充满不确定性的时代生存和发展,必须学会驾驭复杂性。未来的道路是不确定的,文科类学生比以往任何时候都更需要具有深度思考能力,以及积极反思、主动拥抱变化的素质。这将需要磨炼学生的信息收集、分析和判断技能,以及提高他们对于环境的快速适应能力、自我调整能力和抵御冲击的能力。

## 三、文科学生就业力培养的框架与组成

在这一背景下,文科学生的职业生涯发展可以抽象为一个在灵活多变的职业环境下不断修正和调整的过程。故而,打造核心能力,训练可迁移能力,以个人长远发展为导向,构建正向的生命价值观,才能为实现职业目标和自身价值稳定赋能。在此过程中,"个人成长"应该是教育的基础目标,即通过对自我和世界的了解,找到适合自己的方向和定位,逐步明确努力的方向,减少焦虑和内耗。锻炼"核心能力"是支柱,也是大学课程教育中主要的聚焦点,即通过通用的、可迁移的核心能力的培养,锻造学生个人素质,达到以不变应万变的目标。最后,"专业技术"属于一种补充,主要用于实现学生和具体岗位的对接,以及对于社会系统的嵌入,并非大学教育的主要内容,主要通过实习等实践方式获得(见图 11-1)。

```
          补充：专业技术
     实践中获得，完成与岗位的对
      接，嵌入具体的社会系统

         支柱：核心能力
    培养核心能力，锻造个人素质，
          以不变应万变

         基础：个人成长
    了解自我和世界，找到合适的
          方向和定位
```

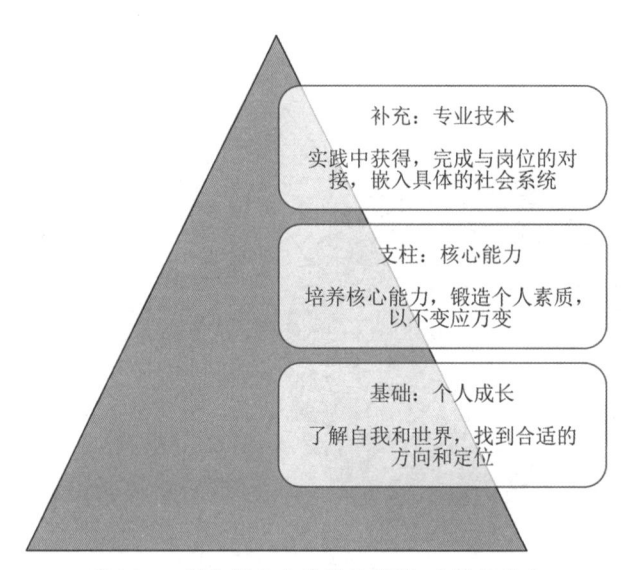

图 11-1　学生就业力培养的基础、支柱与补充

笔者通过个人的实践体验和现实观察，发现大部分适用于文科毕业生的就业岗位的技能需求组成都可以分为"核心能力＋专业技术"。核心能力是与所有工作相关并普遍适用于劳动的非技术技能，如社会和情感、认知和元认知、团队协作与沟通、谈判和解决冲突、创造性和创新性思维、分析和批判性思维、决策、规划和组织等，它们适用于各种职业。由于核心能力在某种程度上可以在职业之间、不同部门内部之间转移，这意味着能够更好地应对工作场所的变化。核心能力的特点是通用性、可迁移性、稳定性。这些能力一旦获得就会长期拥有，可以伴随人在不同的职业中迁移，并持续发挥作用。借用顾及的总结，核心能力可以分为初、中、高三个阶段。初级能力包括：沟通能力、表达能力、想象力、共情能力、观察能力、执行力、推理能力、分析能力等。中阶复合型能力包括：影响力、领导力、管理能力、销售能力、谈判能力、项目管理能力、洞察力等。高阶复合型能力包括：产品思维能力、以简驭繁能力、网络效应能力、自我迭代能力、创新创造能力等。单一能力聚合提升为中阶复合型能力，中阶复合型能力聚合进化为高阶复合型能力（见图 11-2）。[1]

---

[1]　顾及.破圈[M].北京:北京联合出版公司,2021.

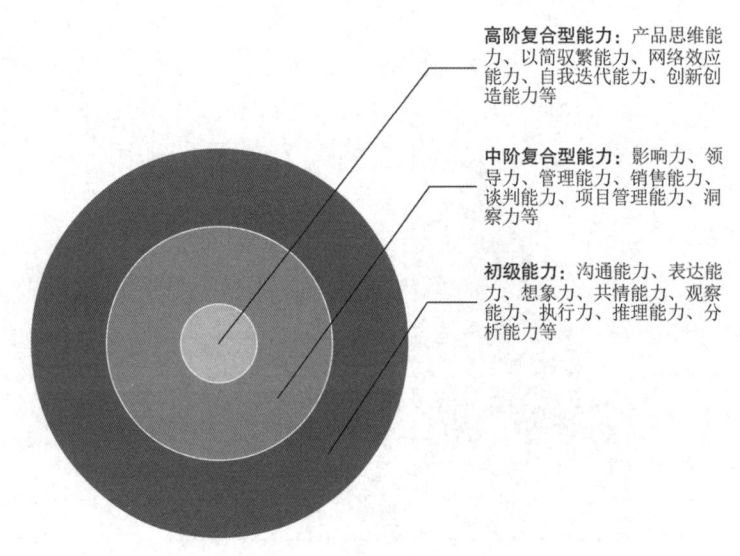

图 11-2　核心能力的分类与递进

专业技术指的是执行特定职责或任务的专门技能、知识或技巧，包括业务流程、产品信息、价格体系、市场渠道等。专业技术特点是知识性、习得性、变动性。这些技术随行业、企业、岗位不同而具有很大差异，多半在实践中获得。尽管许多技术领域的专业知识存在显著差别，但是其背后的核心能力往往是相似的。比如，对于互联网上产品的开发、营销与管理这三种职位来说，它们的技巧各异，且每个企业、部门及项目所采取的具体行动也千差万别，然而这些职位都统一需要一些核心能力，如深刻洞察客户需求的能力、将需求转化为产品的能力，以及准确的文字表达力等。换言之，具有以上三种核心能力的人，即使没有做过互联网产品的开发、营销与管理，也具备胜任类似岗位的素质。

故而，将核心能力培养的目标融入大学课程的设计中，可能会达到"以不变应万变"的效果。学生基于本科阶段核心能力的培养，以及实习和初入职场期专业技术能力的补充，可以快速完成职业化的身份转变，并且以更主动的姿态去应对环境变化带来的"危"和"机"。

## 四、国内外的有关经验与做法

本章以中国北辰青年"YES GO"行动和美国贝茨学院（Bates College）"有意义工作项目"（purposeful work program，PWP）为例，介绍国内外对青年个人成长与核心能力培养的相关实践与做法。

## （一）北辰青年"YES GO"行动

"北辰青年"是一个专注于年轻人发展的组织，其目标是通过交流和实际操作来推动青年的发展进步。其中"YES GO"行动基于实践，通过"打破、探索、重建"三个阶段，帮助青年成长，陪伴成员"活成自己想要的模样"（见图11-3）。

L1打破
• 对自我原有的认知

L2探索
• 未来的人生方向

L3重建
• 兴奋的方向践行

图 11-3　"活成自己想要的模样"所需经历的阶段

资料来源：北辰青年.一份关于 YES GO 行动的全面介绍[EB/OL].[2024-03-16].https://mp.weixin.qq.com/s/52SrKsMz7UHv4OKU5JYXjw.

在这三期过程中，首要任务就是破除对于自身的固有理解（L1）。个人对自身理解可被分解成四个部分，它们构成个人对自己形象的感知（见表11-3）。"开放的我"代表着那些公众所熟知的个人信息，其大小受到个体内心开放程度、个性展示强度、社交范围和人们对其关注的深度等多种因素的影响。"盲目的我"是指那些只有他人了解但本人并不清楚的信息，例如习惯，其大小受自身反思能力的制约。"隐藏的我"表示那些仅由本人掌握且外界无法得知的信息，例如过去的经历、内心的伤痛、身体的疾病等问题。最后，"未知的我"则涵盖了那些连本人都无从察觉且无人知晓的内容，一般而言，这是指尚未发掘出来的能力和潜在属性。

表 11-3　关于自我认知的解构——约哈里窗户（Johari's window theory）

| 项目 | 自己知道 | 自己不知道 |
| --- | --- | --- |
| 别人知道 | 开放的我（open self） | 盲目的我（blind self） |
| 别人不知道 | 隐藏的我（hidden self） | 未知的我（unknown self） |

基于这样一个框架，一个人对自我的深化理解可以分为三个维度：(1)自我觉察，即在觉察中，感知被潜意识封闭的自己；(2)他人反馈，即在反馈中，了解自己可能忽视的盲点；(3)社会比较，即在比较中，看清自己在社会中的位置。"YES GO"行动通过复盘机制增强自我觉察，通过营造开放安全的社群提供真实和高质量的他人反馈，通过拓宽见识和深度思考增进社会比较。

例如,在拓宽见识方面,通过"职业博物馆"行动,鼓励参与者去探访不同职业的人群,以快速了解不同职业的状态和内容。

而在 L2 探索阶段,"YES GO"分三步帮助参与者探索自己的人生方向。首先是更全方位地了解自己,更多元地了解这个世界。其具体做法是先借助 PSN 模型①,先找到目前兴奋的方向,并在确定好自己初步的方向后,立即开始实践,并在过程中保持复盘,持续校准方向。这些探索和实践,也会重新加深我们对自我和世界的理解,从而帮助我们更好定位自己的方向。最终,这会形成一个"认知—实践—认知"的正向循环(见图11-4),去帮助参与者持续创造自己想要的人生。

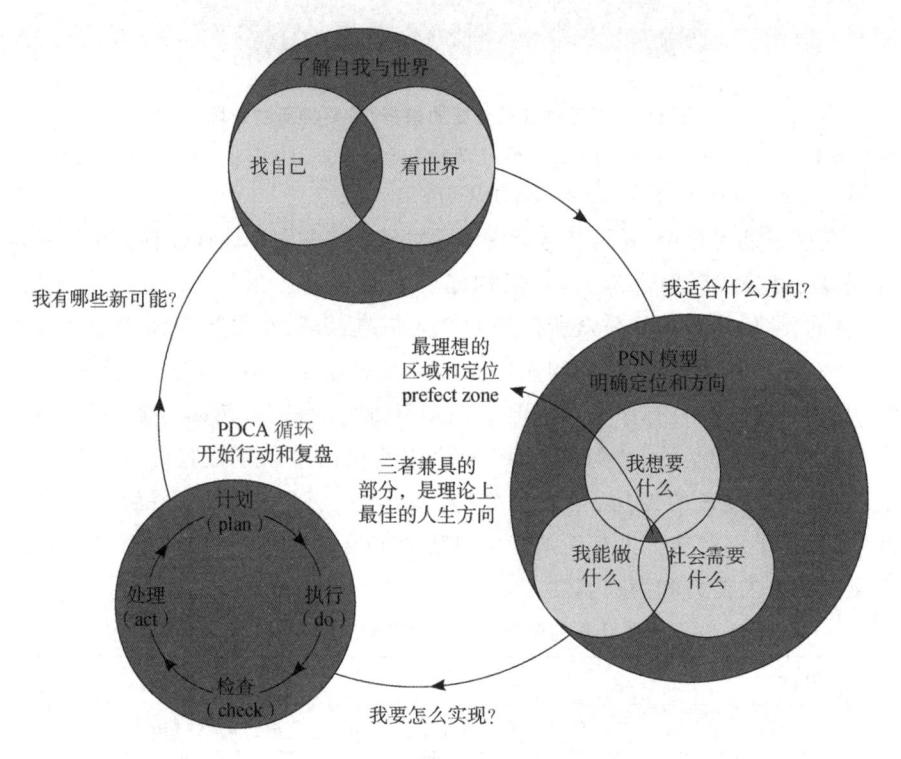

**图 11-4 "YES GO"行动之探索三步骤**

资料来源:北辰青年.一份关于 YES GO 行动的全面介绍.[EB/OL].[2024-03-16]. https://mp.weixin.qq.com/s/52SrKsMz7UHv4OKU5JYXjw.

---

① PSN 模型是职业发展规划中的常用模型,其中 P 代表热情(passion),S 代表技能(skill),N 代表需求(need),被评估者的理想工作需要同时符合上述三个方面,即个人有从事该工作的热情和技能,同时市场有需求。

在最后的 L3 重建阶段,则通过降低行动门槛和提高行动价值两个步骤为成员积极地行动提供便利。其中降低行动门槛,主要是通过构建群体,相互鼓励,从而带动所有成员更积极地参与,而提高行动价值则旨在通过提供平台,支持成员创造更大的价值和可能性。

### (二)贝茨学院"有意义工作项目"

贝茨学院是美国最负盛名的文理学院之一,以本科精英教育享誉世界。随着高等教育市场化及实用主义的盛行,贝茨学院开始在坚持博雅教育传统及核心课程为主体的基础上引入职业训练,以赢得更大的发展空间。其代表性措施是 2014 年启动的职业训练项目——有意义工作项目(PWP)。PWP 项目在贝茨学院原有的博雅教育外增添了许多职业训练课程,用于提高大学生的核心能力。PWP 的核心课程包括创业者任教课程(practitioner-taught courses)、有意义工作浸润课程(purposeful work infusion)、生活架构短学期课程(life architecture short term course)等(见表 11-4)。

表 11-4 PWP 三大核心课程设置

| 课程模块 | 课程目标 | 任课教师 | 授课对象 | 开课时间 |
| --- | --- | --- | --- | --- |
| 创业者任教课程 | 为学生提供接触应用领域的实践研究机会,为职业探索和未来就业做准备 | 具有丰富经验的各领域专家,通常为校友 | 各年级学生 | 暑期短学期 |
| 有意义工作浸润课程 | 兼有多类型课程特征,将通识课程与职业讨论联系 | 校内通识课程教师、知名创业者 | 各年级学生 | 春秋学期 |
| 生活架构短学期课程 | 从哲学层面对工作福利、职业决策、工作意义等方面进行探讨;探讨阻碍目标实现的实际因素 | PWP 核心负责人 | 高年级学生 | 暑期短学期 |

资料来源:王晓芳,刘学东.美国一流大学本科生就业力培养经验与启示:以贝茨学院为例[J].扬州大学学报(高教研究版),2022,26(6):45-51.

在创业者任教课程中,项目会选择具备丰富实践经验的人员(通常是校友)作为全职或兼职教师。此外,他们还明确设定了学习目标和课程产出要求。以"目标导向营销"课程为例,一是选聘了拥有 10 年行业经验,曾与多个全球 500 强品牌合作的战略和客户主管为教师。二是制定了明确的课程目标,创设真实的教学情境,学生在真实的团队中参与品牌创建,逐渐学会思考真实的商业问题。三是强调应用性产出,要求学生制定出能够体现品牌核心价值与特色的营销策略。

有意义工作浸润课程将"职业""意义"等话题与专业知识有机融合,旨在回答"学这个有什么用"这一问题。由表11-5可知,浸润课程的特征可大致归为四类:一是旨在鼓励学生对某一主题进行持续探索的通识课程;二是培养写作能力的课程;三是思维方面的专项训练;四是对现实的了解和观察。浸润课程所强调的思维能力、沟通和写作能力、解决实际问题能力和对现实的了解等均指向核心能力的培养,也与博雅教育的要求相吻合。

表11-5 PWP开设的课程样例

| 序号 | 专业 | 课程设置 | 课程特征 |
| --- | --- | --- | --- |
| 1 | 人类学 | 生产与繁殖 | [GEC][AC][W2][HS][CEL] |
| 2 | 化学 | 描述性无机化学 | [QF][S][SR] |
| 3 | 伦理学 | 哲学 | [GEC][AC] |
| 4 | 心理学 | 实证论文研讨 | [W3] |
| 5 | 社会学 | 教育,改革与政治 | [GEC][HS][CEL] |
| 6 | 戏剧 | 高级表演 | [GEC][AC][CP] |

注:GEC:general education concentration,通识教育必修课;S:speaking,口语;W1,初级写作;W2,中级写作;W3,高级写作;AC:analysis and critique,分析与批评;CP:creative process and production,创造性过程与生产;HS:historical and social inquiry,历史与社会调查;SR:scientific reasoning,科学推理;QF:quantitative and formal reasoning,定量与形式推理;CEL:community-engaged learning,社区学习。

资料来源:王晓芳,刘学东.美国一流大学本科生就业力培养经验与启示:以贝茨学院为例[J].扬州大学学报(高教研究版),2022,26(6):45-51.

此外,鉴于大学生的人生规划需求迫切,PWP专门面向高年级学生开设了生活架构课程,主要从哲学层面帮助学生全面了解自己,展开对个人优势、兴趣、价值观、技能和品质等方面的深入剖析。与此同时,帮助学生解读幸福的内涵及生活的意义。为了促使学生能够综合历史、社会、经济和文化等多种因素看待职业选择,本课程要求学生撰写题为《有目的的工作蓝图》的专题报告作为课程产出,引导学生多方面、多层次思考对未来工作的期待。

在PWP的实施方面,贝茨学院反对过早地、简单地为学生选择职业,而是通过课程与实践的相互穿插让学生在经验的增长、能力的培育和倾向的发展中逐步清晰职业选择。例如,在入门阶段,PWP 提供了开放咨询、自我评估、加入学生团队、如何成长四大平台组成(见表 11-6)。这些平台的主要目的在于帮助学生解决入校后所遇到的各类与职业相关的问题,鼓励学生亲自参与体验平台进而获得更多有价值的经验。

表 11-6  PWP 入门阶段的四大交流平台及特点

| 平台 | 内容与特点 | 形式 |
| --- | --- | --- |
| 开放咨询 | 提供简历及求职信审阅咨询服务,介绍 PWP 及分享最新项目活动信息等 | 开放咨询 |
| 自我评估 | 促使学生深入思考"我是谁"这一问题,评估内容包括技能、兴趣、价值观、人格类型等方面 | 面向大一新生开展的咨询 |
| 加入学生团队 | 同伴顾问:协助策划及开展各项 PWP 活动、向低年级学生分享 PWP 体验、鼓励同伴勇敢开启职业探索 | 依学生兴趣、特长选择加入 |
| | 数字营销助理:负责校内外 PWP 活动的信息采集和整理、参与市场推广 | |
| | 办公室助理:为学生、校友、雇主等提供服务,如发布招聘、实习信息等 | |
| 如何成长 | 以主题研讨会形式引导学生掌握基本生活技能 | 在第二学期及暑期短学期开设 |

资料来源:王晓芳,刘学东.美国一流大学本科生就业力培养经验与启示:以贝茨学院为例[J].扬州大学学报(高教研究版),2022,26(6):45-51.

在课程学习阶段,PWP 项目的三类核心课程是将基础通识课程与专业课程目标相结合的。它们不仅注重基本知识的教授,也强调对学生基本职业技能的培养。总体特征表现为三个方面:一是由企业创业者与高校教授联合授课,保证课程学术性和职业性的统一;二是采用灵活多样的教学方法模拟真实职业场景,唤起学生内心的职业觉醒;三是实现课程考核标准与实际工作"无缝接轨",全面检验学生的职业能力。

最后,为了帮助学生提高职业选择期待,进一步弥补实践能力的缺失,PWP 搭建了探索和机遇两大实践平台(见表 11-7),还为参加各类实习及积极开展学术研究的学生提供多项奖学金,支持学生更好地走向职场。两大平台下的子平台能够让学生在短时间内纵览多家高端企业,了解真实的职业工作状态与内容。例如,由欧本海默公司参与的"金融圈巡展"、哈佛—麻省理工学院 Broad 研究所参与的"医疗保健和科技圈巡展"、SPACE 画廊参与的"艺术及非营利性机构巡展"、谷歌参与的"超酷公司及炫酷职业巡展"等系列主题鲜明的巡展,直观地展现了企业的魅力与吸引力,极大地激发了学生的好奇心和职业发展兴趣。

表 11-7 PWP 实践阶段各平台及特色

| 平台 | 子平台 | 主要特色 |
| --- | --- | --- |
| 探索 | 有意义工作观察 | ①知名校友或家长企业提供 1~2 天工作观察机会<br>②洞察企业文化,挖掘职业偏好,明晰职业技能 |
| | 无障碍交流 | ①知名校友及教职人员共同参与的对话<br>②演讲者通过讲述个人职业生涯的重要时刻与决定、成功与失败的经历,诠释 PWP 如何影响其职业生涯和生活 |
| | 巡展 | ①提供包括高端企业在内的诸多主题巡展平台<br>②短时间内感受高端企业文化,提高职业定位 |
| 机遇 | 有意义工作实习 | ①主要面向大一、大二和大三学生<br>②利用暑期挖掘职业兴趣,加强技能训练,建立人际网络,以及与实习基地和核心雇主的联系 |
| | 线上资源共享 | ①发布大量实习、就业、研究探索等信息<br>②在校生、毕业生、雇主、校友及家长共享档案及招聘信息,实现平等互选 |

资料来源:王晓芳,刘学东.美国一流大学本科生就业力培养经验与启示:以贝茨学院为例[J].扬州大学学报(高教研究版),2022,26(6):45-51.

## 五、评价与启发

人才培养是高等教育机构的主要职责。在未来高度不确定性的就业背景下,文科的高等教育应当注重实用性和通识性的融合。只注重实用性,人才的成长潜力会受限,而过于强调通识性,市场可能会对此产生排斥。结合贝茨学院 PWP 项目和北辰青年"YES GO"行动经验,设计出能够适应时代特征、符合成长规律,兼顾个人成长与职业能力的课程体系是一个值得探讨的方向。

## (一)构建"个人成长＋核心能力＋专业技术"的人才培养框架

好的就业,是个人综合素质(如知识、心态、能力、观点)进步之后与社会系统高质量契合的表现。因而,对就业的重视应超越就业率层面,蔓延到对个人觉悟、生命热情、能力培养、持久动力的观照。PWP 课程会通过前辈对其职业生涯关键节点的分享引导学生思考,这有助于他们理解工作的价值所在并且寻找其中的深层含义。北辰青年"YES GO"将职业发展作为个人成长的组成部分,通过多种实践活动,鼓励学员"自我"与"世界"的互动,在反复的探索和复盘中帮助学员拓展认识的广度与深度,找到适合自身的定位和方向。

我国的文科本科教育同样是以学生为逻辑出发点及归宿,大部分本科院校也都构建了其职业培训系统。从实践来看,往往偏向注重向学生传递求职资讯与面试技能,而忽略了对他们就业能力的培育和个人成长的关注。然而,不成熟的个体难以找到方向。在一个高度分工和快速变化的社会中,缺乏方向感会导致精力在迷茫和等待中不断被内耗,难以专注在一个方向形成有效的累积。为了避免这种情况,我们必须系统地转变对于职业教育的认知,把个人成长、核心能力、专业技术这三个部分有机地融合到本科生的人才培养架构里,并且贯穿整个四年的学习生涯。

## (二)以核心能力培育为追求,实现"以不变应万变"

纯粹的博雅教育注重发掘学生的思维潜能,追求学生知识的广博。但这种教育固有的教学模式和理念与现实存在脱节,无法保证学生接受的教育和掌握的能力能够满足雇主对毕业生职场能力的需求。对于顶级的本科教育来说,首先需要思考并处理的问题是什么是人才的稳定"核心能力"以及如何培养和如何表现这种能力。贝茨学院 PWP 项目课程实现了理论与实践的高度融合,强调直接经验的获取,并且重视对学生的沟通交流能力、动态适应能力、写作能力、批判思维能力及创新能力的持续关注。在这一过程中,学生对于"学什么"出于自愿和兴趣,对于"学了能干什么"拥有直观的判断,减少了迷茫与焦虑,更清晰其人生的规划与努力的方向,并可以将其所学迁移到日后的工作中去,更主动和从容地应对未来的挑战。

# 第十二章 "三维驱动"社会创业人才培养模式探讨*

## ——以深圳大学公益创新专才班为例

罗文恩**

## 一、引言

社会创业(social entrepreneurship)是一种运用商业手段实现社会目标的活动,为那些被忽视的、具有正外部性的社会问题提供可持续的解决方案。[①] 广义的社会创业并不局限于非营利组织采取商业手法和基于市场的技能这一现象,而是一项创新的、社会价值创造的活动,能够发生在非营利、商业和政府部门以及跨部门之间。[②] 社会创业理念的兴起来源于两条路径:一是20世纪80年代以来伴随着英美国家新公共管理运动,非营利组织在面对预算大幅削减的背景下积极寻求市场化改革,探索销售产品或者提供有偿服务来提

---

\* 本章研究受到国家自然科学基金面上项目"社会创业生态系统:理论模型、生成过程及对社会企业可持续性的影响"(72174123)、广东省研究生教育创新计划项目"社会组织与社会企业案例库建设"(2022ANLK051)、广东省本科高校大学生社会实践教学基地"深圳大学公益创新创业人才培养基地"建设项目资助。

\*\* 罗文恩,男,深圳大学政府管理学院副教授、行政管理系主任、残障研究中心副主任、大湾区—东盟研究中心副主任,主要研究方向为行业协会商会改革与发展、社会企业与社会创业等。

① SANTOS F M. A positive theory of social entrepreneurship[J]. Journal of business ethics,2012,111(3):335-351.

② AUSTIN J, STEVENSON H, WEI-SKILLERN J. Social and commercial entrepreneurship: same, different, or both? [J]. Entrepreneurship theory & practice,2006,30(1):1-22.

升收入来源的多样性。① 二是20世纪末企业社会责任和企业公民的观念开始流行,促使管理者思考"利益并举"的可能性,探讨如何在创造经济价值的同时创造更多的社会价值。

社会创业理念的流行以及社会企业这一新型混合组织在欧洲、美国等发达国家的蓬勃发展,促进了一些著名高校开设社会创业相关课程,将公益慈善理念、创新创业思维和专业知识有机融合起来,培养能够运用创新性的、可持续的方式解决社会问题的人才。据统计,截至2011年,美国已有148所院校提供社会创业教育。② 其中,哈佛大学是美国高校推行社会创业教育的典型代表。为了培养适应时代需求的全球创业领袖,哈佛大学通过融合性社会创业课程,以及打造紧密协作的社创教育共同体推行体验式学习(experiential learning)等形式打造全球社会创业教育的标杆。③ 斯坦福大学商学院也将体验式学习的理念贯穿社会创业教育的全过程,有90%的学生修读了社会创业课程,18%的毕业生选择了社会创业。④ 美国明德学院将社会创业教育融入博雅教育之中,创设了"社会与个人""企业、社会创业与博雅教育"等7门社会创业课程,并以社会创业中心与博雅教育创造力和创新项目为依托开展了形式多样的创新创业教育项目和活动。⑤

国内公益慈善学历教育和社会创业人才培养迄今仍处于早期发展阶段,进入21世纪之后少数高校开始在公益慈善文化传播、公益慈善管理人才以及公益慈善双创教育等领域积极探索。例如,2008年,湖南大学开设了国内第一门公益创业课程——"创业基础"(公益创业)公选课,并陆续出版了《公益创业学》《公益创业学概论》等教材。2012年,北京师范大学珠海分校与上海宋庆龄基金会等机构合作设立了公益慈善教育项目,探讨构建体系化的公益

---

① DEES J G. Enterprising nonprofits: what do you do when traditional sources of funding fall short?[J]. Harvard business review,1998(1):55-67.
② KIM M,LEU J. The field of social entrepreneurship education:from the second wave of growth to a third wave of innovation[C]//Ashoka U,Brock D. Social entrepreneurship education resource handbook. Washington D.C.: Ashoka U,2011:4-5.
③ 徐小洲,倪好.社会创业教育:哈佛大学的经验与启示[J].教育研究,2016,37(1):143-149.
④ 方晓明,张龙.体验式学习:斯坦福大学社会创业教育的经验与启示[J].中国高教研究,2023(8):73-79.
⑤ 黄兆信,卓泽林.美国明德学院的社会创业教育及其启示[J].高等教育研究,2019,40(1):103-109.

慈善管理人才培养模式。2015年,深圳大学依托行政管理专业创办公益创新专才班,探索实践导向的社会创业人才培养路径。2022年,教育部新增"慈善管理"本科专业,山东工商学院、浙江工商大学成为全国首批开设慈善管理本科专业的两所高校。与美国等发达国家相比较,我国推动公益创新创业教育的高校不仅数量少,从内涵来看,在学科专业建设、学生培养模式、课程体系设计、教材教案开发和师资力量培育等多个方面也存在明显差距。由于教育实践的匮乏,国内学者在探讨社会创业教育方面主要停留在介绍发达国家的经验,或者针对大学生开展公益创新创业项目进行问卷调研和分析,鲜有总结提炼高校推动社会创业人才培养的具体运作模式。有鉴于此,本章拟以深圳大学公益创新专才班为例,探讨本土高校推动社会创业教育的具体策略,抛砖引玉,期待更多同行关注和加入公益慈善创新创业教育领域。

## 二、社会创业教育的主要模式

社会创业是创业的一个子类型,与商业创业相对应。社会创业教育的核心目标是培养兼具公益慈善理念和创新创业思维的复合型人才。从全球社会创业教育实践来看,其实施模式可划分为统筹模式、聚焦模式和融合模式三大类。① 在统筹模式下,高校负责创业或就业的职能部门协调并提供社会创业相关课程、沙龙和实训活动等,把社会创业纳入全校的创新创业教育体系之中。这种模式的优势是学生可以共享学校创新创业教育中心的资源,促进跨专业学生的交流与互动。通过在学校层面推出一系列社会创业讲座和沙龙,营造良好的社会创业氛围。但是由于缺乏学院和专业老师的介入,学生对社会创业项目的参与度往往不高。在聚焦模式下,高校依托实力雄厚的商学院开展体系化的社会创业教育,例如在MBA学位教育中开设社会创业方向,安排有丰富教学和实务经验的老师提供社会创业相关课程,并对学生开展社会创业项目进行深入指导等。这一模式的优势是通过体系化的教学和项目指导,学生参与社会创业的意愿和程度比较高,但由于资源和学生主要聚集在商学院,社会创业活动与其他学科和专业的结合度不高。在融合模式下,社会创业教育在学院层面和学校层面都获得相当的重视,不仅融入多个学院(尤其是社会科学领域的学院)的课程体系之中,同时在学校层面也会

---

① 倪好.高校社会创业教育的基本内涵与实施模式[J].高等工程教育研究,2015(1):62-66.

设立专门的委员会或者职能部门来统筹社会创业教育,开展全校性社会创业教育活动。哈佛大学是融合模式的典型例子,商学院、肯尼迪学院以及法学院均结合各自的专业特色开设了社会创业相关课程(例如,肯尼迪学院开设了"社会创业、政策与制度改革"课程),同时在学校层面设立了哈佛创新实验室,以及成立了社会创新联盟,探索各学院协调、合作与开发社会创新项目的可能性。[1]

社会创业理念引入中国以及本土社会企业发展只有10余年的历史,目前仍处于早期发展阶段,高校推动社会创业教育的实践更是凤毛麟角,因此,学者对社会创业教育的讨论大多停留在理论层面,例如借鉴国际经验推动社会创业教育的本土化发展。[2] 文献探索发现只有少数论文和研究报告在调研基础上剖析大学生开展社会创业的现状和挑战[3],或者分析总结国内高校公益慈善人才培养的主要模式[4]。

清华大学公益慈善研究院在2019年发布的《中国公益慈善学历教育发展报告》对本土高校公益慈善教育作了较为详细的梳理。从培养层次来看,包括大专、本科、研究生三个梯度的学历教育。从培养模式来看,则主要包括通识教育模式、副学士/辅修模式以及专业教育模式。(1)通识教育模式的核心目标是启蒙,通过开设全校通识课程或者少量专业选修课程提升高校学生对公益慈善、社会创业、社会营销等概念的认知。目前,国内已经有不少高校教师开设了公益慈善相关课程。2019年,敦和基金会和公益慈善学园联合发起了"敦和·善识计划",在全国20多所高校中每所招募一位老师,开设"社会与公益""社会创新与创业""慈善伦理与文化"全校慈善通识选修课。(2)副学士/辅修模式的核心目标是培养具备公益慈善情怀和复合型知识结构的社会创业人才。这些学生在毕业时未必选择公益慈善组织作为职业生涯的起点,但在心中播撒了一颗公益的种子,在人生路上静候花开。在这种模式下,高校依托某个专业或者研究机构设计一套完整的公益慈善人才培养方案和课程体系,并从全校各专业择优招募学生建班培养。学生保留原先的专业学籍

---

[1] 倪好.高校社会创业教育的基本内涵与实施模式[J].高等工程教育研究,2015(1):62-66.

[2] 黄兆信,李炎炎.社会创业教育的理念与行动[J].教育研究,2018,39(7):67-71.黄兆信,黄扬杰.社会创业教育:内涵、历史与发展[J].高等教育研究,2016,37(8):69-74.

[3] 李远煦.社会创业:大学生创业教育的新范式[J].高等教育研究,2015,36(3):78-83.

[4] 李健.公益慈善人才学历教育发展路径研究[J].学会,2017(6):19-22.田园.我国公益慈善学历教育人才培养发展与建设研究[J].社会福利(理论版),2021(5):58-63.

身份，在按照要求修满一定的学分后可获得辅修专业证书或者副学士学位。由于建班培养，学生之间社会联结强，互动交流多，便于开展多样化的公益慈善实践项目加深学生对公益慈善和社会创业理念的认知，提升运用专业知识解决社会实践问题的能力。同时，由于学生是入校后从各专业择优录取纳入培养体系的，总体而言学习动机也比较强。深圳大学公益创新专才班、浙大宁波理工学院的益立方公益创业班以及华东师范大学紫江公益研究中心的暑期培训班，都属于这一模式。（3）专业教育模式的核心目标是培养能够胜任公益慈善组织岗位要求的专业人才。目前，国内已经有山东工商学院、浙江工商大学以及南京理工大学浦江学院三家高校获批了"慈善管理"本科专业。该模式的特点是学生在高考填报志愿时就可以选择"慈善管理"专业，入学后以实体班的模式进行四年专业课的学习。作为一个独立的专业，它需要专门设计一套完整的人才培养方案，同时也需要投入大量的师资力量开设公益慈善相关专业核心课程。由于国内公益慈善组织数量不多，并且大都组织规模小、筹资能力弱，慈善管理这一专业对家长和考生的吸引力并不高。

## 三、深大益才班运作现状简介

公益创新专才班（简称"益才班"）是依托深圳大学政府管理学院行政管理专业设立的双学位特色班项目，使命为"播撒公益种子，助推跨界创新"，愿景为"中国高校社会创业教育的引领者"。自2015年6月创办以来，每年春季从全校各专业大一和大二的学生中择优选拔25人左右进入培养体系。截至2024年5月，益才班一共招录了十届近290位学生。

益才班在公益双创人才培养方面具有三大特色。一是采取副学士/辅修培养方式。学生除了获得原所在专业学位外，修满50学分指定课程后可获得管理学副学位；修满20个学分可获得行政管理辅修证书，从而能够构建跨专业的复合型知识体系。更为重要的是，在深圳大学完全学分制下益才班无须单独开课，而是与行政管理、市场营销、工商管理等共享核心课程和师资。例如，益才班修读"品牌管理"这门课时，与市场营销主修班级合班上课，修读"社会创业"则是与行政管理主修班级合班上课。因此，益才班的运作能够节省大量的教学资源和成本。

二是实践导向的公益慈善双创人才育成模式。对于创新创业人才培养而言，行动和实践比理论更重要。故此益才班构建了"创益赛""加油栈""知行营"三大实践教学体系，并与深圳本土多个知名公益慈善组织和社会企业共建实习实践基地,采取丰富多样的实践教学方式帮助学生加深对公益慈善组织和社会企业的认识,提升创新创业所需的项目设计、团队领导和表达沟通等实践技能,以及链接各种各样的社会资源助推学生团队公益双创项目落地运作。

三是搭建多层次的公益慈善双创共同体。其一,引导益才班学生组成跨专业的、优势互补的项目团队。每年益才班来自10余个不同的专业,通过班级团建活动和各类实践活动,这些学生很快"打成一片",成为公益小伙伴并组队发起公益创新项目。例如,2023年获得第九届中国国际"互联网+"大学生创新创业大赛广东省分赛金奖的"益言为定"项目,其团队成员来自工商管理、行政管理、播音主持以及计算机等多个专业。其二,促进在校益才班学生和毕业校友的互动交流。为了更好地发挥毕业学生的"反哺"作用,益才班于2021年发起了"手拉手"益才师友计划,邀请益才班优秀毕业生担任在校生的成长导师,实行3~4个益才学生匹配1名导师的方式,更好地进行内部交流和资源互通。其三,为创新创业学生团队匹配专业的实践导师。迄今益才班已经构建了20余人的公益慈善和社会创业实践导师库,针对学生在开展公益慈善双创项目过程中的不同需求和挑战,提供一对一的项目辅导和赋能,并积极链接相关资源促进项目在社区落地实施。

自2015年创设以来,益才班学生在互联网+红旅赛道、挑战杯公益赛道以及中国公益慈善项目大赛等权威赛事中获得国家级、省级奖项近20项,并推动"神通""盒加公益""VINNA益播""壹行游学""千百色旅游""食物小站PDT""优志愿""桑榆未晚""暖终行动""羽翼渐丰"等多个公益创新创业项目在深圳落地实施。此外,益才班与深圳市慈善事业联合会、深圳市基金会促进会、深圳社会公益基金会、顺丰公益基金会等知名公益机构合作,为本科生建立公益慈善领域的实习基地。

经过多年探索与积累,益才班的办学模式受到公益慈善学界的广泛关注和认可。清华大学公益慈善研究院发布的《中国公益慈善学历教育发展报告(2019)》《中国高校公益慈善教育发展报告(2021)》对益才班作了多处报道。2019年、2021年益才班连续两期获得浙江敦和基金会"菡萏行动"专项资助,用于公益慈善人才培养和课程开发等工作。2019年益才班发起的粤港澳大湾区公益双创大赛受到光明网、中国日报网、南方网、深圳晚报、深圳商报等权威媒体广泛报道,有力提升了深圳大学在公益双创人才培养领域的全国影响力。2023年10月,在益才班办学基础上,深圳大学与市民政局共建"公益慈善创新创业人才培养基地",同年12月获批广东省教育厅"大学生社会实践教育基地"、深圳大学首批双创教育示范基地,力争打造成为国内领先的社会创业教育实践平台。

## 四、三维驱动的社会创业人才培养策略

社会创业人才的育成是一个系统工程,既需要从认知上改变学生对社会创业、利义兼备和公益慈善等概念的看法,也需要从素质上提升学生运用创新创业思维和专业知识解决社会问题、创造社会价值的能力,还需要从资源上为学生搭建从事公益创新创业实践所需的社会网络。为此,益才班构建了"认知塑造—能力提升—资源链接"三维驱动公益双创人才培养目标,并从打造"管理基础课＋公益慈善特色课"课程体系,构建"创益赛""加油栈""知行营"三大实践教学体系,以及建设公益慈善实习实践基地等多种方式来实现这一目标。公益慈善双创人才培养手段与目的关系如表12-1所示。

表12-1　公益慈善双创人才培养模式"手段—目的"矩阵图

| 目的 | 手段 | | | | |
|---|---|---|---|---|---|
| | "管理基础课＋公益慈善特色课"体系 | 创益赛 | 加油栈 | 知行营 | 实习实践基地建设 |
| 认知塑造 | ● | ● | ● | ● | ○ |
| 能力提升 | ● | ● | ● | ○ | ● |
| 资源链接 | ○ | ● | ● | ● | ● |

注:圆圈大小表示手段与目的的关联强度,大圆圈表示关联强度大,小圆圈表示关联强度小;实心圆表示手段与目的直接相关,空心圆表示手段与目的间接相关。

1. 打造"管理基础课＋公益慈善特色课"课程体系

围绕公益创新创业人才所需的专业技能,益才班整合了政府管理学院、管理学院各专业课程体系,设置了管理学、营销学、品牌管理、项目管理、人力资源管理、创业学等管理类基础课程,以及中国公益慈善创新与前沿、非营利组织管理、第三部门研究、社会创业、商业伦理与社会责任等公益类核心课程供学生修读,从而达到培养既懂管理知识又有公益情怀的复合型人才的目的。

2. 构建"创益赛""加油栈""知行营"三大实践教学体系

"创益赛"是基于项目学习(project-based learning)的一种实践教学方式,鼓励学生积极发现社会真实问题与需求,并通过公益项目设计来整合各类资源,提供一套可行的解决方案。同时,指导学生参与"互联网＋""挑战杯"等权

威赛事,以赛促教,不断打磨和完善项目。其中,益才班在敦和基金会资助下,2019年启动了"公益+科技"实训营,每年招募5~7支种子队伍入营培训,通过提供小额资助、专业导师辅导、集中培训和项目路演等多种加速项目成长。

"加油栈"是指通过课外讲座、沙龙等方式邀请实践人士与学生进行互动交流,通过呈现公益慈善组织、社会企业或公益项目的鲜活案例来开阔学生的思维和视野。例如,2021年5月,益才班发起了"Y·Actions深圳青年社创荟"活动,通过沙龙、茶话会等形式邀请各行各业青年达人针对创新创业前沿主题进行专题分享和互动讨论,探索把公益创新创业设想转化为项目并落地行动的可能路径。迄今一共举办了6期线下活动,每期有30余位学生参与,获得良好反馈。

"知行营"旨在引导学生走出校园,实地参访调研公益慈善组织和社会企业,注重在实地调研基础上提出解决方案,强调"知行合一"。例如,2023年暑假期间,益才班组织了成都社会创业与社区营造实地调研活动,近30名学生参访了邻里月台、天府社创中心、蜀都新邨等成都社区营造和社会创新地标,并与爱游戏、圆梦科技、成都社会企业发展促进会等当地知名公益机构进行深入交流。

3. 建设公益慈善实习实践基地

为了进一步加深学生对公益慈善组织和社会企业的了解,提升学生实践技能,益才班与深圳市慈善事业联合会、深圳市社会公益基金会、顺丰公益基金会等10余家公益慈善组织,以及诚信诺科技有限公司、信息无障碍研究会、晴晴言语康复中心等3家社会企业共建实习实践基地,鼓励学生利用寒暑假时间进行定点实习,迄今已超过200人次。

## 五、简要结论与不足

兼顾经济目标与社会目标的社会创业已经成为全球日益重要的经济现象,社会创业教育在国内仍然处于起步阶段。本章以深圳大学公益创新专才班为例,总结提炼了从认知塑造、能力提升、资源链接三个维度培养社会创业人才的具体策略,强调了实践教学对于人才成长的重要性,对于其他高校开展公益慈善教育有一定的启发意义。需要指出的是,虽然从益才班学生取得的项目大赛成绩和毕业情况来看,这一模式取得了一定的成效,但是缺乏从学生视角加以实证研究。此外,本章对社会创业模式的提炼仍然停留在经验描述层面,如何从理论上解释不同的教学手段和策略对教学目标的影响,尚需进一步地深入探究。

# 第十三章 "研—教—育—用"四位一体模式助推复合型人才培养的改革探索[*]

## ——基于"公共政策学"课程教学实践

耿 旭 张莉娜[**]

随着党的二十大召开,我国迈入了中国式现代化的新征程,青年教师作为新时代高等教育变革创新的主力军,面临新的机遇,但聘用制体制下的青年教师面临更加激烈、更加内卷的竞争,需要他们进行持续性的"思维性运动",实现科研、教学、公共服务等各方面全面发展。不同于理工科的学科性质,培养过程中可以通过"产学研"培养链条或者通过寻找应用场景实现研究与应用结合,管理类学硕在培养过程中往往会出现一些诸如培养目标模糊、培养资源分配相对较弱、培养机会"教师"个人化等,导致人才培养的差异性很大,也给教师个体带来人才培养的困惑。

作为新时代高等教育创新改革的主力军,青年教师面临的挑战更大,一方面需要思考"我们将培养什么样的人才"以应对时代变革的客观需求,另一方面需要思考"我们将如何高效培养人才"以应对聘用新模式下教师的主观需要,如何在资源、精力与时间有限的情况下创新教研理念与教学模式,解决教师高科研压力导致的教学弱化与学生对教学质量的高需求间的冲突,打通教研中不同环节之间的隔阂,激发育人和研究的叠加效应,真正意义上促进师生共成长。对教师而言,这本质上反映了如何处理教学、研究、育人以及应用上的关系,需要回应如何培养以及形塑需求导向的人才。因此,本章以本

---

[*] 本章为2022年广东省本科高校高等教育教学改革项目"高校专业类课程思政建设质量的影响因素研究"成果之一、2023年深圳大学课程思政改革示范项目"公共政策学"示范课程成果之一、广东省教育科学规划课题"价值链视角下'研—教—育—用'模式助推粤港澳大湾区复合型人才培养改革研究"(2024GXJK293)成果之一。

[**] 耿旭,女,深圳大学政府管理学院副教授,行政管理系副主任,主要研究方向为公共服务与政策分析、地方政府治理改革;张莉娜,女,深圳大学政府管理学院硕士研究生,主要研究方向为公共政策。

科课程"公共政策学"为实验场域,以"教学"为"桥",连接"研究"、联通"育人"、联系"应用",以现代信息技术为支撑,从价值链视角初步探索"研—教—育—用"四位一体的全链条教学模式,实现"互构—互动—互联—互促"四个效应,体现教改的理论价值、引导价值、知会价值与应用价值,以期达到复合型人才培养与教师多元化发展的双赢目标。

## 一、问题提出:青年教师教育教学面临的时代之困

### (一)多因素制约下的科研与教学矛盾

整个高等教育发展过程本身就充斥着教学与科研的价值对抗。高等教育大众化背景下的大学要求教师承担繁重的教学任务,而高水平一流大学的建设更是要求青年教师成为科研主力。能够同时做好教学工作与科研工作,成为青年教师孜孜以求的目标。然而,作为刚从象牙塔走出的"研究型"青年教师,在角色转换、教育方法、教育内容和突发性事件处理等方面还缺乏经验。因而,需要投入大量的时间去实践。另外,科研导向下的大学体制,还需要"研究型"青年教师完成艰巨的科研任务,这些科研任务以考核标准形式确定在合同中,成为青年教师"去留"的关键钥匙。如此,科研与教学往往处于天平的两端,如何把握平衡成为很多青年教师面临的最大困境。

### (二)"陌生式"或"浮水式"的课堂困境

一方面,刚步入职场的青年教师由于缺乏一定的教学经验与教学方法,要在有限的课堂时间内将最前沿的政策知识传递给学生,需要避免"死板的"知识灌输式方式;另一方面,学生由于实践经验的缺乏往往无法对理论知识或者实践案例产生共鸣,因而课堂教学的效果可能会大打折扣,体现为难以调动学生上课积极性,缺乏互动带来的"陌生式"教学,方法不当带来的"浮水式"讨论效果,甚至会出现教师一个人"尬聊"的场面。这会在一定程度上打击青年教师授课信心,也在一定程度上影响学生的知识吸收质量,如何通过多样化的教学方法提升课堂教学效果也成为青年教师面临的难题。

### (三)思政要素融入课程教学的技术难题

2020年教育部印发的《高等学校课程思政建设指导纲要》明确把思想政治教育贯穿人才培养体系,将价值塑造、知识传授和能力培养三者融为一体。课程思政建设是当下高校践行立德树人根本任务、实现内涵式发展的重要载体。但是,如何处理好思政课程(显性教育)与课程思政(隐性教育)的边界问题,如何在课程设计中嵌入思政要素达到"润物细无声"的作用,成为当下青年教师面临的普遍性问题。

### (四)知识理论体系与政策问题解决的脱节

一方面,学生群体不断以知识的实用性为标准,在能力和方法上对教师教学提出新要求与新期待。另一方面,社会发展现实对应用型人才提出大量需求。当前,我国已经迈入中国式现代化新征程,这提出了多学科、多种决策方法、多种知识背景与多种决策情景融合的公共决策和治理要求。但是,目前课程知识体系与公共政策实践存在明显脱节。首先,学生掌握的理论与分析工具缺乏具体公共政策应用场景,还停留在"书本知识"阶段,无法灵活解决现实中的公共问题。其次,学生缺乏充足的经验对公共议题进行分析,不能科学地评价、分析和评估公共政策。因此,面对"双区"建设背景下日益复杂的公共政策问题,迫切需要在课程中引入"真实政策场景",身临"现实问题"中提出解决方案。

## 二、研究现状与教学模式概况

### (一)研究现状

本章所要回答的核心问题是如何适应高校环境与市场环境双向需要培养复合型人才。当前国内关于本科文科人才培养模式的研究非常丰富,不同分类标准下形成了三种不同的研究视角。

第一,从新文科视角下培养模式出发,探讨高校已形成的人才培养模式价值和效果。崔延强等基于新文科背景下的教育改革探索,将已经形成的制度化培养模式概括为双学位和联合学位模式、微专业模式、文科实验室模式、书院模式四大模式。① 它们各有优势,通过不同的机制发挥人才培养的作用,但同时作者也指出与其他"三新"相比,新文科建设成效并不突出,存在的问题包括:仍限于以项目形式展开,重学理探讨大于实践探索,搞联盟式活动的兴趣高于专业课程深度改造和创新的兴趣,真正的"伤筋动骨"式的学科深层融合改造并不多见,这也是未来新文科建设需要重点发力的方向。俞兆达从新文科建设路径出发,将其总结为理念革新重塑文科专业定位、知识交叉优化文科课程体系、技术赋能文科教学效能升级三大切口,并基于7个全国高校典型经验进行跨案例研究,发现存在文科专业特质淡化、文科知识价值稀释和文科教育技术替代等战略隐忧,强调找回"以我为主"的专业本体理念。②

第二,从协同视角出发,基于应用型人才的培养探讨高校、企业以及产业等不同主体如何协同打造人才培养新模式。目前国内比较典型的协同模式是"产学研赛创五位一体"的人才培养模式,该模式的价值主要是为应用型创新创业人才培养提供系统性训练③,实现产业对接和弥合人才鸿沟④等。很多学者认为,在推动这个模式运作过程中,有很多实际的条件,陈哲夫等人认为需要建立完善的保障体系,特别注重地方高校创新人才培养的特殊需求。⑤ 孙国霞等人认为该模式在应用型本科不同学科专业和产业领域有所不同,需要聚焦到具体场景中进行分析。⑥

第三,从技术环境视角出发,探索人工智能时代下本科文科人才培养模式转型问题。这类研究侧重从宏观视角,探讨人工智能时代下复合型人才应该具备的知识结构和能力体系。王竹立等人认为数智化时代已到来,教育应该回归育人本质,人才知识结构要实现从传统的金字塔形向蜘蛛网形转变,

---

① 崔延强,林笑夷,段禹.新文科背景下复合型人才培养实践模式研究[J].苏州大学学报(教育科学版),2024,12(1):58-67.

② 俞兆达.新文科人才培养模式改革的创新切口、战略隐忧与行动前瞻:一项跨案例研究[J].西南大学学报(社会科学版),2023,49(6):226-239.

③ 温东荣,郭晓云,尤钦民,等."五位一体"系统性应用型创新创业人才培养模式探索[J].科教导刊,2022(14):141-143.

④ 孙国霞,赵岚.应用型本科高校"产学研赛创五位一体"人才培养模式研究[J].中国高校科技,2023(12):60-64.

⑤ 陈哲夫,陈端吕,彭保发."协同创新"背景下地方高校人才培养的保障体系构建[J].高教学刊,2019(19):25-28.

⑥ 孙国霞,赵岚.应用型本科高校"产学研赛创五位一体"人才培养模式研究[J].中国高校科技,2023(12):60-64.

能力结构应由终身学习能力、人际交往和合作能力、批判性思维和决策能力、数据分析和信息处理能力、创新实践能力等构成，他们呼吁教育要尽早做好变革准备。① 眭依凡等人认为人工智能时代的到来倒逼人才培养目标重塑，包括更具有竞争力的拔尖创新人才、学科交叉融合背景下的学术人才、具有能够终身学习且具有自我可持续发展能力的人才，这就需要在教学内容、教学方式与教学评价方面进行改革。②

综上所述，人才培养模式的研究一直是学者关注的研究议题，积累了大量的研究成果。但是大多数人才培养模式是从自上而下的视角展开的，即站在教育规划、学校规划以及学科规划的视角探索一条具有普适性意义的改革路径。但是人才培养的核心主体在于教师，主体是教育价值链发挥作用的关键一环，其所依托的课程是教学平台以及教学资源等最终的落脚点，如何从微观课程视角，有效衔接课程改革与专业人才培养模式具有重要意义。因此，本章主要是从课程视角探索课程改革在推动学科或者专业人才培养模式中的作用机制。

## (二)教学模式概况

### 1. 价值链视角下的教学模式

价值链理论最早产生于商业领域，是哈佛大学商学院教授迈克尔·波特于1985年提出的，核心观点是将企业的业务流程描绘成一个价值增值和价值创造的链式结构，研究如何通过计划、协调、组织和控制各个环节的工作，使各环节在相互联系的基础上同时具有处理物流、资金流和信息流的自我组织能力。

笔者认为，人才培养应该就是一个典型的价值链，这个链条包括研究、教学、育人和应用四个环节。其中研究是价值链的起始环节，对应价值链理论中的"内部后勤"。在这一阶段，教师作为主体进行深入的学术探索，为教学提供理论基础和前沿知识。这一过程的价值在于创造和积累学术资源，为后续的教学和教育工作提供坚实的支撑。教学是价值链中的核心环节，对应价值链理论中的"生产作业"。教师将研究成果转化为教学内容，通过课堂教学、讲座、研讨会等形式传授给学生。这一过程的价值在于将知识从研究人

---

① 王竹立,吴彦茹,王云.数智时代的育人理念与人才培养模式[J].电化教育研究,2024,45(2):13-19.

② 眭依凡,幸泰杞.人才培养模式创新：人工智能时代大学的紧迫课题[J].中国高教研究,2024(3):8-16,21.

员传递到学生,实现知识的传承和创新。育人这个环节涵盖了学生的全面发展,对应价值链中的"外部后勤"以及"市场与销售"。在这一阶段,教育机构不仅提供知识传授,而且注重培养学生的综合素质和创新能力,帮助学生将所学知识应用于实践,并为其未来的职业发展做好准备。这一过程的价值在于培养出符合社会需求的高素质人才。应用者是价值链的终端环节,对应价值链中的"服务"。学生通过实习、实践、创新创业等方式将所学知识应用于实际工作中,为社会创造价值。同时,教育机构也通过与企业、社会等各方建立合作关系,为学生提供更多的实践机会和就业渠道。这一过程的价值在于实现知识的社会化和价值化。

在文科"研—教—育—用"四位一体的全链条培养模式中,这四个环节相互关联、相互促进,形成了一个完整的价值链。通过这个价值链的运作,课程可以实现知识的创新、传承和应用,为社会培养出更多具有创新精神和实践能力的高素质人才,也有助于教育机构与社会、企业等各方建立更加紧密的合作关系,实现资源共享和互利共赢。

2. "公共政策学"课程教学模式

"公共政策学"是政治科学和公共管理学的重要分支学科,以社会问题的解决为核心,融合经济学、工商管理学、法学、心理学等多种学科相关的知识和方法,是一门新兴的综合性应用学科。通过课程学习,学生深入理解公共政策的学科体系、基本内容、运行规律,切实掌握分析公共政策的方法,从而具备分析现实政策问题的能力,为进一步从事政策分析工作打下良好基础。我校行政管理专业作为国家一流本科专业,在1999年开设"公共政策分析",历经多次发展建设(如图13-1),目前"公共政策学"课程作为最重要的专业基础课之一,在基础课和专业课之间起到重要的桥梁作用。

**1999年**:国内较早开设"公共政策分析"课程;专业核心课程

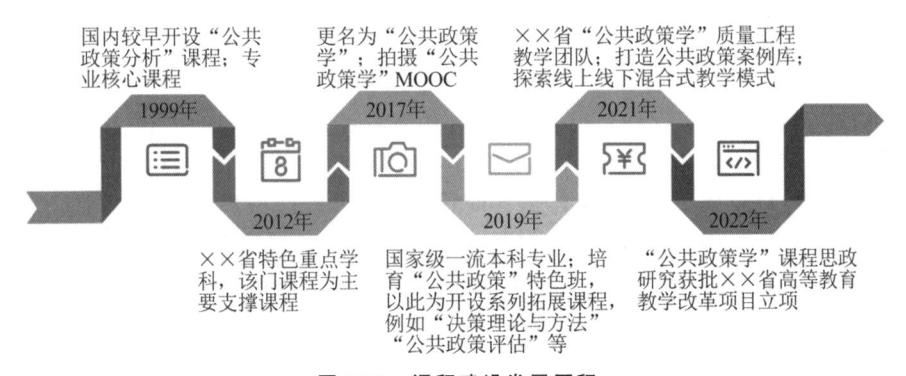

**2012年**:××省特色重点学科,该门课程为主要支撑课程

**2017年**:更名为"公共政策学";拍摄"公共政策学"MOOC

**2019年**:国家级一流本科专业;培育"公共政策"特色班,以此为开设系列拓展课程,例如"决策理论与方法""公共政策评估"等

**2021年**:××省"公共政策学"质量工程教学团队;打造公共政策案例库;探索线上线下混合式教学模式

**2022年**:"公共政策学"课程思政研究获批××省高等教育教学改革项目立项

图 13-1 课程建设发展历程

以"公共政策学"为实验场域,本章搭建以下教学模式分析框架(如图 13-2)。具体而言,课程需要明确教学目标,本课程定位于追求"德、知、行"协调发展的复合型人才培养目标,按照"共享＋共研＋共建"的教学实践思路,以"教学"为"桥",连接"研究"、联通"育人"、联系"应用",以现代信息技术为支撑,形成"研—教—育—用"四位一体的全链条教学模式,发挥研究的输入功能、教学的示范功能、育人的引导功能与应用的输出功能。

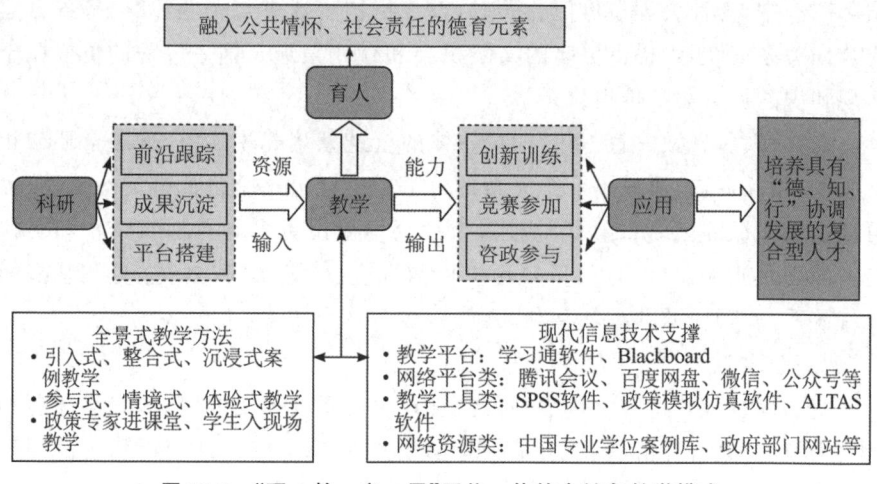

图 13-2 "研—教—育—用"四位一体的全链条教学模式

## 三、教学案例:"研—教—育—用"四位一体教学模式运用

### (一)扎实做好研究,促教学资源持续输入

第一,扎根中国大地,探究政策问题本质。立足中国式现代化建设,讲好中国故事,通过申请纵向课题与论文发表开展学术研究,跟踪我国公共政策研究与发展动态,掌握政策前沿知识,从而为动态更新教学 PPT 提供丰富的素材,为公共政策议题的提出提供最新依据,保持课堂教学的鲜活性与前瞻性。

第二,沉淀研究成果,积累课程研讨素材。研究形成学术论文,结合知识点深度讲解如何运用。例如,在政策评估章节中,结合论文《基于 CAS 理论的粤港澳大湾区公共服务供给系统构建与质量评估》,深入浅出讲解政策评估整个过程。研究形成教学案例,例如在政策工具章节中,结合《技术如何影响公共服务质量:以深圳市龙岗区"互联网＋政务服务"为例》案例,探讨技术工具如何影响政策决策与公共服务。

第三,参与咨政服务,搭建政学研一体化培养平台。一方面,通过参与地方政府改革,与深圳市前海管理局、民政局、政法委等市级部门以及各个区级部门、相关街道办事处等建立良好合作关系,为"政策分析导师进课堂""学生走进政策实践"等提供平台和基础。另一方面,与深圳市机关事务管理局合作,成立深圳大学机关事务研究院,招聘学生助理研究员,为有志机关事务与发展政策研究的学生打通政学研一体化培养通道。

### (二)立足教学改革,促理论知识高效吸收

第一,采用多样化教学方法,多举并存打造课程品牌。探索参与式、情境式和体验式教学。一是坚持小班分组教学,通过充分引导学生参与课堂讨论、小组分享以及线上互动,调动同学们的上课积极性。二是进行政策模拟,针对某个具体政策,将学生分组为专家组、公众组、政府政策制定组、新闻媒体组以及其他利益相关者组,进行政策出台、执行和评估的模拟。三是邀请政策专家进课堂(例如邀请香港教育大学公共政策研究者和经纬教授),体验专业魅力,拓宽学生的研究视野。

第二,主打案例式教学,探索类型化案例嵌入路径。沉浸式案例法是以案例为依托和主线,环环相扣衍生出问题与理论解释。当理论性知识很强、实务性知识较弱情况下,引入式案例更为适用,从现象中追问理论溯源,进而激发学生的思考深度。整合式案例法是针对问题导向明确和现实指向突出的知识传授过程采用的方法,在使用过程中将多个案例整合为一个案例集,以列举讨论的方式综合呈现出来。

表 13-1 "公共政策学"课程案例类型

| 案例类型划分 | | 理论性知识 | |
|---|---|---|---|
| | | 强 | 弱 |
| 实务性知识 | 强 | 沉浸式案例 | 整合式案例 |
| | 弱 | 引入式案例 | — |

第三,加强情感互融,举办"课后小沙龙"等研讨活动。基于课程分组开

展课后沙龙活动,每节课后与每个小组在教室进行课后研讨,围绕课程、生活、学习以及组织活动、未来发展困惑等主题进行答疑解惑,增进与学生的距离,加强与学生的情感交流,更好地进行教学引导。

第四,组建质量工程团队,共同研讨课堂提质策略。2021年以"公共政策学"课程为依托,组建申请了广东省质量工程团队,为课程提供强大的师资力量,通过成员间的合作与交流,增进教学经验,提升教学水平。

### (三)坚持育人为本,促思政要素深度融合

第一,以情怀为驱动,重塑教学教育理念。承担立德树人的根本任务,加强学生价值观念的思想引领,为课程设计"立之为公、策之以道"的教学愿景。结合中国特色公共政策特征和价值取向,实现价值塑造与知识传授、能力培养协同推进。

第二,以思政要素为纲,重新设计教学内容。根据时事与中国现实政策理论来动态优化重构教学大纲,挖掘每个章节的思政要素,设计学生接受性强的融合方法,融入公共情怀、社会责任的德育元素,引导学生知识创新。

第三,以方法为着眼点,探索新型教学方式。推行疑问式教学,在课程讲授过程中注重"设疑",引发学生思考,引导学生自主探索问题答案,实现对于基本价值观的共识建立。

### (四)推行应用为先,促政策问题有效解决

第一,学以致用,通过竞赛检验知识。鼓励和指导学生参加"挑战杯""市长模拟大赛"等各类创新训练或竞赛项目,将课堂引发的政策问题思考直接转化为研究选题,用政策分析知识和方法提出解决问题的方案。

第二,深入基层,通过实践积累问题解决经验。指导学生深入基层进行社会调查,从前期立项、研究思路、调研访谈到报告形成与修改,每个环节都与学生充分讨论,及时回答学生疑问,"学中做、做中学",积累研究经验,提升解决问题的能力。

### (五)倡导技术赋能,促智慧教学落地增效

第一,借助多元化分析工具,培养学科交叉创新思维。引入政策模拟仿

真软件、ATLAS.it 定性分析软件、SPSS 定量分析软件、数据爬虫等分析工具，基于系统工程理论、可拓评价方法等学科理论，培养学生学科交叉创新思维，助力公共政策问题的有效解决。

第二，利用超星学习通等教学平台，推动课程管理精准化。通过学习通软件创建"云课堂"，开展线上与线下联合式教学，全面贯彻精益化与精准化原则，将"课前准备—课中互动—课后诊断"无缝衔接，更好地掌握学生需求，了解学情，对教学质量进行全过程监测。

## （六）采用多元评价，促学习动力全面激发

第一，以过程性考核为主，坚持因材施教。改变传统教学中期末考试这一类型的应试测评方式，注重考查学生的课前自主学习能力、课中小组合作能力以及个人独立思考能力、课后知识拓展能力，从多面多样多元角度考查学生，引导学生发挥自己的能力优势，锻炼劣势能力。

第二，重视"互动"要素，鼓励学生全程参与。课堂通过问题式、思辨式、启发式教学激发学生思考，加强与组内、组间以及教师的互动，探索碰撞"例外"与"冲突"观点。课程将通过设置"小组互动情况""课堂互动情况""同学互评情况"等指标进行考查。

表 13-2　课程评价方式与考核要素表

| 序号 | 考核形式 | 所占比例/% | 考核要素 |
| --- | --- | --- | --- |
| 1 | 线下考试 | 50 | 考核内容为每个章节重难点内容，以知识的分析运用为主要考核 |
| 2 | 小组方案研究 | 15 | 每个小组提交不同政策领域问题解决方案，考查方案的理论指导性、分析深度、可操作性以及方法的科学性等 |
| 3 | 课堂互动 | 10 | 包括发言情况、听课认真程度、课堂交流与学生互评、课堂小组讨论活跃度等 |
| 4 | 个人作业 | 15 | 包括作业态度（完成度）、结构内容逻辑性、论据充分性以及见解新意度 |
| 5 | 线上测试 | 10 | 课程章节阶段性测试成绩 |

## 四、教学成效：实现"互构—互动—互联—互促"四个效应

通过上述五个方面的改革措施,实现"互构—互动—互联—互促"四个效应,产生多元化的教学成果和育人成果。

### (一)价值互构,胸有情怀

在课堂教学观点的探讨碰撞中,增强学生对本专业和本学科的认同感,实现价值互构。一是增强学生公共情怀,指引择业方向。导师指导的学生中,有的考进公务员,有的考取厦门大学公共政策专业、纽约大学社会政策专业攻读硕士。二是凝聚学生团队,搭建公共管理与政策服务平台。2018年,在一群志同道合学生的呼应下,作为指导老师之一,笔者成立深圳大学公共管理协会,学会以"立学为公、上下求索"为目标,通过承办"粤港澳大湾区市长模拟大赛"激发同学们对政策问题的关注,通过举办系列公益活动,推动公益事业发展。三是发挥专业知识,探讨公共组织发展方向。笔者与两届会长共同撰写的教研论文《国家级一流专业建设中的专业型社团发展探析》,发表在中国经济出版社出版的深圳大学管理学院教学研究文集《我们的天职是求知》中。

### (二)场景互动,乐享课堂

在课程授课中,不断探索参与式教学、体验式教学与案例式教学,调动同学们的上课积极性,锻炼学生深度思考能力,打造课程品牌。一是在量化测评上,质量过硬,名列前茅。从近3年"公共政策学"课程教学测评看,6个班级课堂教学测评相对排名平均值为1.39,课程得到同学们的支持与认可。二是在质性评价上,体验感强,收获好评。学生对课堂教学的生动性、逻辑性、实用性都给予肯定性评价。

### (三)知行互联,改变创新

扎根中国大地,深入社会实践推动改革创新,突出学生专业能力和应用能力培养。一是从课堂中孵化政策议题,通过创新竞赛彰显政策分析能力。2019年、2020年指导本课堂三组学生参加粤港澳大湾区"市长模拟大赛",三

组学生分别获得二等奖(2个)、三等奖;指导本课堂学生参加全国第一届"哲寻杯"高校公共管理案例大赛,并获得全国三等奖;2020年、2021年连续两年指导三组学生参加挑战杯,分别获得二等奖、三等奖(2个);2019年指导学生获得2018年广东大学生科技创新培育项目(攀登计划);2020年指导学生申请到2020年深圳大学大学生创新创业训练计划项目(省级立项)。二是参与地方政府咨政项目,通过循证式观察感受现实政策世界。指导学生参与深圳市妇联关于"新业态妇女群体思想状况与权益保障政策"、深圳市大鹏新区委政法委关于"社区居民民约制定与实施研究"等相关课题。

### (四)教学互促,师生共进

始终坚持合作共进意识,鼓励学生将研究项目、竞赛成果与课堂论文沉淀为论文成果,实现学生科研能力提升与教师科研论文发表的双赢。一是加强与学生合作,积极推动成果转化。指导本科生发表了《垃圾分类"强制时代"下撤桶政策实施现状与对策研究——以深圳市L区为例》等论文。二是加强教学反思,将教改经验转为教学论文。基于"公共政策学"课程教学与改革,笔者从微观群体、中观方法与宏观制度层面发表《走出"青椒"之惑——对新一代青年教师成长的几点思考》《案例式教学的嵌入路径与困境》《"主体—环境—制度"三元互动视角下的研究生培养质量提升策略》系列论文。三是形成资源链接,开发公共政策教学案例库。目前,基于课堂讨论的热点问题与研究咨政课题,开发了10篇公共政策教学案例。

## 五、教学价值:形成具有推广意义的教学典范

### (一)打造"输入—输出"全链条式教学研究发展模式

教学与研究是一对共生体。本课程从宏观视角呈现了如何推动教学与科研平衡发展问题,找出核心环节与关键活动,从"研究"输入—"教学"吸收—"育人"强化—"应用"输出四个环节出发,阐述它们之间的关联性与联动过程,形成"输入—输出"的全链条式教学研究发展模式,解决了当下青年教师普遍存在的焦虑问题,为教师教学研究与职业发展提供新的思路。

## (二)设计高效汲取知识的多元嵌入式案例教学方法

夯实学生专业知识基础,掌握课程基本知识原理,把握课程未来研究方向是学生课堂学习的首要目标。本课程从理论—实践双维度出发,设计出沉浸式案例、引入式案例和整合式案例三种案例教学方法,详细阐述不同案例的教学适用场景与运用过程,回答"如何有效平衡知识点教授和案例研讨间的比重关系问题""如何有效平衡案例开发和其他教研活动之间的关系问题""如何有效解决学生'陌生式'或'浮水式'回应的问题",帮助教师与学生更有效率地理解理论,更有乐趣地汲取专业知识,为案例式教学提供了具有可操作性的手册与指南。

## (三)探索思政要素融入专业课程的可行性路径

本课程结合中国式现代化、深圳双区建设的战略定位以及行政管理国家级一流本科专业建设点的建设要求,先行先试探索出专业课程思政建设路径。围绕课程思政中的核心议题,包括"思政内容要素如何嵌入专业课程"(内容层面)、"如何以更有效的方式让学生接受课程思政教育"(方法层面)、"如何分层分类推动课程思政改革"(改革层面)等方面,分别从"理念重塑—体系再造—内容优化—方法创新"四个维度推动思政要素与专业课程的融合,使学生深刻理解中国制度体制优势,实现课程思政教学目标,为本专业其他课程以及其他相关性质课程思政改革起到参考价值。

## (四)培养具有"情、知、行"协调发展的复合型人才

本课程为培养"敢为世先谋公利,严于己学求真知"的专业人才打下基础,完成"情、知、行"协调发展的目标,力求使情(价值)的培养、知(知识)的培养、行(技能)的培养协调发展。(1)情(价值)的培养:结合现实中的政策问题,鼓励学生思考新时代国家与社会面临的发展挑战,寻求国家与社会善治之道。(2)知(知识)的培养:掌握扎实的基础知识,了解以政府为主导的公共组织进行公共政策活动的基本规律。(3)行(技能)的培养:本课程通过课堂案例分析、咨政课题参与、创新竞赛参加等方式,使学生具备运用所学知识理解和分析现实公共决策的能力,最终培养具有一定的政策理论素养和政策分

析能力的多学科知识交叉的复合型人才,助力中国式现代化建设。

## 六、结论与局限

本章从微观课程改革切入,探讨在人才培养模式转型过程中,课程改革如何能以及怎么能做出培养贡献。基于此,研究从价值链理论出发,搭建了"研—教—育—用"四位一体的复合型人才培养模式,并以"公共政策学"课程为例,呈现该培养模式何以运作,对教师个体的课程教学改革具有一定的启示。但是,对于教师群体而言,人才培养的魅力在于过程的主观性和能动性。基于教师个体的课程改革很大程度上受制于教师本身,包括教师的投入热情、所具备的研究资源、掌握的教学方法以及与学生的互动模式等,从这个意义上而言,本章所形成的"研—教—育—用"四位一体的复合型人才培养模式并不具有普适性。

第五篇

# 教学案例写作与开发篇

# 第十四章　教育管理硕士专业课程的案例开发与反思

陈武林*

作为一种具有代表性的定性研究方法,案例研究通过在实际情境之中深入研究某一现象的经验性考察,已成为社会科学领域的一项重要研究方法。由于教育制度和文化环境的独特性及互联网等新技术兴起带来的变化,教育治理过程中涌现出很多以往理论难以解释的现象与问题,学界也迫切期待通过案例开发来构建适合本土情境的教育管理理论体系。与之相应,国内案例研究领域的成果在数量和质量方面都有了明显提升,高质量案例研究成为许多教育研究者持续追求的目标之一。为此,了解和把握案例研究的一般过程及其注意事项是教育管理硕士专业课程在案例开发时应当审慎对待的任务。

## 一、案例的生成过程及落脚点

案例是对日常生活中典型事件与情境的陈述,在一定程度上成为针对性地传递教育目标的有效载体。1870年,时任哈佛大学法学院院长兰德尔通过还原事件过程和分析典型判例的示范性教学拉开了案例法的序幕。以管理学、教育学等为代表的应用性学科纷纷将案例法作为主流情境教学模式之一,使用案例研究方法的学术论文也在学术界科研成果中占有独特而重要的一席之地。其中,以哈佛商学院案例库为代表的国内外案例组织管理机构在案例资源共享与利用方面的影响力与日俱增。

---

\* 陈武林,男,深圳大学教育学部副教授,硕士生导师,主要研究方向为教育管理与评价。

## (一)案例的生成过程

案例研究法是教育研究中的常用方法,但学术界对这种研究方法的科学性、研究结论的可推广性存在着一定的质疑,并因其过于微观而怀疑其学术价值。不过,案例研究对于教育研究和实践的意义至关重要,因此必须采用正确的案例研究方法才能推进学科知识的纵向积累以及对实践经验的精准概括。作为一种定性研究方法,案例研究的目的在于通过研究者在真实情境中的体验和想象来提升人们对某些现象和事物本质或意义的认识。在工商管理、行政教育等领域,对案例已有了较深的认识,在谈到工商管理案例时,格柯认为:"案例,就是一个商业事务的记录;管理者实际面对的困境,以及做出决策所依赖的事实、认识和偏见等都在其中有所显现。通过向学生展示这些真正的和具体的事例,促使他们对问题进行相当深入的分析和讨论,并考虑最后应采取什么样的行动。"[①]有学者认为案例研究就是以一个人、一个团体或一个事件为研究对象,广泛地收集各种资料,综合运用各种方法(包括质的方法和量的方法)与分析技术,对负责情境中的现象进行深入探究的研究方法。[②] 也有人认为,个案研究是一种个别的、深度的、描述的且偏向质的研究方法,期望通过对个案的深入了解来探究其与全体的相同与不同之处。[③]在相同与不同之间,体现的是事物之间的普遍联系和特殊联系。纵然有关案例研究方法的定义多样,归根到底,它就是一种扎根现实、聚焦个案,通过收集多种资料和证据,深度调查当下现象,分析其中的缘由、变化与影响过程的经验主义研究方法。

首先,聚焦问题。案例是发生在一个特定的时间和空间范围里的事件,作为特定情境中的研究对象,比较集中地反映了研究者所关注的事情和问题。如对一堂课、一件事、一次活动及一个人的研究。案例研究的情境性,使研究体现了一定的整体性和典型性,有助于对特定事件的反映和认识。讨论案例研究(尤其是单案例研究)如何通过突出情境、展示过程和揭示关系,来讲述引人入胜的故事,在环境中影响教育行为和变量间功能关系的形成以及它们的意义、条件和约束。情境有助于研究者聚焦研究的关注点。通过关注

---

[①] 郑金洲.案例教学指南[M].上海:华东师范大学出版社,2000:1-2.
[②] 杜鹏,李庆芳.质性研究的六项修炼[M].北京:经济管理出版社,2019:81.
[③] 范明林,吴军,马丹丹.质性研究方法[M].2版.上海:格致出版社,2018:240.

情境,研究者可以发现现象中最有趣的部分,识别最相关的事件,从而有所取舍。案例研究的情境性特征还体现在研究者需要介绍相关的教育情境和过程动态。为了凸显研究的情境性,研究者需要说明选择这个情境的理由,帮助读者明确案例对象的特点。

其次,案例的选择与确定是基于抽样基础上合理把握研究对象的过程,即选取能够提供和研究目的相关的丰富信息的对象。案例是具有生命力的,在案例研究中最重要的想象力实际上是价值关联的能力。研究者对实践情境进行回顾与思考,是触发案例研究的重要条件,也是案例研究对象和材料的主要资源。做一项案例研究容易,做一个好的案例研究难,通过好的研究对象讲道理更难。毕竟接近真相的道路总是迂回曲折的。因此,开展案例研究,提出一个好的研究问题是重点也是难点。面对复杂、独特的教育现象,如何发现一个有趣的话题,并在此基础上提出有新意、有深度的研究问题,与合适的理论进行有效的对话,是开展案例研究初始阶段所应考虑的范畴。一方面,要明确资料来源。案例研究的数据来源主要包括六种途径——相关文档、档案、访谈记录、实地观察、参与性观察和实物证据,且资料之间最好能够相互检验。通常情况下,资料的来源越多,研究效度越高。在案例研究中,大部分的资料数据都是由研究者本人同个案的近距离接触与联系而直接收集的(必要的时候也可使用测量和问卷的方法)。这些数据包括文档、访谈、现场观察等各种数据,可以是一手数据,也可以是二手数据。[①] 另一方面,开发教育管理专业课程案例时,先要有基本构想并进行一些前期准备工作。比如学校集团化改革实施以来,一些集团学校一直在高速成长,并形成了一定的办学竞争力,其高速成长的过程和原因是什么?研究这一课题时,先需要寻找有代表性的集团学校案例,并在此基础上调查并展开案例研究。因此,资料收集前的准备工作应以初步理论为基础,以便于到现场搜寻资料时深入挖掘相关信息。

最后,案例的叙写。案例的描述中要包括一定的冲突并反映教育管理工作的复杂性。在写作和形式表现上,案例研究有点类似于戏剧小说的构造手法,起承转合间自然衔接,对教育管理现象进行故事再现,同时注意体现不同群体的相应需求及其观点的对话交流。对于案例的描述要具体、明确,不应是对事情大体如何的笼统描述,也不应是对事情所具有的总体特征所做的抽

---

[①] 案例研究方法所使用的资料主要包括两方面:一是政策文件类资料、互联网资料、会议及讲话资料等二手资料;二是访谈、观察及实地调研所获得的一手资料。

象化的、概括化的说明。同时,在描述中要把事例置于一个时空框架之中,也就是要说明故事发生的时间、地点等,揭示出人物的内心世界,如态度、动机、需求等,反映出故事发生的特定的背景。形成假设与理论化,跟文献进行对话,和矛盾以及支持的文献进行比较,达到理论饱和,结束研究,整理成文。而案例对象背后隐藏的问题,给出了既有理论无法解释的经验现象。研究者经常寻找一些构念来组织描述性的数据,并帮助他们在自己的数据和文献中报告的其他研究成果之间建立起联系。[①] 这需要研究者先把故事进行抽象和升华,形成一组命题,然后引入更宏观的视角来支持这些命题,并与相似的研究发现进行比较,最终完成将故事理论化的工作。此外,为了避免单一资料来源所造成的偏差,研究者应该尽可能地利用多种方法收集资料,例如利用观察、访谈、年报和会议记录等方法收集资料,以体现三角互证的精神。学术中常用数据三角测量来对数据来源的多样性进行要求。数据三角测量是在研究中使用各种数据源,包括时间、空间和人员等维度上的数据。单一数据中的弱点都可以通过其他数据的优势来弥补,从而提高结果的有效性和可靠性。

### (二)案例开发的落脚点

1. 基于问题的案例开发

一个案例的生成,是基于某一矛盾或问题,对具体真实且有典型意义的事件所做出的客观而准确的记录。当然,案例研究中包含着有问题的事件,但并非所有的事件都可以成为案例。能够成为案例的事件,必须包含有问题或疑难情境在内,并且也可能包含有解决问题的策略和方法在内。一个好的案例可以使读者有身临其境的感觉,并对案例所涉及的人产生移情作用。虽然选择案例比较容易产生代表性或概括性的顾虑,但正是通过某一案例,详细地描述事物的现象是什么、分析其中的原因,并从中发现或探求事物的一般规律和特殊性,推导出研究结论或新的研究命题,使得案例的典型特性在研究中逐渐清晰地呈现在读者面前。不同个体、不同群体、不同地区的教育情景是不能复制的,考虑到单纯的量化研究容易忽视这些差异性,这就给案例研究方法的应用和发展提供了重要契机。在案例研究中突出情境,意味着

---

[①] 乔伊斯·P.高尔,等.教育研究方法:实用指南(第5版)[M].屈书杰,等译.北京:北京大学出版社,2007:294.

研究者需要把自己的观察和一系列相关的事实、事件或观点联系在一起,从而在更大的整体或框架下理解所从事的研究。通过对案例问题情境的分析所得出的结论,是一种规律性的认识,具备了良好的普适性和可迁移性特征,能够起到举一反三的作用。[①] 案例研究方法是在自然情景中而非人为控制的环境中,对研究对象进行研究。这就使得研究过程具有更强的空间感,更注重探究在特定情境里事物的性质及相互关系。在案例中,关系隐藏在纷繁复杂的现象和数据背后,由研究者通过对经验数据的解释和说明以揭示事物的内在关系。

2. 案例的典型性

这一点主要体现为对现象的敏锐反应,需要研究者从典型事件中寻找意义,进而引起深刻的反省。目前,案例教学在教育管理学科领域的知识传播、实践引导等方面发挥着越来越大的作用,已然形成了良好的氛围。其分析过程是对某些重要的教育现象或对已知两个教育变量之间的因果联系作出解释。例如,教师对职业生涯的满意度为何如此低迷?为了探明原因,研究人员可以在某个学段(如幼儿园或小学)选择几位流露出上述倾向的教师开展调查研究。为了弄清上述这些因素中哪个因素起主要作用以及它们之间的相互作用关系,研究者决定围绕被研究学校所处的外部环境和管理制度、教师的教学负担和工作量、学校的风气和纪律状况、教师在学校的地位和待遇、教师的生活方式与专业发展等展开调查研究。再比如,为了查明某一教育改革方案及其实施效果,研究人员决定围绕以下基本问题展开调查研究:方案是在什么背景下出台的,实施过程及其效果如何。围绕这样的问题所开展的案例研究便是解释性案例研究。诚然,案例基于教育管理实践特色,在发现教育问题、阐明理论内涵等方面可有效填补量化研究的不足,在量化无法解决的情况下可以进行案例研究并适当外推。案例研究方法虽然能够帮助研究者透过现象看到本质,但我们在任何时候都不可能完全了解并解释我们置身其中的这个世界。研究者透过个案这个窗口究竟能窥探到什么样的世界,不只取决于窗口本身,也取决于世界本身及研究者本人。[②] 当然,与实证研究相比,案例研究来自研究对象的主观性相对较弱,因而更显客观细微。

---

① 周俊.教育管理案例教学[M].杭州:浙江大学出版社,2019:94.
② 吴康宁.个案究竟是什么:兼谈个案研究不能承受之重[J].教育研究,2020,41(11):4-10.

## 二、案例在教育管理专业课程教学中的理论贡献

案例研究不需要预先进行理论假设,但需要选择合适的理论视角。一直以来,诸多案例研究文献都未能详细呈现出案例分析过程,导致由现象上升为理论的逻辑显得模棱两可。当新的研究领域在现有研究问题不充分时,案例研究方法往往能更准确地把握现象以及构建理论。因此,选择合适的理论视角是解读案例研究对象或现象的关键。

首先,案例分析要有一定的理论视角。根据理论视角所具有的核心概念来进行案例分析。当然,故事是理论化的基础,理论框架构成了故事的内置脉络,离开了特定的理论视角,案例文本内容展现给读者的可能是完全不同的版本。由于缺乏理论上的自觉,当前的案例研究在日益繁荣的表象背后掩盖着诸多的缺陷,主要表现为研究对象选择上的盲目、理论深度分析的不足、结论反思的欠缺等。其中,最令人忧虑的问题是研究者们普遍缺乏从案例中抽取先例性规范的意识。一个好的理论视角应该是具有洞察力的,紧密与现实配合的。因此,理论构建型案例研究没有必要预先提出理论假设,但有必要预先确定案例分析的理论视角,以确保研究结论具有理论价值,而不是空中楼阁。案例研究不仅可以用于分析受多种因素影响的复杂现象,还可以满足那些开创性的研究,尤其是以构建新理论或精练已有理论中的特定概念为目的的研究的需要。当然,不论是本土理论,还是西方理论,始终应注意关注案例所反映出来的共性问题,探讨一般性的框架下发现的运行规律。这就需要在案例研究中重视国情、校情、学情等背景,写好案例中的故事元素,抓住典型案例中蕴含的特殊现象、普遍现象和具体问题的解决方案。同时,借鉴不同理论解释实际案例,发展基于教育教学实践的理论体系,从而实现理论与实践的联结。

其次,案例开发需要有理论构念的介入。好的案例研究最终一定要产生理论输出和理论贡献。案例研究是扎根于真实数据的"自然呈现",但也需要一定的理论观念介入数据收集活动当中,在防止先入为主造成结论偏误的前提下进行理性分析。也就是说,数据解释的选择要有理论基础,如此呈现出来的分析才具有逻辑性和系统性,以减少事理逻辑上的疑虑。假若研究者未采用任何概念框架,而直接收集并分析案例,较容易陷入繁杂的实证数据中,导致研究难以提炼出有价值的理论观点。以教师管理案例开发为例,可借助教育组织行为学和教师专业发展理论,把学校改革看成组织学和行为学的问

题,其关键是改造学校这个组织,从而激励校长和教师,这将对进一步推动组织行为学基础理论应用与课程教学发展起到积极作用。同时,结合中小学教师的职业特点,在中小学教师职业发展的概念、影响因素基础上,通过加强培训、工作环境营造和改进学校管理等提高中小学教师专业发展水平。基于此,理解学校人事管理的规律和现状,明晰学校组织变革与教师队伍治理体系的意义和途径,形成教育人力资源管理和教师专业发展的知识脉络。尽管案例研究方法所获得的发现和结论有待进一步质疑并检验,但事实上,我们既要审慎发挥案例研究的优长,又要理性对待案例研究所遭受的各种质疑。在了解案例研究方法的适用条件和限度后,研究者要能够规范地运用案例研究方法,深入探析研究对象,不断总结、系统反思案例研究本身的优长与质疑,形成自己的案例研究的方法论,并用这种方法论来指导具体的研究,反过来也才能对理论构建起到更好的助益作用。

最后,案例分析过程中,需要通过理论破解案例背后所蕴含的问题。从理论发展的角度来看,案例整体理论解释机制是在一系列案例发现、构念关系分析基础之上形成的,要注意结合理论开展分析,通过不同阶段关键构念之间的关系分析,构建一个完整的案例整体理论解释机制,实现理论归纳与实践升华。诚如有学者所言,理论饱和度检验是验证所构建的理论是否完善的重要步骤,在质性研究过程中,只有充足的样本才能保证理论达到饱和度。[①] 一般情况下,只有理论达到饱和度之后,才可以停止采样工作,否则采样工作将持续。不过,案例研究始终需要研究者对现象进行深度描绘,展示有关现象的具体细节、所处的情境、偶然性的事件、现象中参与者的思想和感觉、行为或语言体现出的意义等。通过深入分析,逐步明晰研究主题、构念甚至不同变量间的关系,进而系统地比较数据分析过程中所形成的理论框架与分析单元的相应证据,并及时评估理论框架与案例数据的吻合程度和饱和程度。事实上,案例研究对研究者的理论素养要求很高,不仅要充分把握相关主题文献和理论基础、聚焦研究问题、找准理论贡献点,而且需对零散的过程事件和行为模式进行归纳。对理论逻辑的整体阐述是提升研究质量的重要保证。因此,涉身案例研究的初学者一定要重视对理论和文献的掌握与理

---

① 胡强.基于扎根理论的科技期刊微信运营策略分析[J].中国科技期刊研究,2016,27(8):880-887.

解，尤其要加强理论逻辑方面的思维能力训练。① 案例研究遵循的是整体思维，这意味着研究者需要通过对每个案例进行抽丝剥茧的微观分析来反映出现实宏观规律的整体性，在对每个看似分离、零散的理论模式与命题进行归纳的基础上，呈现出掩藏其后的一个高度内嵌的整体逻辑。这才是理论构建的终点，也是高质量的案例研究的重要评价内容。

## 三、教育管理硕士专业课程案例开发的伦理反思

教育管理硕士专业课程案例在专业知识、经验积累和传承的过程中，起着其他教学资源不可替代的作用。而课程案例开发是关于教育管理中某一个实际情境的描述和分析，这一情境并不一定合乎逻辑，甚至没有明显的学科界限，也没有确切的结论。一个好的案例，应该包含着不同主体和相关力量，围绕着某一个中心事件，表达他们各自立场、态度、意志、价值观，乃至争取自身权益甚至权力争斗的波澜起伏的冲突过程。因此，研究者在案例开发过程中要注意伦理反思。

一是研究者与研究对象的伦理契约。对被研究个案的深度分析，需要深入研究对象的日常生活中展开观察和访谈，一旦涉及较为私密和敏感的话题便有可能使受访者感到不安，甚至对他们正常的生活、工作和人际关系造成影响。因此，研究者必须有审慎的伦理考量，坚守彼此间的伦理契约，最大限度减少对研究对象的影响，降低潜在的伤害。由于案例研究针对具体的研究对象，涉及研究对象的各方面内容，在案例研究中，要注意尊重、信任与细心询问，明确提问和委婉了解相结合，这些都要求案例必须坚持谨慎性原则。例如，要让受访谈者对有关研究的基本信息知情并同意接受访谈，同时尊重受访谈者个人隐私，避免其他无礼行为，而且一定要兑现对受访谈者的各种承诺。

二是研究者与研究资料的情景理性。案例研究同其他定性研究方法一样，重视研究者与研究对象之间的联系，而研究过程就是双方彼此了解、持续互动的过程。当下，越来越多的教育研究者在案例开发中选用研究对象明确、理论与实证相结合、线上线下全面收集资料、定性与定量相结合的混合研究方法。一般情况下，许多研究的结果一般是要公开的，案例研究也不例外。

---

① 井润田，孙璇.实证主义 vs 诠释主义：两种经典案例研究范式的比较与启示[J].管理世界，2021,37(3):198-216,13.

在现实的研究过程中,大多数研究者也往往难以基于其有限的人力、时间、精力、资金等方面的科研资源来研究所有地域及其对象,只能选择具有典型性与代表性的地域或者案例进行研究。相应地,研究者也可通过具有典型性与代表性的个案研究得出一般规律,并在此基础上选用理论建构与实证检验、定性和定量相结合的混合范式进行研究。① 研究者在案例研究中获得的是对理论与实践、感性与理性、情境与意义在特定教育情境中如何相互作用的一种体验,是源于实践的情境理性和行动智慧。案例的实质是可能性,是一种预先的设计与达成目标的干扰或阻碍因素之间的冲突,也就是事先的设计与现实的可能性联系的产物。② 因此,案例开发时还必须注意信息的发布是否经对象同意,是否涉及研究对象的一些隐私。

三是研究中保持适当的主观理解。解决实际问题是开展案例研究的主要目的,这就使得案例研究带有很强的实践导向,不仅是材料的收集和处理,而且构成了问题解决的基本过程。从某种意义上讲,案例研究也因此具有行动研究的一些基本特点。因此,其成果的产生也是一个从私密性到公开化的过程。与此同时,深入开展案例研究,促使研究者能够更多地关注、了解和参与教育实践研究,进而提升教育科研能力。案例研究作为一种探索和发现的过程,因为描述了真实的情境,有利于引导实践者结合自身实际,对照案例中反映的困境和问题进行决策、采取行动。案例的读者通过想象如果他们处在案例描述的情况下该怎么做,然后通过与他人进行交流讨论,从而表达自己的意见并讨论哪些意见最为有效。案例开发是从复杂的教育现象中抽象概括出有趣的、重要的理论概念,并对其进行反复验证,因而该过程必然包含大量研究者主观理解。例如,某位案例开发者因为与当地的教育行政官员较为熟识,这一点为研究者进入现场开展研究提供了便利条件。该案例开发者认为执行者的偏好对政策执行影响很大,应在执行者中倡导公共伦理,培育公仆意识,引导执行者形成对公众的强烈责任感,以高超的行政技术和高尚的职业道德,在复杂的过程中自觉地执行政策。而政策效果的评估具有多种标准,但公众满意是最为根本的标准,应让民意成为检验政策执行效果的试金石。当然,他的结论只是基于华中地区某县而得出的,这种"分析性的扩大化

---

① 唐权.混合案例研究方法的应用困境与应对策略[J].科学与社会,2022,12(2):79-96,136.
② 余保华,杨晶.教师专业化视野下案例教学的伦理尺度[J].高等教育研究,2017,38(3):72-77.

推理"仍需进一步被论证。此外,中西不同政体背景下政策的政治性执行和行政性执行是不同的,相关的讨论仍需进一步深入。

## 四、小结

教育管理硕士专业课程的案例开发可以获得其他研究手段所不能获得的数据、经验知识,并以此为基础来分析不同变量之间的逻辑关系,进而检验和发展已有的理论体系。因此,案例开发是多层次的,应当根据教育管理领域的具体问题进行界定,合理表达立场、态度、价值观,并使案例研究回到服务学术贡献的根本宗旨,使案例具有学科贡献、方法贡献以及学术传承贡献。

教育管理专业硕士课程的案例开发要从教育问题转向教育智慧,真正做到在实践中讲好案例故事。推动建构案例研究方法论的理论哲学以及不同学科间的对话,特别是案例研究方法同教育科学领域的广泛交融与共生性发展,促进教育管理实践水平的提升,使案例本身更具有丰富性、包容性和教育性,不断丰富教育理论建构,为教育管理实践提供有益参考。因此,在对教育现象和教育规律的探究过程中,要形成真正有机的对话和沟通机制。

总之,高质量发展背景下的教育管理实践纷繁复杂,亟须对教育管理实践经验进行系统性的梳理和总结。案例开发在遵循一般过程基础上,对研究对象进行系统的信息资料收集、准确的现象描述、客观的现象再现时,要坚持科学的案例方法论指导。这就需要教育研究者对案例本身进行深入的调研,将研究对象及其问题的细节精准地呈现,将事件本身有效地还原,以便对教育管理活动成功或失败的原因做出精准的判断,从而为教育管理者提供有针对性的对策建议。

# 第十五章　探究式案例教学与社会工作案例库建设*

唐　咏**

社会工作作为一门专业，于20世纪80年代才在中国高等学校设置，因此我国对社会工作专业人才的培养还处于探索阶段。社会工作专业是以助人为宗旨，运用专业知识、理论和方法，协调社会关系、预防和解决社会问题、促进社会公正、促进社会和谐进步的专门职业，具有很强的科学性、务实性和综合性。社会工作专业教育的目标是培养具备一定专门知识和技能技巧的社会工作专业人才。

通过什么样的教育方式才能培养具有一定分析问题、解决问题能力和较强操作能力的专业人才，成为社会工作教育探讨的主要问题。类似于其他学科的课堂教学模式能否适应实践性极强的社会工作专业人才的培养？课堂内有关专门知识和相关技能技巧的教学应该采取怎样的教学模式？笔者认为，探究式教学模式适合实践性很强的社会工作专门人才的培养。它不仅与学校外的实践活动相衔接，同时通过强调学生在课堂教学中的主体地位，运用探究式的教学工具如角色扮演、小组讨论等，由教师作为督导，以思维和行为训练为主线，有效提高学生社会工作能力。

## 一、反思传统的授课式教学方法

传统的教学方法一般包括教师讲授法以及以教师为主的课堂讨论，这些

---

\* 本章是2023年广东省研究生教育创新计划项目专业学位研究生教学案例库建设项目"社会工作专业学位研究生'家庭社会工作'教学案例库建设"（2023ANLK_065）的阶段性成果。

\*\* 唐咏，女，深圳大学政府管理学院社会学系教授，社会工作硕士（MSW）教育中心主任，主要研究领域为老年社会福利、社会工作教育等。

教学方法的实施主体是教师,教师把对知识的理解灌输给学生,学生只是一个被动的接受者。但是知识经济和信息时代的到来,对人才的思维方式、应用知识的能力、创新能力以及协作精神都提出了较高的要求,传统的教育理念和教学方法很难适应时代发展的要求。① 首先,自上而下传统注入式教育方式强调教师的主体地位,而忽视了学生的主体。在教学过程中未能重视学生在学习中的主体地位。教师课堂内容安排得满满的,生怕遗漏"重要内容",学生只能被动接受。这种方式缺乏留给学生思考讨论的空间,缺乏师生之间的学问探讨和思维交流的活动,课堂氛围比较沉闷。注重"授之以鱼",而不是"授之以渔",让学生"学会",而不是"会学"。②

其次,传统教学中教师也常常强调学生"参与",比如以教师为主的课堂提问。传统教学中的教师常采用这种方式。毋庸置疑,这种方法具有一定的积极性:能够增强学生"全神贯注"的能力,也会使学生较为"牢固"地掌握讲授的内容。但这种参与是通过教师提问学生回答的方式,强调的仍然是教师在课堂上的主体地位,把学生放在从属位置,学生只能根据老师的提问复述教师讲过的内容或者课本上的知识,学生的学习是一种被动的参与,缺乏对知识的思考,忽视了作为学习主体的大学生学习知识和能力的主体性。

最后,教育是注重过程还是结果。传统教育过分地强调教育的结果,而结果的衡量指标又往往是通过学生考试通过人数、考试分数的高低以及升学比率,忽视了教育过程所包含的能力建设、方法构建,以及情感、态度和价值观的培养等。这种教育理念促使教师通过填鸭式的教学方法,把大量的信息倾倒给学生,对于学生真正理解了多少知识以及这种教学是否有助于学生分析问题、解决问题等综合能力的提高往往不加考虑,这样做的最终结果是教师苦于繁重的教学任务。

## 二、如何在社会工作专业中开展探究式案例教学

"参与"的概念最早出现在 20 世纪 40 年代末期,50—60 年代逐渐发展成具有实践意义的"参与"式方式,强调的是尊重差异、平等协商。探究式教学,即合作式教学或协作式教学,是相对于讲授式教学而言的。它要求给予学生

---

① 周晓清,李宏,叶安胜.任务驱动式项目案例教学法在课程教学改革中的探索与实践[J].实验科学与技术,2018,16(4):101-106.
② 李飞.社会工作专业人才实践教学体系构建研究[J].学理论,2017(6):193-194.

自己思考的时间,给予学生选择教师、安排学习进程的权利;教师要评价学生,学生也要评价教师,除班级教学外,更多地采用小组教学、课堂讨论、个别化教学等多种教学方式。①

探究式案例教学符合社会工作硕士的学习特点,能够将理论与社会工作者的素质开发相互结合。现代意义的案例教学来源于医学的个案研究,即对某些典型而有价值的病例进行个别研究,形成于19世纪,后被引入社会科学领域,在职业或专业教育中扮演重要的角色。在英国,案例教学贯穿于社会工作课堂的每时每刻,教师平视学生,和学生在平行的起点上讨论案例与问题。瑞典的社会工作高等教育尤其注重社会工作理论与实践的结合,社会工作专业的学生进校后,相当一部分课程都是采用案例教学,采用一些典型的个案展开整个课程教学。这些都对我国社会工作者的素质开发具有一定的借鉴意义。②

第一,学会换位思考。所谓换位思考,是指人们在思考问题时有意识地把自己的位置换到对方的位置,或把对方的位置换到自己的位置来思考,即"将心比心"。教学双方,由于生活阅历、思想认识、文化水平及所处角度、位置不同,分析问题、解决问题的能力也就有较大差异,对教学内容的理解、接受也有较大悬殊,这往往成为教学过程中师生正常交流的障碍,影响了教师策动行为的"有的放矢"。社会工作要求教学互动,必须消除交流障碍,而要消除交流障碍,就应该学会换位思考。

第二,让学生在课堂学习中主动介入。课堂是学生学习的第一场所,因此,探究式教学强调在课堂教学中学生对学习的主动介入。探究式教学理念要求教师转变"我给学生上课"的传统观念为"我和学生一起学习"的现代理念。以往在"给学生上课"的观念影响下,教师常常是居高临下地对待学生,学生稍不注意听讲或者没有按所教内容回答问题,教师就很生气,不考虑学生对问题的见解。学生通过在学习过程中主动介入,如通过设计"剧本"表演所选择的主题,得到人格的尊重、自我的充分展现。

第三,培养学生建设一种综合能力。综合能力是指学生能够合理地运用不同属性的知识、不同类型与层次知识的能力、不同领域的价值观念及不同

---

① 张曙.将实践融入教学与研究:案例教学方法在我国社会工作专业教育中的应用[J].中国社会工作研究,2019(1):86-112.

② 费梅苹,唐立.社会工作案例教学法的实践研究:兼论哈贝马斯共识真理论对案例教学的启示[J].中国社会工作研究,2019(1):63-85.

类别的科学方法，多角度地、系统地、创造性地解决学科知识问题和实际问题的能力。探究式教学是通过保证成员的全部参与增强学生的能力来回应培养学生综合能力的教学目标。在传统的课堂教学中培养的学生具有很强的单一应试能力，只要刻苦努力就可以"复制"教师课堂上讲授的内容，而在社会工作专业课堂教学中，不仅要培养学生具有基本的社会工作理论和知识，更需要培养熟练掌握社会工作的各种技能和方法，善于运用理论、知识和方法帮助困难群体走出困境，从事正常生活并获得发展的专业的社会工作者。因此，更应该重点强调培养学生的分析能力、观察能力、理解能力、探索能力、协作能力、判断问题以及解决问题的能力等综合能力。教师的作用是通过向学生提供相关信息、启发学生的思路、介绍分析问题和解决问题的方法、补充学生遗漏的知识以及启发学生的问题意识、探究研究领域的意识，从而帮助学生建设综合能力。在参与的过程中始终强调学生的中心和主体地位、教师的督导作用，以激发学生的学习兴趣、探索问题的热情。

第四，探究式教学注重教学过程而不仅仅是结果。"过程"和"结果"是相辅相成、辩证统一的，不是非此即彼的。社会工作专业教学目的是什么？难道就仅仅是知道社会工作包括哪些内容并记住这些知识吗？知识是人们认识活动的结果，更是认识的过程，知识是事实、概念的系统描述，更是获得知识的方法。在社会工作实务课的教学过程中，教师应激发学生的学习积极性，向学生提供充分分析现实问题和提出解决方案的机会。学生通过不同形式的自主学习、探究活动和独立思考，培养"问题"意识，即在生活中发现各种问题的能力，发展创新意识，真正理解和掌握基本知识与技能、思想和方法，获得广泛的社会活动体验。教师和学生都要关心对学习的评价，要关注学生在学习中表现出来的情感与态度。在此过程中，如果每一步设计得都很好，那么结果也不会差。

## 三、探究式案例教学工具在社会工作课堂教学中的运用

探究式教学工具是指一套通过探究式方法帮助学生理解教学内容、培养分析解决问题能力以及团体协作精神的各种教学手段的总称。如师生交流、角色扮演、以学生为主体的小组讨论、体验式团队活动、疑点问题讨论以及以问题为纽带的课堂讨论。社会工作专业是一个助人的专业，与人打交道是该专业的职业特色，因而社会工作专业的教育注重培养学生的爱心、热情、理智、勇气和与人交往的能力。由于专业培养目标的要求，教师在教学过程中

就要注重培养学生的各种能力。角色扮演、小组讨论和体验式团队活动等探究式教学工具,是提高学生对学习的参与热情和培养各种专业能力的有效工具。①

第一,角色扮演是一种通过模拟真实生活条件下个体或群体的不同行为,以达到了解信息、发现问题等目的的实用工具。其可在个案工作、小组工作、社区工作、青年社会工作等社会工作实务课程的教学过程中广泛运用。在课堂实务类课程的教学中,可以根据不同的问题由学生自己设计各种情景和所扮演的角色,老师作为一个局外人不干预整个表演过程的设计,表演结束由全体同学进行讨论。角色扮演可以帮助同学很直观并真实地掌握某一特定社会范围内不同个体或群体之间在日常生活和工作中所承担的不同角色,以及由此而带来的相互关系、行为方式、思考和处理问题的方法等方面的相同点和不同点,了解个体或群体之间的冲突、矛盾、和谐等不同状态并对其原因进行分析,寻找可行的解决办法。实务性是社会工作的基本属性,社会工作者通过科学方法的运用,与受助对象一起帮助他改变自己的困境,增进其社会功能。这一工作性质决定了社会工作专业是一门操作性强和实践性很强的学科。因此,社会工作专业的学生不仅要掌握系统的理论知识,而且要掌握一定的方法和技巧。这就决定了社会工作专业学生要接受较长时间的实践训练。其途径可以通过社会实践,进入社会环境中进行一系列并行实习。但由于学生不像专职社工那样有大量的机会面对社会出现的多种问题,课堂教学中的行为训练就显得十分重要。通过角色扮演对各种在社会工作中可能面临的问题进行模拟,采用"情境+问题"的开放、协作和体验的学习方式,针对不断变化着的问题去理解、反思,并与同样作为主体的服务对象去能动地合作和行动,对培养学生综合素质是十分有益的。

第二,在小组讨论中培养协作精神和提升解决问题的能力。小组讨论是以学生为中心,导师为载体,使学生通过推理、分析反复运用已学知识而达到训练学生自学能力、推理能力、运用所学知识解决问题能力的目的。可分为课堂内小组讨论和课堂外小组讨论,这样既可以针对角色扮演过程中出现的问题进行讨论,也可以针对教学内容中出现的问题进行讨论。具体操作方法可根据上课学生的人数,通过数额配置由学生自由分组,每组以5人左右为宜,就某一个主题的问题进行讨论,讨论过程中的分工协作由学生自行安排,

---

① 张廷,朱可依,李莉.社会工作专业的实务课程建设研究:以案例式教学方法为例[J].吉林广播电视大学学报,2018(7):1-2.

如哪些同学负责查阅资料、哪些同学负责整理讨论内容以及最后小组讨论结果由哪个同学负责宣讲。它不同于传统课堂的自由发言,更强调和重视培养学生的协作精神和能力培养。在小组讨论中,小组成员共同完成问题,通过个人在小组讨论中的充分参与,小组成员共同讨论交流,分享个人对问题的认识,培养学生集体解决问题的能力,同时在讨论中小组成员相互合作支持,充分启发想象力和创造力,培养了小组成员的协作能力。小组讨论给学生提供了一个集思广益的空间,通过开放式问题的设置,给学生创造了一个宽松、自由发挥的学习氛围,并在这种氛围中思考、理解、分析问题。小组讨论在尊重学生个性和特长的同时,注重学生在学习中的积极参与,最大限度地挖掘学生的潜能。

第三,团队活动可以根据教学内容或每一个主题设计与内容相关的活动项目,这些项目主要涉及集体分析问题、解决问题的能力,要求整个团队共同完成任务。在这些活动中,团队成员必须相互合作支持,以面对极其艰巨的挑战,这就是建立更强凝聚力的团队的关键所在。这种体验式团队活动可以改变过去那种呆板的、一成不变的教学方式,实现学生与教师以及学生之间的全通道互动和交流。学生通过亲身参与活动,进一步认识自身潜能,增强自信,改变自身形象,克服心理惰性,磨炼战胜困难的意志品质,启发想象力和创造力,提高解决问题的能力。体验式团队活动可以有效地改善人际关系,培养与群体合作的意识。在日后的社会工作中,学生可以通过这样的方式帮助其他人获得同样的体验。

第四,针对特定群体如儿童群体、老人群体、妇女群体、身体残疾者或智障群体等存在的问题进行系统分析的探究式诊断方法,是系统内的相关群体和个体在社会工作者的辅助下,从受助主体(团体、个人)的视角对其面临的问题进行系统分析和认知的过程。系统理论是问题分析法的基本理论依据,问题分析的结果是制定救助方案的依据,问题分析作为一种认知方法,为社会工作者提供了系统认识目标群体存在问题的主要手段。问题分析是目标群体或个体同社会工作者就帮助目标和帮助手段进行沟通与交流的过程。问题分析法可以运用于社会工作专业教学中。教师可以带动学生针对具体问题的分析共同参与问题的诊断,与学生共同系统分析问题、确定问题,一起选择和改革实践的策略;问题分析法也可以运用在角色扮演、小组讨论以及体验式团队活动中,由学生针对日常救助活动中可能出现的问题,从系统的视角出发,共同探讨和分析问题现状、问题原因以及可能采取的救助方案,培养学生综合思考问题、共同解决问题以及注重由社会工作者推进被救助对象自救的能力。

第五,选择MSW的一门课程"家庭社会工作"作为试点进行案例库建设。"家庭社会工作"作为一门交叉学科,其内容涉及社会学、心理学、生理学、公共政策等各方面的知识,与以青少年、老年或妇女个体为服务对象的其他社会工作课程不同,家庭社会工作更强调通过家庭关系的改善来帮助服务对象获得相应的系统支持。传统中国社会具有家国同构特质,家庭既是血缘纽带和亲情联系的基本场所,还承载着传统农耕文明的社会伦理基础。所以家庭不仅是社会细胞,而且是家庭变迁的缩影,近代中国在现代性冲击下,家庭的形态和功能都发生了很大的变化,这些变化都体现在家庭领域中,由于各种内外部的矛盾和冲突,中国家庭在变革的同时也产生了许多家庭问题。

## 四、结论

探究式案例教学强调以学生为主体,尊重每位学生的个体差异,运用各种不同的探究式工具,有针对性地进行课程教学。通过构建各种不同的学习情境,开发学生的多元潜质,培育学生独特的见解。大学教育以人的发展为目的,首先要培养学生的主体意识,使学生的个性得以自由地全面发展,其次要提高学生的学习兴趣、主动性和生命活力,提高学习效能。

# 第十六章 因果关系型实证论文结构逻辑及写作通则[*]

曾锡环 黄钦旭[**]

论文写作是阐释事物性质、探索事理的学术性思考。"写作方法"是规范有效开展学术研究工作的重要途径,写作方法实际是从实践和理论上把握现实从而达到某种目的的具体手段、方式和途径的总称。[③] 了解或掌握学术论文的写作方法及其应用模式,有助于读者快速了解文章精髓,也有助于作者撰写出严谨规范的论文,"写作方法"是"论文模式化写作"的关键路径之一。论文只有实现编写格式的标准化和各细节表达的规范化,才能真正体现科学内涵,准确表达观点,进而实现传播、贮存、检索和利用的目的。从论文逻辑结构来讲,合乎逻辑的结构是优秀论文的必要条件。文章正如房屋建筑一样都有其自身严密的结构,一篇论文可读性强与弱,主要取决于主体部分的结构。从论文文理结构来讲,如果一篇论文的内容很好,但文理不通顺或结构不合理,则会使人感觉杂乱无章,甚至对论文的科学性及结果的可靠性产生怀疑,其真正的价值就没有得到充分体现。因此,为体现论文谋篇布局应有的价值,帮助作者高效准确地进行学术思考与表达,我们应当充分了解并设计论文的基本结构,理解论文写作的内在逻辑。本章重点探讨因果关系型实证论文的内涵、要素构成、逻辑框架,进而总结提炼论文的写作通则。

---

[*] 本章是2023年广东省研究生教育创新计划资助项目——"论文写作指导"示范课程建设项目成果。

[**] 曾锡环,男,深圳大学政府管理学院副教授,主要研究方向为基层治理、人才公共政策;黄钦旭,男,深圳大学政府管理学院硕士研究生。

[③] 彭新武.人文社会科学概论[M].北京:首都经济贸易大学出版社,2006.

## 一、因果关系型实证论文写作的内涵

论文的类型划分标准目前尚无定论,一般而言,可以按照以下几个维度划分论文类型:依据论文性质,有科普论文、技术论文和学术论文;依据论文写作目的,有学术交流性论文、专业业务检测性论文、会议论文以及供期刊发表的论文;依据学科属性,有自然科学论文和社会科学论文两类;① 依据论文表述逻辑,有论证型论文、描述型论文、评述型论文、综合表述型论文等。② 论文划分类型多样,本章重点探讨论证型论文中因果关系型实证论文写作的要素结构以及模式方法。

何为"因果关系"?"因果关系"即原因与结果间相互依存的关系,是人类在长期生产生活实践中,逐渐总结出来的理解事物及预测事物变化发展的基本法则,是人类认识未知世界和获得客观知识的重要依据。③ 有两种考虑因果关系的方式:决定性的和概率性的。因果决定论是指变量 $X$ 总是导致 $Y$ 的情况。但社会科学中的大部分因果关系是概率性而非决定性的。④"因果"和"相关"两者的关系容易被混淆。如果两个事件中,前一个事件是后一个事件的原因,后一个事件是前一个事件的结果,则两个事件之间存在"因果关系";如果一个事件变化后,另一个事件也随之发生变化,但二者不属于原因和结果的关系,则称它们之间存在"相关关系"(见图16-1)。⑤

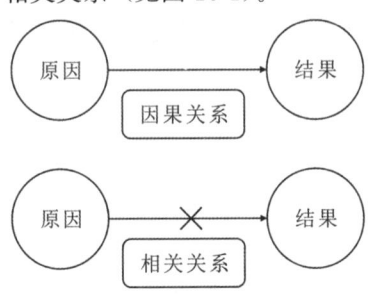

**图 16-1 因果关系与相关关系**

---

① 王首程.论文写作[M].北京:高等教育出版社,2002.
② 袁晓燕.科研学术论文写作概要[M].长沙:国防科技大学出版社,2007.
③ 维之.因果关系研究[M].北京:长征出版社,2002.
④ 戴维·德沃斯.社会研究中的研究设计[M].郝大海,等译.北京:中国人民大学出版社,2008.
⑤ 中室牧子,津川友介.原因与结果的经济学[M].程雨枫,译.北京:民主与建设出版社,2019.

基于上述内容，本章将因果关系型实证论文界定为通过分析事理，揭示论点和论据间（或论点和论点间）的因果关系，用以证明论点或中心论点的一种论证型论文。在因果关系型实证论文写作中，论据与论点的因果关系表述具有如下若干种形式：一是可以用原因作论据，证明作为结果的论点。例如，当代大学生人生价值观取向出现问题的原因主要有市场经济的负面消极影响、社会不良思潮的渗透侵蚀、不正之风和腐败现象的影响、大学生思想政治教育机制的不健全、当代大学生自身存在的弱点。二是可以用结果作为论据，证明作为论点的原因。三是可以根据多种结果，分析多种原因。如论剥离学校的绩效管理，先论述剥离学校绩效管理存在观念陈旧、效率不高、作风浮躁、整改乏力等弊端结果，再寻找影响剥离学校管理绩效的原因是机构臃肿、人浮于事、制度不全、体制束缚、机制老化、缺乏激励等。①

## 二、因果关系型实证论文写作的要素构成

彭玉生在分析西方社会科学经验研究方法论范式的基础上，勾勒出经验社会科学研究的"洋八股"的组成部分：问题、理论（文献）、假设、数据、测量、方法、发现和结论。② 本章认为，规范的因果关系型实证论文包括摘要和关键词、研究主题、研究问题、文献综述、理论、研究假设、数据、变量、分析（测量与方法）、结果及结论。上述写作要素的灵活安排，构成完整的论文写作结构。

### （一）摘要和关键词

摘要是对论文研究方法和研究成果的客观表述，是论文信息的高度浓缩，是以提供论文内容梗概为目的，不加评论和解释，简明、确切地记述论文主要内容的独立的短文。③ 吸引读者的摘要通常拥有五个依序组成的子部分。第一，研究动机。研究动机描述的是这篇论文对该领域的重要性，重点回答了——这篇论文的影响力为何、为什么读者要关注这个研究问题和解决方法。第二，研究问题。清楚的问题陈述不但能够吸引读者的注意，而且使

---

① 周家华.毕业论文写作指南[M].南京：南京大学出版社，2007.
② 彭玉生."洋八股"与社会科学规范[J].社会学研究，2010，25(2)：180-210，246.
③ 陈延斌，张明新.高校文科科研训练与论文写作指导[M].北京：中央编译出版社，2004.

读者了解论文的重要性。第三,研究策略。因果关系型实证论文的研究策略主要由三个基本要素组成:研究方法、数据来源和变量分析。第四,研究结果。在描述研究结果时,要提及它的重要性,以及讨论得到的结果是否与研究的问题和方法吻合。第五,结论。研究结果的重要性取决于它对学术界及应用领域的影响力。另外,关键词则是论文内容的核心概念,有助于帮助读者有效清晰地定位论文主题。

## (二)研究主题与问题

研究者选择一个自己感兴趣的现象或论题作为研究主题,这是研究基本过程的起点。所有的思想都是有目标导向的,要通过建立明确界定的目标来控制好自己的思想[①],把主要的观点和事实列成一份完整的报告。有了这些观点及其相互关系,能帮助研究者找到结构控制的方法,提出"如果……将会怎么样"的问题,最终形成有趣新颖的假设或研究问题的基础。因果关系型实证论文写作中的研究问题,具备具体明确的特征,对指引论文写作的核心方向有重要作用,并与研究目的和意义相吻合。

## (三)文献综述

文献综述就是在查找、阅读和分析国内外相关领域的代表性文献之后,对其进行的联结式整合与评价的写作环节。文献综述有两个逻辑起点:一是可以不断积累知识;二是基于他人的研究成果建立自己的研究。文献回顾不仅可以系统地归纳此研究主题的研究脉络、研究方法以及相关结论等内容,而且可以探究研究者在该主题上的关注焦点差异、研究缺陷以及创新点。文献综述将与读者一道分享那些早已完成的与本章紧密相关的其他研究成果,能使研究超越时空限制就相关问题进行对话,为确定研究的重要性提供了一个框架,也为与其他相关研究成果进行比较提供了一个基准。[②] 文献综述大致分为背景回顾、历史回顾、理论回顾以及方法论回顾。因果关系型实证论

---

① 布莱恩·格里瑟姆.本科论文写作技巧[M].马跃,王灵芝,译.大连:东北财经大学出版社,2015.

② 约翰·W.克雷斯威尔.研究设计与写作指导:定性、定量与混合研究的路径[M].崔延强,译.重庆:重庆大学出版社,2007.

文尤为注重对文献的回顾与评述。综述大量文献,可为研究的问题或假设建立基本原理。

### (四)理论与假设

理论强调的是因果关系的本质,界定发生的时间和因果的顺序。因果关系型实证论文通常包含理论阐述,能够支撑研究理论的结构,且可以具体化为一个思维分析图。它通常与文献综述部分联系起来,有的文献将文献综述和理论阐述合并在一起讨论并产生研究假设。"研究概念"是将理论架构和相关变量之间的关系用具体的方法表达出来的一个模式。"假说"则是指根据研究模式所衍生出的理论构架和变量之间可能存在的关系,核心是自变量与因变量之间的可验证关系。① 因此,文献综述、研究模型和假设的建立是紧密联系相关的。如果我们能依据它们的关系来建立一个主题,将能帮助读者了解研究变量之间的因果关系。②

### (五)数据、变量与分析

高质量论文写作必须详细描述资料来源及数据收集的方法③,需要对研究的对象进行选择以及开展数据收集,数据收集方法有实验法、准实验法、问卷调查和二手数据,可以根据研究问题的性质和研究的焦点进行匹配。研究设计有三个基本目的:回答研究问题、满足研究效度的要求、控制研究中涉及的变异量。④ 在因果关系探讨型论文中,研究设计的一个问题是,即使确定两变量是相关的,也不能确定因果关系的方向。跳出这一困境的方法就是建立一个可供检验的事前模型。模型是人们利用许多概括性和假设性的语言描述出来的简化的真实世界。虽然支撑事前模型的证据不能证明因果关系的方向,但它至少能提供一个讨论该个案的理论基础,以及与模型相一致的经验数据。当数据与特定的因果关系方向一致时,下一步就是采用一种能确定

---

① 杨学儒,董保宝,叶文平.管理学研究方法与论文写作[M].北京:机械工业出版社,2019.
② 陈建宏,姚宏昌.学术牛人之教战手册[M].杭州:浙江大学出版社,2016.
③ 陈建宏,姚宏昌.学术牛人之教战手册[M].杭州:浙江大学出版社,2016.
④ 杨学儒,董保宝,叶文平.管理学研究方法与论文写作[M].北京:机械工业出版社,2019.

该因果关系方向的研究设计。另外,变量的定义非常重要。因为变量的定义是假设论证的基础,假设论证的过程是运用理论推演的过程,变量定义能呈现理论与变量的一致性。此外,变量的定义也是变量测量的基础。倘若不定义变量,则后文检验变量信效度的环节便失去了基础。数据与变量的确定为分析要素的呈现提供前提。实证分析是基于对事实、客观现象、数据进行系统验证获得结论的过程,以证据为依托、有数据来支撑、可以重复验证是其核心特征。[①] 因果关系型实证论文写作中,分析要素通常包括描述性统计、回归分析以及稳健性检验等。描述性统计分析通常对调查总体所有变量的有关数据做统计性描述,回归分析运用科学的计量方法来检验和解释研究结果是如何支持或推翻假说的,最后是稳健性检验。

## (六)结果与结论

在因果关系型实证论文写作中,实证结果与分析部分是通过数据或图表直接呈现研究发现,并结合理论对实证结果进行解释的重要内容构成。在此部分中,描述性分析、回归分析以及稳健性检验是基本的要素。描述性统计分析是指对调查总体所有变量的有关数据做统计性描述,主要包括数据的频数分析、数据的集中趋势分析、数据的离散程度分析、数据的分布以及一些基本的统计图形等,回归分析是用以验证研究假说的计量模型,稳健性检验是检验实证结果是否随着参数设定变化而发生改变。结论是因果关系型实证论文写作必不可少的要素,结果是结论内容形成的基础。此部分通常被用于以下方面:一是讨论数据结果是否验证研究假说,并解释研究结果的意义,指明因果关系;二是总结研究的贡献、不足之处。正如彭玉生所言,结论部分有三个任务:(1)概括经验发现,即验证了或证伪了什么假设和回答中心问题;(2)探讨假设的证实或证伪有什么理论含义;(3)做进一步的理论上的推论(新假设)。[②]

---

[①] 杨学儒,董保宝,叶文平.管理学研究方法与论文写作[M].北京:机械工业出版社,2019.

[②] 彭玉生."洋八股"与社会科学规范[J].社会学研究,2010,25(2):180-210,246.

## 三、因果关系型实证论文写作的结构逻辑

本部分将围绕因果关系的论证主线,探讨因果关系型实证论文写作的结构逻辑、要素联系及策略应用。

### (一)论文结构安排的内在逻辑

因果关系型实证论文通常采用总分总式,即按照"提出问题—分析问题—解决问题"的内在逻辑安排论文的层次段落及内容①,实际上对应着"研究什么—为何研究—怎样研究—研究结果"的整体思路(见图16-2)。结合论文的基本结构,研究者通过三个阶段来完成上述"逻辑闭环":第一,问题提出阶段。在引言部分提出问题,找出理论解释与事物现状之间的差距以及认识分歧并明确全文的中心论点。第二,假设提出阶段。设置若干个分论点从不同角度进行具体阐述,并提出文章的研究假设,设计研究方法并回答问题。第三,假说检验阶段。作者寻找经验证据来验证假说。这里需要注意问题与假说之间的差异及联系。问题与假说所针对的是理论与现实的差距或认识分歧,而非研究对象。问题反映了这种差距的冲突性:冲突的一面是理论解释或预测与事物现状的差距,另一面是针对某个具体事物现状有多种并列的理论解释。假说则是针对这个差距或分歧而提出的新解释,与已有的认识相比,新假说必须体现新理论,至少是从新的理论视角来观察和讨论问题。② 与"提出问题—提出假说—检验假说"这三个阶段相对应的,是实证论文的三个主体部分"文献综述—研究设计—实证分析"。

---

① 杜兴梅.学术论文写作ABC[M].广州:广东高等教育出版社,2010.
② 刘西川.实证论文写作八讲[M].北京:北京大学出版社,2020.

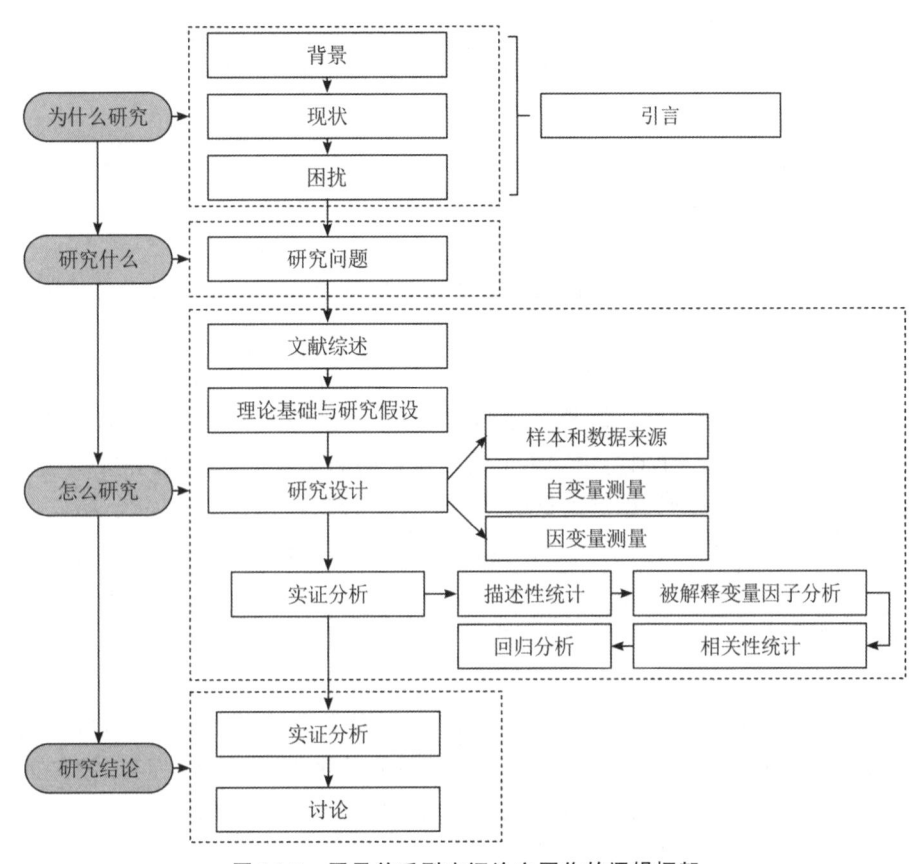

```
为什么研究 → 背景
            现状      } 引言
            困扰

研究什么 → 研究问题

怎么研究 → 文献综述
          理论基础与研究假设
          研究设计 → 样本和数据来源
                    自变量测量
                    因变量测量
          实证分析 → 描述性统计 → 被解释变量因子分析
                    回归分析 ← 相关性统计

研究结论 → 实证分析
          讨论
```

图 16-2　因果关系型实证论文写作的逻辑框架

## (二)以变量为中心的理论对话

文献综述是因果关系型实证论文写作中推动研究问题向研究假设转化的重要内容,文献综述也是进行理论对话的重要环节。针对因果关系型实证论文文献综述的写法,《研究设计与写作指导:定性、定量与混合研究的路径》提供了诸多技巧。一般写作策略包括自变量文献、因变量文献、对自变量和因变量关系的研究等方面的内容:第一,"综述主题1"提出关于"自变量或多个自变量"的学术文献。在几个自变量中,只考虑几个小部分或只关注几个重要的单一变量。第二,"综述主题2"融合了与"因变量或多个因变量"有关的学术文献,虽然有多种因变量,但是只写每一个变量的小部分或仅关注单一的、重要的因变量。第三,"综述主题3"包含了自变量与因变量的关系的学术文献。① 围绕变量的文献综述写作模式，进一步聚焦这个模式，以文献综述为中心，并与研究问题和假设中的变量紧密联系，同时它更有效地限定和明确了整个论文的写作边界。

### （三）理论、概念、假设及变量的联系

理论、概念、假设及变量构成因果关系是实证论文写作的重要元素，进一步厘清三者间的关系，有助于提升论文写作的效率与质量。理论是通过研究和实践形成的一套系统性的知识体系，是对客观事物本质、规律和发展趋势的抽象总结与科学解释。因果关系型实证论文写作的重要环节是开展理论应用、阐释及建构。如何应用理论取决于作者的选择，没有固定套路。② 因果关系是理论阐述与理论模型常见的形式之一。理论模型构建应强调：确定概念，考虑不同概念所扮演的角色以及确定概念之间的关系，选择其中最能解释研究中关键概念之间关系的理论，提出研究假设，思考概念之间的关系。因此，理论模型中的构念是研究假设中变量的来源。不同概念（变量）间形成的关系可以由理论机理来阐释。变量存在自变量和因变量之分。自变量是作为根据的变量，一般用 $X$ 来表示。因变量是随自变量变化而发生对应变化的变量，一般用 $Y$ 来表示。自变量一般都是非随机变量，是人力可以控制的变量，因变量则一般是随机变量。自变量和因变量可以根据研究目的任意选定。对互为因果关系的变量来说，两个变量（或更多变量）都是随机变量。除了指出因变量和自变量包含哪些因素，还要描述变量是如何测量、如何进行赋值的。

研究假设与因果关系的说明息息相关，研究假设本质是自变量与因变量之间的可验证关系。③ 一是可验证关系里面至少包含一个因变量和一个自变量。比如，"官员晋升压力会更大"，这里只有一个因变量，无法进一步地验证。所以，我们需要在可验证关系中添加自变量，例如经济水平、官员年龄等。二是研究假设中不仅要提出自变量和因变量，还要说明他们之间呈何种

---

① 约翰·W.克雷斯威尔.研究设计与写作指导：定性、定量与混合研究的路径[M].崔延强,译.重庆：重庆大学出版社,2007.

② 深圳市国泰安信息技术有限公司.实证研究指南[M].北京：经济管理出版社,2014.

③ 杨学儒,董保宝,叶文平.管理学研究方法与论文写作[M].北京：机械工业出版社,2019.

关系。例如盛明科等人在文中提出"生态治理支出规模与官员晋升正相关"①。三是研究假设必须可验证。研究假设只有能被验证是否错误,才是一个科学的研究假设,即可证伪性。因此,合理的假说则必须能依据变量之间的关系,引导出一个可以用实验证明的问题。若变量无法被准确有效地观察和测量,该假设就无法被验证。

### (四)"假设链条"的建立与展开

因果关系型实证论文写作是以假设为核心的结构安排。正如刘勰《文心雕龙》所言:"凡大体文章,类多枝派,整派者依源,理枝者循干。是以附辞会义,务总纲领,驱万涂于同归,贞百虑于一致,使众理虽繁,而无倒置之乖,群言虽多,而无棼丝之乱。"可见,文章的材料尽管繁杂,但在安排结构时,只要围绕写作主线,"依源"整理枝叶与枝干,材料再多也不会紊乱。特别是在实证分析环节,因果关系型论文存在各种计量问题,初学者容易不解其意以至于迷乱其中。刘西川认为,实证分析的目的就是检验假设,实现假设检验目标需要经历检验准备、假设检验、假设保护以及假设讨论四个环节。② 四个环节环环相扣、密不可分,本章称之为"假设链条"。"假设链条"的各个环节对应不同的分析策略,具体而言,检验准备对应描述性统计以及诊断性检验,检验假设对应基准回归分析,假设保护对应稳健性检验,假设讨论对应研究发现的进一步讨论。完整的"假设链条"还应包括假设提出,对应文献综述及理论基础部分,形成"假设提出—检验准备—假设检验—假设保护—假设讨论"(见图16-3)。这一完整的链条,构成因果关系型实证论文结构安排的主线,具备多元功能,促进各类材料的收拢与聚焦。

---

① 盛明科,李代明.地方生态治理支出规模与官员晋升的关系研究:基于市级面板数据的结论[J].中国行政管理,2018(4):128-134.
② 刘西川.实证论文写作八讲[M].北京:北京大学出版社,2020:150-154.

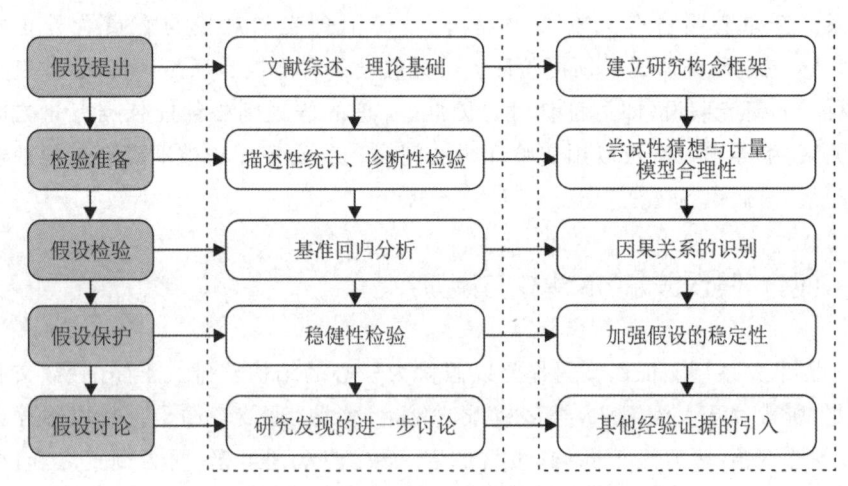

```
假设提出 → 文献综述、理论基础      建立研究构念框架
                  ↓                    ↓
检验准备 → 描述性统计、诊断性检验   尝试性猜想与计量
                  ↓                 模型合理性
                                      ↓
假设检验 → 基准回归分析           因果关系的识别
                  ↓                    ↓
假设保护 → 稳健性检验             加强假设的稳定性
                  ↓                    ↓
假设讨论 → 研究发现的进一步讨论   其他经验证据的引入
```

图 16-3　因果关系型实证论文的假设链条及其功能

### （五）实证分析的理论升华

因果关系型实证论文研究的最终目的是实现理论积累与创新，这与研究发现及其理论贡献的写作联系紧密。写好实证论文的研究发现并不简单。研究发现内容的写作应注重：一是重申研究主题及其重要性；二是重申研究问题及其重要性；三是说明论文的主要结论。但研究结论需要经过理论上的升华，才能明确其对既有理论体系的贡献。撰写理论贡献也对研究者形成考验。基于研究结论，因果关系型实证论文的理论贡献写作可以有如下方面思考：构建一个新理论，这类贡献侧重于回答"what"的问题，当现有理论无法解决现实管理实践中的问题时，新理论就应运而生了，颠覆现有理论的基础假设。这类理论贡献也侧重于回答理论相关的"what"问题，为现有理论应用提供更多的边界条件。这类理论贡献侧重于回答"when"的问题，意在揭示理论的适用情境。打开现有研究中某些关系的黑箱，这类理论贡献侧重于回答"how"的问题，重在探讨理论概念之间的中介作用。

### 四、因果关系型实证论文的写作通则

因果关系型实证论文写作遵循"为何研究—研究什么—怎么研究—研究结论"的内在逻辑。各要素内容的安排呈现有序化与结构化，各要素内容间

具有较强的内在联系,因此,因果关系型实证论文写作具有一定的写作通则。

### (一)判别具有因果关系的现象

谨慎辨别"原因"与"结果"。原因与结果中的"原因",相当于广告与销售额事例中的"广告"。不过,广告也包括很多内容,比如是指具体的广告费用、投放面积,还是只是指有无投放广告,必须对原因做出明确的定义。同时,原因与结果中的"结果",相当于广告与销售额事例中的"销售额"。想统计的是销售收入还是税前利润,结果也需要一个明确的定义。更重要的是,需要判断两者是否存在以下问题:(1)是不是纯属巧合;(2)是否存在混杂因素;(3)是否存在逆向因果关系。在广告与销售额的事例中,需要仔细分析是否存在能够同时影响广告和销售额的混杂因素。比如,很可能存在"经济形势较好"等混杂因素。经济形势好的话,投放广告的决策更容易通过,销售额也更容易上涨。如果存在"经济形势较好"的混杂因素,广告与销售额的关系则可能只是伪相关。

### (二)选择有价值的选题

"新瓶装旧酒"式的选题是不重要或缺乏意义的,如果没有足够的理论价值或者说服力,盲目模仿和重复前人研究,此类选题的重要性和必要性均欠缺;"不证自明"式的选题是不重要或缺乏意义的,如果一个研究选题是对显而易见的问题或者现象进行检验,这样的选题显然不重要。例如,如果我们根据指标 $X$ 确定人们的奖励,你的选题如果是研究人们是否关注指标 $X$,这个选题是没有意义的,因为人们的奖励是基于指标 $X$,一个理性的人,显然会关注指标 $X$。但是换个角度,如果你试图考察人们关注指标 $X$ 时存在一些有趣或者尚未发现的特征,比如,人们对指标 $X$ 的理解存在困惑,或者具有某些特征的人们对指标 $X$ 的反应明显有别于其他人,那么,你的实证研究选题就变得有意义了。

### (三)避免无意义的假设

在查阅文献时,寻找与想要做的研究相似的研究,并尝试将自己的研究建立在其他研究人员的发现的基础之上,但也要找出可疑的结论,并亲自检验那些结论。提出的假设要具体,但不要具体到假设不能适用于特定实验之外的任何研究。虽然需要确定研究对象,但不要过于具体,比如"我的三个室友都能做不同数量的俯卧撑",除了研究者的室友外,可能没有人会对这样的研究感兴趣。不要使用感受和观点型的语句,如"我相信""我认为""我感觉""我的观点是",同时,科学并不一定是一个线性过程,可以用多种方式进行研究。

### (四)选取可测量的关系要素

解释变量和因变量之间的因果关系一定要正确。首先,要注意有些变量数值的产生很可能是和因变量同时决定的,或是因果关系不很明确(也就是说,相对于因变量而言,这些变量是内生的),则在选取这些变量作为解释变量时,便要非常小心。解释变量的内生问题常常是研究被批评的主要原因。其次,要注意解释变量的同构型,不能将一大堆彼此相关性很高的变量(包括相同变量的不同转换,或是几个变数间的各种交乘项)放进回归式内,否则会造成严重的线性重合问题。此外,我们还要探讨解释变量不足、观察值有误差等数据缺失所造成的计量问题。

### (五)搭建有逻辑的论文框架

注重搭个架子。画出文章的理论逻辑图,理论逻辑图建议明确两点:选择的理论是什么,概念(或变量)的逻辑是什么。即理论逻辑图是对假说的直观、简要地呈现。因此,理论逻辑图所使用的术语是概念或变量,做到与假说对应、要简洁。画出研究设计图。研究设计图体现假说的检验思路。研究设计图同样明确两点:检验的假说是什么,用什么方法或思路来做检验。研究设计图的过程效果类似于"思想实验",它是一种证伪思路,画出研究技术路线图。研究技术路线图有始有终,即按照某个思路或步骤,经过一步一步的具体行动,最后实现一个目标。

# 第十七章　案例型论文的模式化写作策略*

曾锡环　黄钦旭**

学术论文是知识阐释、创新、生产与传播的重要形式。学术论文写作被认为是一门"手艺"。① 随着这门"手艺"日益专业化、精湛化与系统化,学术论文写作本身的知识体系也不断完善。关于学术论文类型的划分方法,学界缺少统一的标准。笔者依据论文写作的内在特征,将学术论文类型划分为对策型、案例型、文本型、假设验证型以及混合型等。各种类型论文的写作过程遵循差异化的论证逻辑,存在多元化的写作结构安排,具备丰富的研究功能,帮助研究者更好地认识与理解世界。梳理学术论文写作的有关文献,学者偏向于笼统地谈论写好学术论文的理念或技巧,缺少对某一类型论文写作原理的深入剖析。② 考虑到案例型论文在社会科学研究中拥有较高的认可度、成熟度与应用度,本章选取案例型论文作为分析对象,探讨此类论文写作的内在逻辑及结构安排,旨在提炼一般性的写作模式,为理解与操作案例型学术论文写作提供写作技巧与方法。

---

\* 本章是2023年广东省研究生教育创新计划资助项目——"论文写作指导"示范课程建设项目成果。
\*\* 曾锡环,男,深圳大学政府管理学院副教授,研究方向为基层治理、人才公共政策;黄钦旭,男,深圳大学政府管理学院硕士研究生。
① 刘军强.写作是门手艺[M].桂林:广西师范大学出版社,2020.
② 风笑天."五讲四美":社会研究论文写作的原则与建议[J].东南学术,2023(1):44-54. 马来平.研究生论文写作的六大关切[J].学位与研究生教育,2020(7):1-6. 张积玉.学术论文写作与发表的几个问题[J].重庆大学学报(社会科学版),2018,24(1):71-81.

## 一、案例型论文的内涵定位及类型

"案例"指某一段时间内所发生的典型事件,事件本身所蕴藏的事理具有广泛的推广效应。案例研究是社会科学方法论体系中广受关注的实证研究方法。关于案例研究的定义,王建云将其视为"综合运用历史数据、档案材料、访谈、观察等多种收集数据和资料的技术与手段"[①];风笑天认为是"对一个案件、一件事件、一个社会集团,或一个社区进行的深入而全面的研究"[②];成思危则指出案例型研究作为一种实证研究方法,既非资料收集技术,也非仅限于设计研究方案本身,而是一种全面的综合性研究思路。[③] 案例研究过程着重于系统剖析特定背景下特定社会单元所发生的典型事件,它要求"对研究对象的来龙去脉、前因后果、发展过程、方方面面做尽可能翔实的描述,从事物自身的展开中显露事物之所以如此的固有机理"。[④] 案例研究内涵不断丰富,逐步被认为是一门探究典型事件的综合性研究方法。学者指出,基于案例分析过程所得出的研究结论具有普遍意义。[⑤]

案例型论文写作可以被理解为一种以描述、分析及解释案例为导向的论文写作模式。随着案例研究的兴起,案例型论文表达形式也成为学术研究的重要关注要素。案例型论文写作的目的并非仅仅讲述特定背景下的案例故事,还有呈现事实中的行为特征、关键条件、动力来源和因果联系,因此,案例研究论文的表达形式不可能只有一种形式。基于对众多案例研究论文的观察,笔者根据案例论文的功能目的,将案例论文划分为四种类型,即描述性案例论文、解释性案例论文、探索性案例论文及诊断性案例论文,以上各类案例型论文的内涵、要素及写作目的如表 17-1 所示。

---

① 王建云.案例研究方法的研究述评[J].社会科学管理与评论,2013(3):77-82.
② 风笑天.社会学研究方法[M].北京:中国人民大学出版社,2005.
③ 成思危.认真开展案例研究,促进管理科学及管理教育发展[J].管理科学学报,2001(5):1-6.
④ 宁骚.公共管理类学科的案例研究、案例教学与案例写作[J].新视野,2006(1):34-36,61.
⑤ 张梦中,马克·霍哲.案例研究方法论[J].中国行政管理,2002(1):43-46.

表 17-1　案例型论文写作类型及定位

| 类型 | 内涵 | 要素 | 目的 |
|---|---|---|---|
| 描述性案例论文写作 | 全面描绘与呈现案例的案例论文写作类型 | 问题、理论（可有可无）、案例、方法 | 深度描述案例细节 |
| 解释性案例论文写作 | 通过案例分析验证或发展既有理论的案例论文写作类型 | 问题、理论、案例、方法 | 验证或发展既有理论 |
| 探索性案例论文写作 | 借助案例剖析来提炼构念及建构理论的案例论文写作类型 | 问题、理论（一般不预设理论分析框架）、案例、方法 | 构建理论 |
| 诊断性案例论文写作 | 通过选择典型案例来揭示特定问题困境，并提供解释和解决思路的案例论文写作类型 | 问题、理论、案例、方法、对策 | 问题诊断 |

总体而言，案例型论文写作具有如下特征：其一，实然性。案例型论文选择的案例数据或信息来源于客观事实，数据资料一般基于实地调查、观察、访谈、统计数据等，具有较高的可信度和可靠性。写作者通过对具体案例的客观描述及理论分析，提取出案例特征和内在规律。其二，结构性。案例型论文写作存在一套合理、稳定的研究逻辑支撑，表现为写作过程遵循学界认可的分析范式，形成结构化的论文写作框架，写作过程合理、有效且规范。其三，功能多样性。案例论文写作的过程与结论符合科学原理与基本规律，具有描述现象、验证或发展理论、建构理论以及诊断问题等功能，有助于实现理论知识增长的同时满足现实需求的知识表达。

## 二、案例型论文写作的结构逻辑

案例型论文的学术表达形式，自案例研究兴起就备受重视，表达的结构要素较为完整，要素结构编排具有较明显的逻辑特征。了解案例型论文写作的构成要素与写作逻辑，有助于提升案例型论文写作的表达能力。

### （一）构成要素

笔者通过对诸多经典的案例研究文献进行解剖分析，总结出案例型论文写作过程的一般性要素——问题、理论、案例、方法。

1. 问题

问题是一项研究的灵魂,问题的提出应当具体明确,能够指引研究的方向,具有理论与实践层面的创新价值或意义。案例型论文写作重点关注如下研究问题:新涌现的、缺少理论解释的问题现象;现有理论不能充分回答的问题;关注构建过程理论的问题;核心概念难以测量的研究问题;需要深入理解极端现象的研究问题……案例型论文的研究问题主要有两大来源:第一,研究者通过文献阅读,发现相互矛盾或尚未获得解释的现象,提出研究问题;第二,研究者基于经验观察发现的"有趣现象"。学术研究要求论文写作关注的是"真问题"。

2. 理论

理论是学术研究的标志性因素。正如科学哲学家亨利·庞加莱所言,"科学是由事实组成的,就像房屋是石头砌成的,但是事实的累积并不等于科学,就像一堆石头不等于房屋一样"。因此,理论分析帮助案例研究从事实累积向知识创造跃迁,理论赋予案例研究"新的生命力"。理论应用在案例型论文写作过程中主要表现包括:为问题提供理论缘由、提出理论视角、建构理论分析框架、产生理论贡献(发展或验证已有理论)等。

3. 案例

案例是案例型论文写作的独特因素,主要为问题探讨、事实挖掘、观点论证与理论分析提供客观的对象。案例本身是一种拥有丰富内涵的事实故事(由数据信息资料经过复杂加工而来),案例论文写作过程通常以案例为主体,对案例故事的背景、过程及结果进行综合性分析。案例型论文写作强调理论与案例之间的良性互动。如何巧妙地利用理论解剖案例过程以及利用案例验证(或发展)理论,是研究者需要谨慎考虑的重要问题。

4. 方法

方法是案例数据资料搜集与分析的技术。方法设计体现案例型论文写作的科学性,方法应用应遵循社会科学研究规范,满足合理性、可行性、可靠性以及有效性等基本原则。案例型论文写作的方法选择多元且灵活。如案例数据资料搜集方法有问卷调查、实地访谈、观察法、文献分析法等,案例分析方法有个案研究、多案例研究以及比较研究等。合理利用上述方法讲述案例故事与开展理论观察,是案例型论文写作的基本要求。

## (二)写作逻辑

写作论文要综合考虑要素、流程及逻辑。案例型论文写作的整体逻辑框架如图 17-1 所示。案例型论文写作过程,需要按照一定的逻辑将问题、理论、案例(数据资料)以及方法等要素导入,形成科学规范的写作流程。罗伯特·K.殷认为案例研究存在五个阶段,分别为描述阶段、探索阶段、假设检定阶段、实证与解释阶段、质疑与解释阶段。[①] 但彭玉生指出"从案例中总结出来的'发现'严格说来只是新的假设"[②],即大部分案例研究仅停留在提出或发现假设阶段,尚未完成假设检验。现实中缺少假设检验的案例研究方式占据"主流"。

从论文写作角度来看,无论存在假设检验与否,案例型论文写作的一般性流程包括四个稳定的环节,分别为"从现象到问题""理论视角或分析框架设计""案例研究设计""案例分析及理论分析"。基于这一研究流程,案例型论文写作的基本思路可以理解为研究者通过现象观察提炼出具有学术价值与现实关怀的研究问题。为了更好地解决研究问题,研究者引入理论性要素,提出新的理论观察视角或建立理论分析框架。在研究假设环节,研究者合理选择研究方法以及提供事实材料支撑。最后,论文写作进入分析环节,融合案例与理论,归纳与提炼出一般性结论或引申。上述各个环节环环相扣,遵循"研究什么—为何研究—如何研究—研究结果"的写作逻辑,构成案例型论文写作要素安排以及流程构造的内在机理。

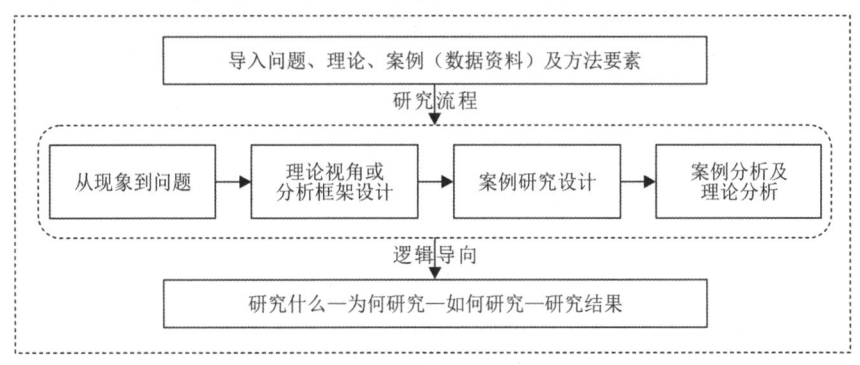

图 17-1 案例型论文写作的逻辑框架

---

① 罗伯特·K.殷.案例研究:设计与方法[M].周海涛,等译.重庆:重庆大学出版社,2004.

② 彭玉生."洋八股"与社会科学规范[J].社会学研究,2010,25(2):180-210,246.

## 三、案例型论文结构类型及写作模板

在理解写作要素构成及内在逻辑的基础上，本章尝试建立案例型论文写作内容结构安排的适用性模板，旨在帮助研究者快速理解、掌握并有效开展案例型论文写作。案例研究型论文写作的一般性内容框架包括问题提出、文献综述、理论基础、研究方法、案例分析以及研究结论。不同类型的案例论文写作思路略有差异，但均拥有相似的内容要素构成。

### （一）描述性案例论文写作的结构模板

描述性案例论文是以深度与全面描述案例过程为目的的写作方式。此类论文写作要求高水平呈现案例过程的全貌及其关键特征，帮助读者清晰全面地理解案例的丰富内涵与独特之处。通过对《超级竞争条件下企业整体管理的基本维度与共生型控制模式——一个描述性案例研究》《国家、社会互动结构中的社区治理——一个描述性案例研究》《SBU：战略执行与管理控制系统在中国的实践与创新——基于海尔集团 SBU 制度的描述性案例研究》等典型论文要素及结构的拆解分析，笔者尝试提出描述性案例论文写作的一般性结构模板，如图 17-2 所示。

具体而言，描述性案例论文的引言内容安排比较灵活，通常会涉及研究背景、研究现象、研究问题以及研究目的等，其中，问题的提出最为关键。因为描述性案例论文写作的目的和视角非常清晰，所以文献综述部分无须花费过多笔墨，通常为建立理论分析框架提供文献研究支持，不过此类案例论文的理论分析框架通常可以被省略。理论要素的引入并非为阐释理论内涵提供准备，而是提供完整的描述性框架，确保案例描述兼具广度与深度。研究设计部分主要涉及案例选择、方法选择以及资料获取等内容。案例分析部分则是在理论分析框架的指导下，对案例的发展脉络与重要内容进行全面深入的描述与分析。最后是基于案例描述内容，总结论文研究的重要发现并阐明研究启示。描述性案例论文写作着重于对案例的客观描述，全文的内容结构安排均为此目标服务。因此，此类案例论文的写作要求研究者具备良好的"线索梳理与故事讲述"能力。

```
论文题目（……）
一、引言
    （研究背景、研究现象、研究问题、研究目的等）
二、文献综述
三、理论基础（或理论分析框架）
四、研究设计
    （一）案例选择
    （二）研究方法
    （三）资料获取
五、描述性案例分析
结合论文选题及研究问题，对案例过程进行描述与分析
    （一）案例简介
    （二）案例分析
        1. 某某方面的分析
        2. 某某方面的分析
        3. 某某方面的分析
六、结论与讨论
```

图 17-2　描述性案例论文写作的结构模板

## （二）解释性案例论文写作的结构模板

解释性案例论文是一种以挖掘案例中因果关系为导向的写作形式。解释性案例论文通常从理论出发，对典型案例进行理论剖析。此类论文写作，一方面理论性阐释案例发生的内在逻辑，另一方面基于案例分析来验证或修补既有理论。与描述性案例论文相比，解释性案例论文的内容安排更为丰富，结构思路更富层次感。本部分尝试解析《知识创新系统对我国大学衍生企业的影响——基于三螺旋模型的解释性案例研究》《员工全面薪酬平衡感知研究——基于心理平衡视角的解释性案例》等典型论文要素结构，建立解释性案例论文的写作模板，如图 17-3 所示。

解释性案例论文的写作思路可以理解为引言的内容安排涉及研究背景、研究现象、研究问题以及研究目的等，其中问题的提出最为关键；文献综述为研究问题的提出提供理论缘由，发现既有研究的不足之处并提出新的理论观察视角；为分析研究问题建立完整的理论分析框架，提供遵循因果关系逻辑

的理论模型;选择典型性与代表性的案例,对案例进行初步的描述性介绍,并基于理论分析框架中的概念及关系,深度剖析案例过程的内在逻辑,系统解释案例事实中的因果关系机制。与此同时,基于案例分析与案例发现,验证理论概念框架的有效性或适用性,或者揭示既有理论的不足并做出理论修正,产生理论贡献。

```
论文题目(……)
一、引言
    (研究背景、研究现象、研究问题、研究目的等)
二、文献综述(或文献综述及研究框架)
    (一)文献分析
    (二)文献评述(或研究框架)
三、研究方法
    (一)案例选择
    (二)数据收集
    (三)数据分析
四、案例分析(或案例发现)
    (一)某某方面的分析(基于理论构念的案例分析)
    (二)某某方面的分析(基于理论构念的案例分析)
    (三)某某方面的分析(基于理论构念的案例分析)
五、结论与讨论
    (一)理论模型建构(或理论模型建构及命题)
    (二)研究启示
```

图 17-3　解释性案例论文写作的结构模板

## (三)探索性案例论文写作的结构模板

探索性案例论文是以发现或构建理论为核心导向的写作形式,其研究目的在于定义将要研究的问题或假设,或判断预定研究方案的可行性。[①] 这意味着探索性案例写作要求研究者在复杂、有趣的案例事实中提炼理论概念,建立理论联系,实现理论建构。通过总结《数字技术驱动高端颠覆性创新的过程机理:探索性案例研究》《科创企业创新悖论的主动应对机制——基于管

---

① 陈春花,刘祯.案例研究的基本方法:对经典文献的综述[J].管理案例研究与评论,2010,3(2):175-182.

理者角色身份建构的探索性案例研究》《AI 能力如何助推企业实现价值共创——基于企业与客户间互动的探索性案例研究》等典型论文写作的共性规律，本章尝试提出探索性案例论文写作的结构模板，如图 17-4 所示。

　　探索性案例论文写作思路如下：引言部分包括研究背景、研究现象、研究问题以及研究目的等，明确论文写作的整体方向及路径；文献综述通过回顾既有文献研究，为研究问题的提出提供理论缘由，或基于既有理论分析建立研究框架。由于探索性案例论文具有理论建构性质，研究者可以根据实际需求考虑是否建立理论研究框架。研究方法重点探讨案例选择的条件与缘由，主要结合文本编码技术对数据进行分析。文本编码技术主要应用于提炼理论概念，支持完成理论建构的案例写作目标。案例分析或案例发现部分，主要基于研究问题对理论概念及其案例过程进行深度分析，并形成针对案例过程的抽象概念提炼。最后，通过系统梳理理论概念及其联系，建立具有整体性与抽象性的理论模型，提出理论命题，进一步为管理或政策实践提供理论启示。探索性案例论文写作中的理论构建过程，要求研究者反复对比理论构念与案例实际，因此，研究者需要具备较高的理论素养与丰富的写作经验。

---

**论文题目（……）**

一、引言
　　（研究背景、研究现象、研究问题、研究目的等）
二、文献综述（或文献综述及研究框架）
　　（一）文献分析
　　（二）文献评述（或研究框架）
三、研究方法
　　（一）案例选择
　　（二）数据收集
　　（三）数据分析
四、案例分析（或案例发现）
　　（一）某某方面的分析（基于理论构念的案例分析）
　　（二）某某方面的分析（基于理论构念的案例分析）
　　（三）某某方面的分析（基于理论构念的案例分析）
五、结论与讨论
　　（一）理论模型建构（或理论模型建构及命题）
　　（二）研究启示

图 17-4　探索性案例论文写作的结构模板

### (四)诊断性案例论文写作的结构模板

目前,诊断性案例论文常见于组织管理与基层治理研究领域,这是一种借助特定案例发现问题并提供解决对策的写作形式。与问题对策型论文不同,诊断性案例论文凸显案例的特殊性,着重围绕案例故事主线开展问题分析。结合《都市农业社会化服务发展问题及对策——基于生产、生活、生态视角下的北京案例分析》《技术治理视阈下"一网统管"基层城运平台过载问题的成因及其消解策略——以上海市S街道为例》等典型论文,本章尝试提出诊断性案例论文写作的结构模板,如图16-5所示。

诊断性案例论文写作思路如下:引言部分涉及研究背景、研究现象、研究问题以及研究目的等,提出论文写作方向,明确研究问题。文献综述通过回顾既有文献研究,为问题提出提供理论缘由,发现既有研究存在的不足,提出新的分析视角。理论及分析维度部分,引入有关理论,提炼分析维度,建立系统性的理论分析框架,帮助研究者有效挖掘与解释案例事实存在的问题。研究方法及案例概况部分,重点讨论典型案例的选择及案例资料的收集过程,并按照一定的逻辑对案例概况进行总体描述,了解案例发生的背景、过程及结果。案例分析部分,一方面是在理论分析框架的指导下,对案例故事中的各类问题及其特征进行分析,另一方面是对问题产生的原因进行探究,寻找问题背后的影响因素。对案例事实进行诊断性分析后,提出具有针对性与有效性的对策,创新优化既有的行动方案。诊断性案例论文写作以典型案例作为问题分析场域,发现的问题及其提供的解决思路具有广泛的借鉴价值。

```
论文题目(……)
  一、引言
     (研究背景、研究现象、研究问题、研究目的等)
  二、文献综述
  三、理论及分析维度
  四、研究方法及案例概况
     (一)研究方法
     (二)案例概况
  五、案例的问题分析
  六、案例问题的原因分析
  七、对策或建议
  八、结论与讨论
```

图 17-5  诊断性案例论文写作的结构模板

## 四、案例型论文的写作策略

案例型论文高效写作必然遵循稳定的逻辑框架,但高质量的案例型论文写作仍需强调高效基础上的有效性。除了要寻找到合适的论文写作模板,研究者还要谨慎处理好影响案例型论文写作有效性的几个核心因素。

### (一)研究问题选择

案例型论文的研究问题一般在导论中直接呈现,研究问题并非凭空产生的,而是从现实矛盾与理论对话中挖掘出来的。研究问题的提出需要注意三点:(1)预设构念。论文研究开始前,先要有理论取向,尽可能了解相关理论,将其体现在初步调查中。研究问题可能不是一开始就存在,而是在数据收集过程中形成的。(2)突出具体情景,考虑在什么样的情形中提供问题的证据。(3)巧用"怎么样""为什么"的思考方式,体现过程、因果关系、分类(类型学)等研究。案例型论文写作中研究问题的提出,要求研究者具备较高的研究敏感性。

### (二)文献对话

案例型论文写作的突出特征是理论的应用、创新及积累,主要在文献对话环节体现。展开文献对话,需要注意几个事项:案例型论文中的文献回顾(或研究综述)切忌过于宽泛,要与既有文献研究形成充分的理论对话。较为常见的问题在于以下方面:缺少明确清晰的对话领域,局限于描述研究现状,缺少相关理论或概念的引入等;理论对话不足的直接后果是研究动机弱化,论文写作定位不清晰;理论贡献较为模糊。理论选择不够精准,理论分析过于笼统,且论文讨论部分没有"比对"研究发现与既有文献研究成果,因此没能很好解释结论如何填补现有研究空白。遵循"好故事"原则,精准选择有关理论开展分析,进一步推动理论深化或情境化,通过数据与理论的反复比较找到讲好案例故事的"最佳逻辑"。

### (三)构建理论分析框架

缺乏理论提炼、过度概念化或不断创造新概念,三者均会导致理论框架构建的失效,因此建议注意如下方面事项:案例型论文写作强调理论构建和概念化。这是对写作内容和研究问题的抽象化处理,如从故事和数据到概念和关系,从现象到新规律或新理论。但诸多论文缺少这一过程,具体表现为欠缺理论视角、错把文献回顾中宏大研究领域当成理论视角、理论视角不符合研究问题等,要注意捋清现象、文献、数据分析与理论间的关系。文献的作用在于展现研究现状。理论视角是数据搜集与分析的"参照",就好像是盖楼前搭建的"脚手架"。在确定研究现象之后,首先要寻找与现象相契合且具有启发性的参照理论。参照理论能引导数据收集过程,因为它揭示了什么样的概念和关系最重要、为何重要以及应当关注哪些证据。参照理论也为数据分析提供了导向,没有理论指导的数据分析过程通常被喻为"农民解剖麻雀""盲人摸象"。只有在理论的指导下,研究结论才能上升到概念层面,实现理论升华。① 总体而言,倘若案例型论文写作缺少理论基础,论文写作就会陷入就事论事、逻辑混乱以及价值弱化的窠臼。

### (四)研究案例选择

案例选择过程需要注意:一是强调问题驱动。寻找有趣的问题来驱动论文写作,选择合适的案例开展深度分析。二是符合理论抽样。理论抽样与随机抽样最大的不同在于,前者为研究问题和核心概念所驱动,重点关注样本是否能最大限度提供目标概念或概念间关系的差异性。案例论文写作中过程设计的目的在于增加构建理论的普适性。所选案例拥有相似的过程及相似的结果,符合复制逻辑中的逐项复制逻辑。不少研究者对理论抽样的理解不足,导致案例论文写作过程出现研究问题与研究设计的不匹配,即容易出现单案例、多案例以及质性研究的错配和混淆。

## 五、结语

案例型论文是学术论文写作类型之一,受到学术界广泛认可与应用。本章尝试对案例性论文写作的构成要素、内在逻辑以及结构模板进行初步探讨,以期形成论文写作的经验方法。与其他类型论文相比,案例型论文写作

---

① 李高勇,毛基业.案例选择与研究策略:中国企业管理案例与质性研究论坛(2014)综述[J].管理世界,2015(2):133-136,169.

主要围绕"案例"进行,整个写作流程环环相扣,写作逻辑层层递进,强调凸显理论与案例两者间的紧密互动关系。依据不同的研究目的,本章将案例型论文划分为描述性案例论文、解释性案例论文、探索性案例论文以及诊断性案例论文,尝试结合案例型论文写作的内在逻辑,提出上述案例型论文写作的内容结构安排,建立具有一般性与可操作性的写作模板,旨在为研究者高效开展案例型论文写作提供帮助。不过,案例型论文写作的结构模板并非固定的,而是能根据实际研究需求进行灵活调整,这一过程需要把握好研究问题、文献对话、理论基础以及案例选择等核心内容的写作质量。总而言之,高效与有效兼备的论文写作必定具有结构化与模式化的特征。本章以案例型论文为例,尝试总结出针对此类论文的高效写作模板,供研究者参考借鉴。

# 参考文献

[1] AUSTIN J, STEVENSON H, WEI-SKILLERN J.Social and commercial entrepreneurship: same, different, or both? [J].Entrepreneurship theory & practice,2006,30(1).

[2] BESNIER N, MORALES P.Tell the story: how to write for American ethnologist[J].American ethnologist,2018,45(2).

[3] DEES J G. Enterprising nonprofits: what do you do when traditional sources of funding fall short? [J].Harvard business review,1998(1).

[4] DISETH A, MARTINSEN O. Approaches to learning, cognitive style and motives as predicators of academic achievement[J].Educational psychology,2003,23(2).

[5] DUNLEAVY P, MARGETTS H, BASTOW S, et al.New public management is dead-long live digital-era governance[J].Journal of public administration research and theory,2006,16(3).

[6] FATMAL E, IZZETL K, ERHANL E.The primary student teachers' views about a blended learning application in a basic physics course[J].Turkish online journal of distance education (TOJDE),2012(13).

[7] EMERY G Y, GIAUQUE D.The hybrid universe of public administration in the 21st century[J].International review of administrative sciences,2014,80(1).

[8] FEHR E,SCHMIDT K M.A theory of fairness, competition and cooperation[J].The quarterly journal of economics,1999,114(3).

[9] FORSYTHE R, HOROWITZ J L, SAVIN N E, et al.Fairness in simple bargaining experiments[J].Games and economic behavior,1994,6(3).

[10] KIM M, LEU J.The field of social entrepreneurship education:from the second wave of growth to a third wave of innovation[C]//ASHOKA U, BROCK D.Social entrepreneurship education resource handbook.Washington D.C.:Ashoka U,2011.

[11] PFEFFER C A, ROGALIN C L.Three strategies for teaching research methods: a case study[J].Teaching sociology,2012,40(4).

[12] RANCER A S, DURBIN J M, LIN Y.Teaching communication research methods: student perceptions of topic difficulty, topic understanding, and their relationship with math anxiety[J].Communication research reports,2013,30(3).

[13]SANTOS F M.A positive theory of social entrepreneurship[J].Journal of business ethics,2012,111(3).

[14]SKELCHER C,SMITH S R.Theorizing hybridity:institutional logics,complex organizations,and actor identities:the case of nonprofits[J].Public administration,2015,93(2).

[15]VAN DER ZWAN N,AFONSO A.Activating the research methods curriculum:a blended flipped classroom[J].Political science & politics,2019,52(4).

[16]WASOH F. Exploring the roles of blended learning as an approach to improve teaching and learning English[EB/OL].[2023-11-17].http://web.a.ebscohost.com/ehost/pdfviewer/pdfviewer? sid＝27144a22-f991-47c4-a39e-94160e6ce0a9％40sessionmgr4007&vid＝0&hid＝4214.

[17]爱因斯坦,英费尔德.物理学的进化[M].张卜天,译.北京:商务印书馆,2020.

[18]布莱恩·格里瑟姆.本科论文写作技巧[M].马跃,王灵芝,译.大连:东北财经大学出版社,2015.

[19]常伟.基于智能手机的大学英语移动学习模式构建[J].山西财经大学学报,2021,43(S2).

[20]陈超龙,刘碧源,申可佳,等.医学免疫学系统性教学的实践[J].基础医学教育,2017,19(2).

[21]陈春花,刘祯.案例研究的基本方法:对经典文献的综述[J].管理案例研究与评论,2010,3(2).

[22]陈家建,赵阳."低治理权"与基层购买公共服务困境研究[J].社会学研究,2019,34(1).

[23]陈建宏,姚宏昌.学术牛人之教战手册[M].杭州:浙江大学出版社,2016.

[24]陈延斌,张明新.高校文科科研训练与论文写作指导[M].北京:中央编译出版社,2004.

[25]陈哲夫,陈端吕,彭保发."协同创新"背景下地方高校人才培养的保障体系构建[J].高教学刊,2019(19).

[26]成思危.认真开展案例研究,促进管理科学及管理教育发展[J].管理科学学报,2001(5).

[27]崔延强,林笑夷,段禹.新文科背景下复合型人才培养实践模式研究[J].苏州大学学报(教育科学版),2024,12(1).

[28]戴维·德沃斯.社会研究中的研究设计[M].郝大海,等译.北京:中国人民大学出版社,2008.

[29]杜鹏,李庆芳.质性研究的六项修炼[M].北京:经济管理出版社,2019.

[30]杜兴梅.学术论文写作ABC[M].广州:广东高等教育出版社,2010.

[31]鄂慧芳.财经类高校本科生统计学课程教学问题初探[J].中国乡镇企业会计,2018(5).

[32]范明林,吴军,马丹丹.质性研究方法[M].2版.上海:格致出版社,2018.

[33]方晓明,张龙.体验式学习:斯坦福大学社会创业教育的经验与启示[J].中国高教研

究,2023(8).

[34]费梅苹,唐立.社会工作案例教学法的实践研究:兼论哈贝马斯共识真理论对案例教学的启示[J].中国社会工作研究,2019(1).

[35]风笑天."五讲四美":社会研究论文写作的原则与建议[J].东南学术,2023(1).

[36]风笑天.社会学研究方法[M].北京:中国人民大学出版社,2005.

[37]冯晓英,王瑞雪,吴怡君.国内外混合式教学研究现状述评:基于混合式教学的分析框架[J].远程教育杂志,2018,36(3).

[38]高丙中.民族志发展的三个时代[J].广西民族学院学报(哲学社会科学版),2006(3).

[39]高德毅,宗爱东.从思政课程到课程思政:从战略高度构建高校思想政治教育课程体系[J].中国高等教育,2017(1).

[40]管兵.竞争性与反向嵌入性:政府购买服务与社会组织发展[J].公共管理学报,2015,12(3).

[41]洪早清,袁声莉.基于课程思政建设的高校课程改革取向与教学质量提升[J].高校教育管理,2022,16(1).

[42]胡强.基于扎根理论的科技期刊微信运营策略分析[J].中国科技期刊研究,2016,27(8).

[43]黄宁花,禹旭才.系统思维视域下高校课程思政建设的价值意蕴、实践反思与优化路径[J].高校教育管理,2022,16(5).

[44]黄群慧,王健.粤港澳大湾区:对接"一带一路"的全球科技创新中心[J].经济体制改革,2019(1).

[45]黄兆信,黄扬杰.社会创业教育:内涵、历史与发展[J].高等教育研究,2016,37(8).

[46]黄兆信,李炎炎.社会创业教育的理念与行动[J].教育研究,2018,39(7).

[47]黄兆信,卓泽林.美国明德学院的社会创业教育及其启示[J].高等教育研究,2019,40(1).

[48]霍应鹏,刘锋,彭莺,等.基于微信公众号—微知库平台二元互补的混合式教学模式:以实验设计与数据处理课程为例[J].化学教育(中英文),2021,42(20).

[49]纪莺莺.当代中国的社会组织:理论视角与经验研究[J].社会学研究,2013,28(5).

[50]蒋红,王宏军,王春华,等.大学专业课情景式教学方法的构建及应用[J].中国校外教育(理论),2015(13).

[51]蒋占峰,刘宁.高校课程思政建设的多维审视[J].现代教育管理,2022(9).

[52]井润田,孙璇.实证主义vs诠释主义:两种经典案例研究范式的比较与启示[J].管理世界,2021,37(3).

[53]卡尔·波普尔.猜测与反驳:科学知识的增长[M].傅季重,等译.上海:上海译文出版社,2005.

[54]伊塔洛·卡尔维诺.看不见的城市[M].张密,译.南京:译林出版社,2019.

[55]康晓光,韩恒.分类控制:当前中国大陆国家与社会关系研究[J].社会学研究,2005(6).

[56]康晓光,韩恒.行政吸纳社会:当前中国大陆国家与社会关系再研究[J].中国社会科学(英文版),2007(2):116-128.

[57]约翰·W.克雷斯威尔.研究设计与写作指导:定性、定量与混合研究的路径[M].崔延强,译.重庆:重庆大学出版社,2007.

[58]李波,马子红.OBE理念下科研素养培育的实践课程教学探究:以《科研规范训练》课程"项目式"教学为例[J].贵州师范学院学报,2022,38(5).

[59]李飞.社会工作专业人才实践教学体系构建研究[J].学理论,2017(6).

[60]李高勇,毛基业.案例选择与研究策略:中国企业管理案例与质性研究论坛(2014)综述[J].管理世界,2015(2).

[61]李健.公益慈善人才学历教育发展路径研究[J].学会,2017(6).

[62]李太平,马秀春.走向"实践"关怀:教育类研究生培养的理性选择[J].高等教育研究,2019,40(2).

[63]李晓莉,申明浩.新一轮对外开放背景下粤港澳大湾区发展战略和建设路径探讨[J].国际经贸探索,2017,33(9).

[64]李远煦.社会创业:大学生创业教育的新范式[J].高等教育研究,2015,36(3).

[65]刘纯青,罗譞,易桂秀.产教融合背景下应用型人才培养教学模式研究与实践:以风景园林专业学位研究生培养为例[J].职教论坛,2021,37(12).

[66]刘军强.写作是门手艺[M].桂林:广西师范大学出版社,2020.

[67]刘坤.谈传统教学模式与多媒体教学模式下的大学英语教学[J].教育与职业,2012(2).

[68]刘丽莉.大学生科研能力培养的实践教学模式研究:以公共管理类课程PBL为例[J].科技创新导报,2012(13).

[69]刘西川.实证论文写作八讲[M].北京:北京大学出版社,2020.

[70]刘晓宁,刘晓.高等职业教育课程思政的实践审思与改革路径[J].中国高等教育,2022(10).

[71]刘允,杨立军,罗先辉.翻转课堂和传统课堂教学模式比较研究:基于南京某高校翻转课堂教学调查[J].高等教育研究学报,2018,41(1).

[72]中共浙江省委党校,浙江行政学院."最多跑一次"改革[M].杭州:浙江人民出版社,2018.

[73]陆林召.全媒体时代高校思想政治教育话语权建构的多维审思[J].江苏高教,2022(3).

[74]罗伯特·K.殷.案例研究:设计与方法[M].周海涛,等译.重庆:重庆大学出版社,2004.

[75]马桂花.翻转课堂混合式教学在《社会科学研究方法》课程中的实践探索[J].创新创业理论研究与实践,2022,5(11).

[76]马来平.研究生论文写作的六大关切[J].学位与研究生教育,2020(7).

[77]马林诺夫斯基.西太平洋上的航海者[M].弓秀英,译.北京:商务印书馆,2017.

[78]马永红,雷庆.课程的逻辑性教学与系统性教学浅议[J].中国大学教学,2008(3).

[79]C.赖特·米尔斯.社会学的想象力[M].李康,译.北京:北京师范大学出版社,2017.

[80]倪好.高校社会创业教育的基本内涵与实施模式[J].高等工程教育研究,2015(1).

[81]宁骚.公共管理类学科的案例研究、案例教学与案例写作[J].新视野,2006(1).

[82]彭川宇.社会科学研究方法类课程翻转课堂教学模式探究[J].教育教学论坛,2017(49).

[83]彭新武.人文社会科学概论[M].北京:首都经济贸易大学出版社,2006.

[84]彭玉生."洋八股"与社会科学规范[J].社会学研究,2010,25(2).

[85]朴长天,高曼曼.中西器乐演奏理论与教学法新论[M].北京:中央民族大学出版社,2017.

[86]乔伊斯·P.高尔,等.教育研究方法:实用指南(第5版)[M].屈书杰,等译.北京:北京大学出版社,2007.

[87]邱柏生.改革开放以来高校思想政治教育创新的特征[J].思想理论教育导刊,2008(10).

[88]邱乐泉,汪琨,汤晓玲,等.基于移动学习的生物化学课程混合式教学改革初探[J].微生物学通报,2019,46(10).

[89]邱伟光.课程思政的价值意蕴与生成路径[J].思想理论教育,2017(7).

[90]深圳市国泰安信息技术有限公司.实证研究指南[M].北京:经济管理出版社,2014.

[91]盛明科,李代明.地方生态治理支出规模与官员晋升的关系研究:基于市级面板数据的结论[J].中国行政管理,2018(4).

[92]宋健刚,高明,阳甜甜,等.高校课程思政建设的热运用与冷思考[J].江苏高教,2022(5).

[93]眭依凡,幸泰杞.人才培养模式创新:人工智能时代大学的紧迫课题[J].中国高教研究,2024(3).

[94]孙飞宇.社会学对通识教育的承诺:米尔斯《社会学的想象力》中的三个面向[J].中国社会科学院大学学报,2023,43(2).

[95]孙国霞,赵岚.应用型本科高校"产学研赛创五位一体"人才培养模式研究[J].中国高校科技,2023(12).

[96]孙久文,殷赏."双循环"新发展格局下粤港澳大湾区高质量发展的战略构想[J].广东社会科学,2022(4).

[97]孙孝科."自然辩证法概论"教学中硕士生的科研素养培养探微[J].淮阴师范学院学报(自然科学版),2023,22(1).

[98]唐权.混合案例研究方法的应用困境与应对策略[J].科学与社会,2022,12(2).

[99]唐文玉.行政吸纳服务:中国大陆国家与社会关系的一种新诠释[J].公共管理学报,2010,7(1).

[100]田宏杰.超越知识中心主义:研究性教学的反思[J].中国高教研究,2019(2).

[101]田园.我国公益慈善学历教育人才培养发展与建设研究[J].社会福利(理论版),2021(5).

[102]王国庆,孟繁军."互联网+"背景下混合式教学模式提升成人高等教育实效性研究:以北华大学为例[J].中国成人教育,2017(16).

[103]王洪才.论大学传统教学与大学创新教学[J].苏州大学学报(教育科学版),2017,5(4).

[104]王建云.案例研究方法的研究述评[J].社会科学管理与评论,2013(3).

[105]王坤,刘鹤飞.统计学课程教学探索[J].高教学刊,2018(8).

[106]王名,刘求实.中国非政府组织发展的制度分析[J].中国非营利评论,2007,1(0).

[107]王首程.论文写作[M].北京:高等教育出版社,2002.

[108]王苏峰,窦勇,陆洪毅,等.针对嵌入式实时编程的系统性教学方法探讨[J].计算机教育,2009(14).

[109]王晓芳,刘学东.美国一流大学本科生就业力培养经验与启示:以贝茨学院为例[J].扬州大学学报(高教研究版),2022,26(6).

[110]王云,杨宇,刘毅.粤港澳大湾区建设国际科技创新中心的全球视野与理论模式[J].地理研究,2020,39(9).

[111]王竹立,吴彦茹,王云.数智时代的育人理念与人才培养模式[J].电化教育研究,2024,45(2).

[112]维之.因果关系研究[M].北京:长征出版社,2002.

[113]卫志民.专题式教学在硕士研究生思想政治理论课中的运用与完善[J].思想理论教育导刊,2014(12).

[114]温东荣,郭晓云,尤钦民,等."五位一体"系统性应用型创新创业人才培养模式探索[J].科教导刊,2022(14).

[115]吴康宁.个案究竟是什么:兼谈个案研究不能承受之重[J].教育研究,2020,41(11).

[116]习近平.在北京大学师生座谈会上的讲话[N].人民日报,2018-05-03(2).

[117]徐小洲,倪好.社会创业教育:哈佛大学的经验与启示[J].教育研究,2016,37(1).

[118]许长青,岳经纶.新发展理念下粤港澳大湾区世界一流大学建设:国际经验与路径选择[J].高教探索,2021(12).

[119]薛继东."问题导向"的大学课堂教学[J].山西财经大学学报,2013,35(S3).

[120]杨国栋,马晓雪.新文科视域下课程思政与知识传授融合的基本逻辑与实现路径[J].高校教育管理,2022,16(5).

[121]杨丽萍,毛金波.高等院校经济管理实验教学内容整合问题探讨[J].武汉大学学报(哲学社会科学版),2007(5).

[122]杨学儒,董保宝,叶文平.管理学研究方法与论文写作[M].北京:机械工业出版社,2019.

[123]应星."田野工作的想象力":在科学与艺术之间 以《大河移民上访的故事》为例[J].社会,2018,38(1).

[124]余保华,杨晶.教师专业化视野下案例教学的伦理尺度[J].高等教育研究,2017,38(3).

[125]俞兆达.新文科人才培养模式改革的创新切口、战略隐忧与行动前瞻:一项跨案例研究[J].西南大学学报(社会科学版),2023,49(6).

[126]郁建兴,等."最多跑一次"改革:浙江经验,中国方案[M].北京:中国人民大学出版社,2019.

[127]袁晓燕.科研学术论文写作概要[M].长沙:国防科技大学出版社,2007.

[128]张积玉.学术论文写作与发表的几个问题[J].重庆大学学报(社会科学版),2018,24(1).

[129]张梦中,马克·霍哲.案例研究方法论[J].中国行政管理,2002(1).

[130]张曙.将实践融入教学与研究:案例教学方法在我国社会工作专业教育中的应用[J].中国社会工作研究,2019(1).

[131]张廷,朱可依,李莉.社会工作专业的实务课程建设研究:以案例式教学方法为例[J].吉林广播电视大学学报,2018(7).

[132]张秀静.高校课程思政建设:价值意蕴·理论内涵·实施路径[J].中学政治教学参考,2022(12).

[133]张莹.高职院校技术技能人才培养模式比较与分析[J].济南职业学院学报,2019(6).

[134]赵辰霖,徐菁媛.粤港澳大湾区一体化下的粤港协同治理:基于三种合作形式的案例比较研究[J].公共行政评论,2020,13(2).

[135]赵嵬,姚海莹.基于蓝墨云班课的混合式教学行为研究:以"现代教育技术"课程为例[J].现代教育技术,2019,29(5).

[136]折晓叶."田野"经验中的日常生活逻辑[J].社会科学文摘,2018(4).

[137]郑金洲.案例教学指南[M].上海:华东师范大学出版社,2000.

[138]中室牧子,津川友介.原因与结果的经济学[M].程雨枫,译.北京:民主与建设出版社,2019.

[139]周春霞.基于"任务驱动+项目导向"整合模式的行政管理专业研究生课程教学改革与实践:以《社会研究方法》为例[J].高教学刊,2019(24).

[140]周家华.毕业论文写作指南[M].南京:南京大学出版社,2007.

[141]周俊.教育管理案例教学[M].杭州:浙江大学出版社,2019.

[142]周晓清,李宏,叶安胜.任务驱动式项目案例教学法在课程教学改革中的探索与实践[J].实验科学与技术,2018,16(4).

[143]朱春奎,黄安胜.为全球公共管理改革贡献中国方案:评《"最多跑一次"改革:浙江经验,中国方案》[J].浙江社会科学,2019(8).

# 后　记

自 2016 年加入深圳大学公共管理学科以来,从教 8 年,我从未像今天这样感受过高等教育如此之难!我尽力每个年度更新教学知识体系,选用最新的教学案例,我仍然会心存疑虑:学生只要在各种 AI 中输入关键词,核心概念和关联的知识网络一目了然,课下就能够完成的事情,为什么还需要传统的课堂教学?我尽力采用小组讨论、互动教学等方式去调动学生的积极性,我也仍然心存疑虑:打开 B 站,博主们用年轻人喜闻乐见的方式,通过围炉对话、酒馆直播等方式传授先哲的政治思想,讨论当下治国理政大政方针等,这非常迎合个体原子化时代学生的学习方式偏好,但它是否适合课堂呢?我们逐渐发现,很难在课堂教学中从学生眼中看到对知识的渴望,更多看到的是面对教师提问的沉默低头,甚至坐在后面一排的同学自始至终都低头刷手机或者面对笔记本电脑做自己的事情。如此,教师的课堂授课激情在减弱,"吐槽"也在增加。

我们不得不反思、讨论与碰撞,AI 时代下课堂教学的输入输出价值究竟是什么?尽管人工智能技术在教育领域带来了诸多变革和可能性,课堂教学仍然具有不可替代的重要性。我想本书每一章的探索都是对上述疑问的最好回答。本书从课程思政、教学模式创新、教学理论与方法、人才培养、教学案例写作与开发五个维度探讨当下公共管理教育与教学中的难点问题,我们拥抱 AI 时代的到来,充分利用它优化我们的课堂教学内容、教学方法和培养模式,我们探索和论证教育的本质,为高质量的教育教学提出优化建议。我们逐渐明晰 AI 难以替代的教学与教育点,并找到未来教学与教育发力方向。

一是课程思政承担的文化传承与价值观教育优势。课堂教学不仅是知识传授的过程,而且是文化传承和价值观教育的重要途径。在课堂上,教师可以通过讲解历史文化传统、国内外重要实践和社会现象等,引导学生形成正确的价值观和世界观,这种教育过程需要教师的互动引导和学生的深度参与。

二是面对面沟通带来的人际互动与情感交流优势。课堂教学提供了教师与学生面对面交流的机会，这种人际互动和情感交流是 AI 技术难以完全替代的。教师能够根据学生的表情、语气和身体语言来感知他们的学习状态和情感需求，并给予及时的反馈和鼓励。这种即时性和人性化的交流对于学生的学习动力和兴趣至关重要。

三是团队协作与社交技能培养优势。课堂教学不仅是知识的传授，而且是学生团队协作和社交技能培养的重要场所。在课堂上，学生需要与同学讨论问题、合作完成任务，这些活动有助于培养他们的沟通能力、合作精神和领导力。AI 技术虽然可以模拟某些社交场景，但无法完全替代真实的人际互动。

四是深入实践观察与实验体验优势。教学模式创新，推动政学研一体化，为学生提供真实的实践场景体验，以加深对知识的理解和应用。

展望未来，我们深知公共管理教育乃至整个高等教育仍面临着诸多挑战与机遇。随着社会的快速发展和科技的日新月异，我们需要不断创新教育理念、优化教学方法、拓展教育资源，以适应时代的需求。我希望本书及后续系列能够为公共管理教育添砖加瓦，为后来的研究者、教育者提供有益的参考与启示。

最后，要以感恩之心向为本书付出的所有人员致谢。感谢政府管理学院领导团队，他们一直不遗余力支持我们去做看起来没有"业绩价值"但具有"长远意义"或"深远影响"的事情。感谢我最敬爱的作者同事们。从灵感的初现到内容的逐步完善，每一步都凝聚着他们对教育事业深深的热爱与责任。本书不仅是他们基于丰富的教学实践对过去教学实践的总结，而且是对未来教育改革的展望和呼唤。他们是政府管理学院梁雨晴、符阳、吴海燕、池上新、高梁、陈琇、陈永海、齐腾飞、王丽艳、郭靖、罗文恩、唐咏以及曾锡环老师，教育学院陈武林老师以及马克思主义学院刘华云老师。

关于公共管理教育与教学，这本书不是结束，而是开始！期待更多的同行加入这一行列中来，共同为培养更多优秀的公共管理人才贡献力量！

耿旭

2024 年 7 月 10 日于守正楼 B405